# SOFRIMENTO EXISTENCIAL E CLÍNICA PSICOLÓGICA FENOMENOLÓGICA

# SOFRIMENTO EXISTENCIAL E CLÍNICA PSICOLÓGICA FENOMENOLÓGICA

## *ENSAIOS E PESQUISAS SOBRE ATENDIMENTO ONLINE*

---

*Claudia Lins Cardoso (Org.)*
*José Paulo Giovanetti (Org.)*
*Paulo Eduardo Rodrigues Alves Evangelista (Org.)*

*Coleção Fenomenologia e Psicologia Clínica*

Artesã

Sofrimento Existencial e Clínica Psicológica Fenomenológica – Ensaios e Pesquisas Sobre Atendimento Online



**DIRETOR**
Alcebino Santana

**REVISÃO**
Débora Andreza Zacharias

**CAPA**
Michelle Guimarães El Aouar

**PROJETO GRÁFICO E DIAGRAMAÇÃO**
Conrado Esteves

S681 Sofrimento existencial e clínica psicológica fenomenológica : ensaios e pesquisas sobre atendimento online / organizadores: Claudia Lins Cardoso , Jose Paulo Giovanetti , Paulo Eduardo R. A. Evangelista. – Belo Horizonte : Artesã, 2023.

388 p. ; 21 cm. – (Fenomenologia e Psicologia Clínica)

ISBN: 978-85-7074-088-5

1. Psicologia clínica. 2. Gestalt-terapia. 3. Psicologia existencial. 4. Terapia online. I. Cardoso, Claudia Lins. II. Giovanetti, Jose Paulo. III. Evangelista, Paulo Eduardo Rodrigues Alves.

CDU 159.9.019

Catalogação: Aline M. Sima CRB-6/2645

IMPRESSO NO BRASIL
*Printed in Brazil*

(31)2511-2040 (31)99403-2227
**www.artesaeditora.com.br**
Rua Rio Pomba 455, Carlos Prates - Cep: 30720-290 | Belo Horizonte - MG
/artesaeditora

# Sumário

ATENDIMENTO PSICOLÓGICO ONLINE

# Prefácio

Concluímos a preparação deste livro na mesma semana em que o Brasil registrava 700.000 mortes por covid-19. É um número aterrorizante. Muitas e muitas famílias perderam entes queridos, muitas crianças ficaram órfãs. Muitos casais se separaram. Hoje, temos certeza de que muitas das mortes poderiam ter sido evitadas. As sequelas desse terrível episódio do século XXI durarão anos. Nesse sentido, é um alívio ver que novas configurações possibilitam que a vida cotidiana pareça estar voltando a ser retomada. Mas também é temeroso que a aparente normalidade encubra o vivido tão recente — que ainda está sendo vivido, como as mortes que continuam acontecendo revelam — e o oculte no esquecimento. Para alguns, parece que é isso o que está ocorrendo e as verdades sobre a condição humana que vieram à tona na pandemia aparentam já ter retornado ao esquecimento. Por isso, é mister permanecermos vigilantes na representação política, que tem significativo poder para influenciar os rumos da população, e na circulação de notícias, tão facilmente distorcidas e manipuladas (as chamadas *fake news*), que contribuem para o esgarçamento do tecido social. Precisamos manter o enigma da existência aberto como pergunta, retornando a ele com respostas provisórias, que se renovam com as mudanças históricas.

Por que iniciar este livro lembrando da pandemia de covid-19? Ora, porque os estudos e pesquisas que o compõem surgiram nessa situação histórica e estão, portanto, inevitavelmente atravessados por ela. Mas não se limitam a esse momento histórico, é importante frisar desde já.

Por outro lado, enquanto o mundo, estarrecido, recebia essa pandemia e se preparava para enfrentá-la, a Psicologia não ficou parada. Isso pode ser dito de outras práticas em Saúde, é verdade, mas a que nos interessa aqui, agora, é a Psicologia. Em março de 2020, quando foram decretadas as primeiras medidas para evitar a propagação do coronavírus, como a suspensão das atividades presenciais e a evitação de circulação pública, imediatamente, profissionais da Psicologia, sobretudo os psicoterapeutas, migraram seus atendimentos para a esfera online. Muitos relutavam até então, mas, diante da situação, era inevitável experimentar esse meio de estar com o outro como única alternativa para a manutenção dos processos em andamento e, logo, para oferecer atenção psicológica a quem a demandasse. Nesse período, vimos um aumento significativo na procura por serviços de atendimento psicológico, assim como no uso de psicofármacos.

Na Universidade Federal de Minas Gerais, não foi diferente. As aulas presenciais foram interrompidas em março. O serviço de Plantão Psicológico, coordenado por nós, Claudia e Paulo, foi interrompido. Mas, logo se reinventou para oferecer cuidado psicológico à comunidade universitária que estava em intercâmbio no estrangeiro e sentiu os impactos da pandemia de covid-19 e, depois, a toda a comunidade universitária por meio de ferramentas de comunicação online. Essa história está mais bem contada nas páginas a seguir.

A Universidade Paulista também, como todas, vale lembrar, precisou criar modos de estar com a clientela à distância, conforme o relato do processo de psicodiagnóstico fenomenológico-existencial interventivo que será aqui apresentado.

A migração do atendimento presencial para o online não ocorre sem consequências. Ou ocorre? Na época, foi inevitável. E muitos psicoterapeutas e pacientes/clientes descobriram benefícios no atendimento online: praticidade, menos tempo de deslocamento, economia financeira, possibilidade de atender e ser atendido em regiões diferentes do país e do mundo. Mas... volta a pergunta: o atendimento e a relação são os mesmos? O que muda quando psicoterapeuta e paciente/cliente não estão mais no mesmo ambiente? Assim como a aparente normalidade atual pode levar ao esquecimento das tragédias e dos ensinamentos da pandemia de covid-19, as comodidades do atendimento online podem ocultar as diferenças entre compartilhar um ambiente e ver-se através de uma tela. E é fato que os atendimentos psicológicos online vieram para ficar.

Ora, havendo diferenças, como elas impactam a prática psicológica clínica? Chamamos a atenção para a nuance nessa pergunta: a questão não é se o atendimento online é eficaz ou não. Essa foi a pergunta colocada por muitas pesquisas em Psicologia nos últimos anos. Mas as abordagens fenomenológicas, que são qualitativas por natureza, buscam saber *como* é a experiência. Com base na pergunta pelas qualidades da experiência de atender e ser atendido online, nós, Claudia e Paulo, desenvolvemos um projeto de pesquisa, cujos resultados estão apresentados neste livro. Eles extrapolam o contexto histórico do surgimento da pesquisa, pois atendimentos online continuam e continuarão acontecendo e é mister atentar para suas especificidades.

Os capítulos relativos a essas pesquisas foram escritos em parceria com alunos do curso de graduação e pós-graduação *lato sensu* em Psicologia, da UFMG. Quase todos eles participaram do Projeto de Extensão que levou atendimento psicológico online à comunidade e sentiram como é essa experiência. Para alguns, como para tantos psicólogos que se formaram nesse período, o atendimento online foi a única experiência de atendimento psicológico. O processo de pesquisa pode ter contribuído para uma posição crítica — no sentido de ser reflexiva, que não naturaliza — desses alunos. Entendemos que as discussões e reuniões científicas propiciaram tanto a formação de pesquisadores quanto de clínicos. Esperamos agora que essa reflexão se estenda aos leitores deste livro.

A publicação deste livro é, para nós, motivo de celebração. Celebra nossa parceria, Claudia, Paulo e Giovanetti, que, desde 2019, tem ocorrido na coordenação do Curso de Especialização em Psicologia Clínica: Gestalt-terapia e Análise Existencial (CEPC-UFMG), da UFMG, e nas trocas teóricas e filosóficas que sustentam nossos estudos. Celebra a reunião de colegas professores e pesquisadores, que compõem o corpo docente do CEPC-UFMG. Celebra a participação dos alunos em nossos grupos de pesquisa, cujo empenho se frutifica agora na obra que temos em mãos. Celebra a parceria com colegas docentes pesquisadores, que compartilharam seus estudos para constarem nesta publicação.

Esperamos, assim, que estes textos contribuam para a prática clínica de terapeutas, ampliando sua compreensão acerca do que fazem quando se disponibilizam a estar com outro – seja presencialmente, seja online.

Belo Horizonte, 4 de abril de 2023.

*Paulo Eduardo Rodrigues Alves Evangelista*
*Claudia Lins Cardoso*
*José Paulo Giovanetti*

# FUNDAMENTOS DO SOFRIMENTO HUMANO E CLÍNICA PSICOLÓGICA

1

# O “fora-de-si” como raiz antropológica do mal-estar contemporâneo

*José Paulo Giovanetti*

O crescimento e o amadurecimento do ser humano se dão a partir de uma articulação das potencialidades inatas em confronto com as exigências sociais, isto é, a vida é um desenvolvimento do seu ser profundo em uma comunidade humana. Isso configura a máxima do existencialismo, de que a “existência se dá na coexistência”. É só compreendendo o que é próprio do ser humano e o que é específico ao contexto social que entendemos o que é a vida humana. Cada contexto social (época), com suas características próprias, influencia tanto para o bom desenvolvimento da vida, quanto para o adoecimento da existência. Assim, para entendermos, hoje, a especificidade do mal-estar contemporâneo, teremos que desvendar as diretrizes que o social impõe ao viver cotidiano. Entender as forças da sociedade contemporânea, ou seja, as exigências dessa sociedade, é de suma importância para o psicólogo clínico ter uma clareza sobre o que se passa com o seu cliente.

A importância do ambiente (contexto social) no desenvolvimento de uma pessoa é abordada com muita ênfase pelo médico pediatra David W. Winnicott (1896-1971). Ele destaca na origem da vida humana a importância da presença da mãe para a estruturação da saúde existencial. Aqui, a mãe simboliza o primeiro momento do ambiente social. Mais tarde, as exigências cotidianas, com a imposição de valores e a delimitação de um modo de viver, vão influenciar a formação do eu pessoal.

Assim, dividiremos essa reflexão em três momentos. Em primeiro lugar, tentaremos traçar algumas características da sociedade do século XXI, que se impõem de maneira quase inconsciente no nosso viver. É necessário desvendarmos as ideias que, de uma forma ou de outra, impactam a organização da nossa vida. Em segundo lugar, seria necessário desvendarmos a estrutura antropológica do ser humano, para aí vermos de que maneira essas "imposições" sociais como, por exemplo, a vida pautada na internet, prejudica o nosso viver.

Finalmente, buscaremos explicitar alguns sintomas do mal-estar contemporâneo que são frutos do impacto do contexto social na estrutura antropológica do homem.

## 1. A sociedade do século XXI

Para entendermos o que se passa hoje, nessa quase primeira metade do século XXI, temos que destacar a grande mudança que ocorreu na sociedade Ocidental no final dos anos 60 e início dos anos 70 do século passado. Houve uma avalanche de novas ideias que questionaram toda a organização social proveniente do final da Segunda Guerra. Defendeu-se, com muita veemência, a liberdade pessoal. Assim deve ser lido todo o movimento dos estudantes na França e a postura da contracultura desenvolvida nos Estados Unidos. Era uma luta por mais autonomia do eu frente às normas rígidas, até então vigentes, de uma sociedade do dever.

Entretanto, muitas coisas já se passaram nesses últimos 50, 60 anos. A sociedade de hoje se organiza de forma muito diferente do que no início dos anos 1970, época da chamada segunda revolução individualista. Muitos intelectuais tentaram compreender as forças emergentes nesse novo contexto social. Podemos destacar as reflexões de Gebord, que anunciou que estamos vivendo em uma sociedade do espetáculo.

Outro autor que merece destaque é Lasch (1932-1994), historiador americano que, com o seu livro *A cultura do narcisismo*, deu um destaque à nova esperança de organização da sociedade capitalista a partir do início dos anos 70.

Evidentemente, a velocidade das transformações gerou novas características nessa nova época, que foi denominada por uns ensaístas como a pós-modernidade e, por outros, como modernidade tardia. Assim, os anos 1980 e 1990 apontaram novas características do contexto social influenciando nossas vidas. Se nos anos 1960 e 1970 se assistiu a uma implantação em larga escala do individualismo, nos anos 1980 e 1990, assistimos a uma exacerbação desse individualismo. Dois autores merecem destaque na compreensão desses novos tempos. Zygmunt Bauman (1925-2017), sociólogo polonês radicado na Inglaterra, vai denominar a sociedade que nasce dessa nova configuração social como sociedade líquida. Vários destaques da nova lógica que pauta a sociedade dos anos 1980 e 1990 mostram a predominância do individualismo e do consumo. A velocidade das transformações gera uma grande instabilidade na vida das pessoas.

O consumo elevado ao extremo vai mostrar outra característica dos tempos finais do século XX: o hiperconsumo. Gilles Lipovetsky, no seu livro *Les temps hipermodernes*, destaca o hiperconsumo como a característica principal desses novos tempos.

Entretanto, ao entrarmos no século XXI, vamos assistir novas transformações cada vez mais rápidas e impactantes na vida cotidiana. O filósofo que mais tem contribuído para entendermos esses vinte primeiros anos do século XXI é Byung-Chul Han. Nascido na Coreia e radicado na Alemanha, o autor trouxe de uma forma bem clara e explicita a dinâmica dessa sociedade. Temos traduzido para o português uns vinte livros do referido filósofo. Vou destacar, agora, algumas de suas pertinentes ideias.

### *1.1. A sociedade do cansaço*

Esse pequeno resumo das transformações ocorridas nos últimos trinta anos do século XX mostra o caminho das mudanças, segundo Byung-Chul Han, A mudança radical da sociedade moderna para a sociedade do cansaço se caracteriza pela passagem de uma sociedade do dever para uma sociedade do poder. Nas palavras do autor:

> A sociedade disciplinar de Foucault que se faz de hospitais psiquiátricos, cárceres, quartéis e fábricas, já não se correspondem com a sociedade de hoje em dia. Em seu lugar, se há estabelecido desde muito tempo outra completamente diferente, a saber: uma sociedade de ginásios, torres de oficinas, bancos, aviões, grandes centros comerciais e laboratórios genéticos. A sociedade do século XXI não é disciplinar, e sim uma sociedade do rendimento. (Han, 2015, p. 23).

Aqui, há uma transformação radical de se viver em sociedade, provocando mudanças nos transtornos psíquicos, nos quais o psicopatológico se manifestará por meio das doenças neurológicas como o esgotamento, a depressão, o *burnout* ("exaustão") e o TDAH. Enquanto a sociedade disciplinar era movida pelo dever, expresso pelo verbo *Sollen*, que implica uma obrigação, a "sociedade do rendimento se caracteriza pelo verbo modal positivo, poder (*Konnen*) sem limites" (Han, 2015, p. 26-27). A mudança radical, segundo Byung-Chul Han, é que, agora, o que predomina no dia a dia são os projetos pessoais, as iniciativas e a motivação, e não mais a proibição, o mandado e a lei. Essa é uma mudança paradigmática radical no seio da sociedade. Essa pressão pelo rendimento o tempo todo vai levar a uma exaustão, a uma sociedade do cansaço, na qual os indivíduos vivem correndo atrás do ritmo que impõem a si mesmos, tendo que trabalhar cada vez mais para ter acesso aos bens oferecidos pela sociedade atual. Eu sou o senhor de mim mesmo. Você vive superativo, sem tempo para respeitar as exigências do corpo. O autor completa: "a sociedade do rendimento como sociedade ativa, está convertendo-se paulatinamente em uma sociedade da dopagem" (Han, 2015, p. 71), provocando um cansaço e um esgotamento.

Essa é a primeira característica da nova sociedade que surge nesses primeiros vinte anos do século XXI. A sociedade do cansaço é a vivência do paradigma do desempenho pelas pessoas que têm cada vez mais convicção de que são "empresários de si mesmos" e que têm que render sempre cada vez mais. Esse é o novo estilo de vida. Não há espaço para o ócio, para o tempo livre. As pessoas se dopam para conseguirem realizar as tarefas exigidas pelo desempenho, pois o que as mobiliza, é a vontade de tudo diante de tantos estímulos. Byung-Chul Han vai nomear essa característica como "domínio da positividade", em que não há espaço para o não, só rendimento. Dessa forma, há um cansaço diante da imposição de um ritmo de vida, que ultrapassa as forças do eu. É um cansaço de si mesmo, isto é, a vontade de querer tudo e não ter nada.

### *1.2. A sociedade da transparência*

Em outro livro, Byung-Chul Han analisa mais um aspecto da sociedade do século XXI, dirigindo sua atenção para o fenômeno da exposição, isto é, para como, no mundo atual, as pessoas expõem suas vidas para todos nas redes sociais. O desenvolvimento das redes sociais possibilitou fenômenos jamais vividos nas sociedades anteriores. Hoje, por meio do Facebook, do Instagram e do Photoshop, as pessoas postam na internet os mais diversos aspectos de seu cotidiano. Postam qualquer lugar que visitem, mostrando para todos o seu poder de estar nos USA ou na Europa, como também o prato que saboreiam em um restaurante. Tudo é mostrado nas redes sociais. É a inundação da exposição. Isso tem como consequência a perda de profundidade da vida e a banalização do viver: "Na era do Facebook e do Photoshop, o 'semblante humano' se transforma em face, que se esgota totalmente em seu valor expositivo" (HAN, 2017, p. 28). Han completa: "na sociedade expositiva, cada sujeito é seu próprio objeto-propaganda, tudo se mensura em seu valor expositivo" (HAN, 2017, p. 31-32). Na realidade, ao se autoexpor, você se transforma em mercadoria, isto é, "vendável" aos olhos do outro. Você pensa que está revelando algo da sua intimidade, mas, no fundo, está se pasteurizando, tornando-se igual a todos sem nenhuma especificidade, pois "a transparência é um estado de simetria. Assim, a sociedade da transparência busca eliminar todas as relações assimétricas" (HAN, 2017, p. 45). Você não é diferente do outro. Você é igual ao outro. A transparência acaba com a profundidade do viver.

Se, na sociedade do desempenho, a hiperatividade leva a um cansaço, aqui, a hiperexposição leva a uma pasteurização do eu. Dois comportamentos que contribuem para o esvaziamento do eu. Viver não sendo você, mas o que a sociedade molda para você, é o grande risco dos tempos atuais. Não há espaço para se cultivar o aspecto crítico diante das exigências da nova organização social nesse início do milênio. Aqui também, na sociedade da transparência, como se viu na sociedade de desempenho, o dever é substituído pelo poder. Nós podemos. A autoexploração (poder) é muito mais eficiente que a exploração do outro, do que a busca de conhecer o outro. O que interessa, aqui, é a autoiluminação. Assim, temos o efeito da homogeneização e do nivelamento, obscurecendo de vez o diferente do outro. Para Han (2017, p. 92), "Transparência não tem transcendência, a sociedade da Transparência é opaca, não é iluminada por aquela luz que promana como fonte Transcendente". Toda a referência está em si mesmo, deixando de lado qualquer influência exterior. O que vale é o que sente e o que se expõe nas redes sociais.

## *1.3. A sociedade paliativa*

A terceira característica que gostaria de destacar do pensamento de Byung-Chul Han é o que ele denomina como "sociedade paliativa", isto é, como, no mundo atual as pessoas enfrentam o fenômeno da dor. Hoje, ninguém quer sentir dor e muito menos analisar o que a dor significa no viver. Para ele a maneira de como nos relacionamos com a dor revela o tipo de sociedade que estruturamos:

> Ela contém a chave para o entendimento de toda a sociedade. Assim, cada crítica da sociedade tem de levar a cabo uma hermenêutica da dor. Caso se deixe a dor apenas a cargo da Medicina deixamos escapar o seu caráter de signo. (Han, 2021).

Isto quer dizer que deixamos de lado o seu aspecto significativo, o que ela pode revelar sobre o viver do homem.

Assim, Han completa:

> a sociedade paliativa coincide com a sociedade do desempenho, onde dor é vista como um sinal de fraqueza. Ela é algo que deve ser ocultada ou ser eliminada por meio da otimização. Ela não é compatível com o desempenho. A passividade de sofrer não tem lugar na sociedade ativa dominada pelo poder. (Han, 2021, p. 13-14).

Busca-se o tempo todo remover a dor. Não se pode sentir dor. Em vez de se analisar o que a dor está nos revelando, procura-se eliminá-la, e pronto. Essa postura frente a dor nos revela um outro traço da sociedade quando o autor nos diz: "a sociedade paliativa é, ademais, uma sociedade do curtir, ela degenera em uma mania de curtição. Tudo é alisado até que provoque bem-estar" (Han, 2021, p.14). Viver o momento atual com intensidade, isto é, curtir ao máximo o prazer e neutralizar a dor que pode vir a perturbar a felicidade do momento: "Seja feliz é a nova fórmula de dominação. A positividade da felicidade reprime a negatividade da dor" (Han, 2021, p. 26).

O sofrimento não tem lugar em uma sociedade que prega que cada um tem que buscar a sua própria felicidade. Numa sociedade do desempenho, o sofrimento não tem lugar, pois ele é compreendido "como resultado do próprio fracasso" (Han, 2021, p. 30). Toda a medicalização da dor é uma atitude de negar o sofrimento, isto é, de se ter a possibilidade da elaboração do sofrimento. É por isso que podemos dizer que o sofrimento perdeu o sentido. Não se pode alcançar, pelo sofrimento, o que o eu está vivendo na sua profundidade, pois nós eliminamos a dor com os fármacos: "A dor é, agora, um mal sem sentido, que deve ser combatido com analgésicos. Como mera aflição corporal, ela cai inteiramente fora da ordem simbólica" (HAN, 2021, p. 41). Essa postura revela que a grande questão, hoje, é não se preocupar com o sentido, pois uma sociedade da curtição, do momento, não se importa com o sentido do existir. Ao abafar o sentido da dor, abafa-se o sentido da existência.

Podemos, dessa forma, resumir essas características apontadas como as novas diretrizes do viver contemporâneo. O hiperdesempenho vai nos conduzir a um cansaço do eu, que se manifestará nas doenças neurológicas como a depressão, o esgotamento etc. A hiperexposição na sociedade da transparência nos conduzirá a uma super iluminação, fazendo de nossa privacidade o palco da vida. Pensamos que com isso estamos captando o nosso eu, mas, no fundo, estamos provocando uma violência a esse eu. Com o abafamento da dor, o perigo se coloca na incapacidade de lermos o sentido das coisas, pois a impossibilidade de se ler o sentido da dor se estende para os outros aspectos do viver.

## 2. Impacto antropológico

O tipo de sociedade que vem se desenhando desde o início do século XXI é uma sociedade cada vez mais centrada nas exigências do social, isto é, do predomínio do desempenho do bom funcionamento do bem-estar, da aparência de que tudo esteja bem em detrimento do que se passa no interior do ser humano. Mais vale viver na aparência de que tudo está funcionando bem do que abrir espaço para o que repercute no interior da pessoa; levar a vida onde tudo está bem do que se questionar se o que faço é o que me realiza no mais profundo do meu ser. Fugir da dor é não encarar o que pode estar ressoando em mim como algo que me incomoda. Não há espaço para vivência da interioridade.

### *2.1. A nova organização social*

A vida tem que ser vivida na sua superficialidade. Tenho que buscar uma vida que abafe a minha luta pelo desempenho, pois esse já me exige demais. A saída é buscar sempre algo que exija menos de mim. É o que Henrique Rojas descreve como a busca de uma vida *light*, na qual o pensar sobre a vida é abafado por atividades leves, como, por exemplo, buscar leituras de "consumo rápido, sem quase nada denso que mereça realmente nossa atenção, que serve no máximo para combater o tédio de uma tarde de férias" (Rojas, 1996, p.76). Literatura que me leva a pensar ou ter um olhar crítico sobre o que se passa no momento atual, nem pensar.

Nessa nova dinâmica da vida, o homem tem que trabalhar cada vez mais para responder à acrescente demanda de consumo. Só serei feliz se consumir o máximo de oportunidades que me são ofertadas. Assim, trabalho para consumir, não para me realizar. Quantos jovens abdicam mão da profissão dos seus sonhos, pois elas trariam uma remuneração muito baixa, por um trabalho que lhe proporciona um nível de vida melhor. Não posso ganhar menos do que necessito para consumir as coisas ofertadas pela sociedade. Não importa que o trabalho, no qual gasto dez horas do meu dia, seja sem sentido e não expresse as minhas potencialidades interiores. Essa dinâmica expressa o que vem a ser a sociedade do cansaço, de um esforço contínuo de abafar qualquer mal-estar, seja ele físico ou psicológico. Tenho que abafar qualquer revés, transtorno ou frustração que a vida me apresenta. Não se pode falar de fracasso. Só há lugar no mundo atual para as fórmulas de sucesso, de triunfo, das descrições de como chegar ao ápice dessa cadeia de acontecimentos. Esse movimento contínuo nos leva ao esgotamento, pois nega o fracasso necessário para o amadurecimento. É a lei máxima dos tempos atuais. Só há lugar para o bem-sucedido. O sofrimento, que é uma forma de aprendizado, não tem lugar aqui. Aquele que admite o sofrimento é visto como fracassado. Numa sociedade de vencedores pelo desempenho, admitir o abatimento é ser um perdedor.

Assistimos, a partir do ano 2021, e que se estendeu, também, para todo o ano 2022, à pandemia do covid-19, que nos obrigou a reorganizar o nosso cotidiano de forma dramática. De uma hora para outra, tivemos que mudar nossos hábitos, e o que apareceu, de forma avassaladora, foi o medo da morte, algo que sempre colocamos para "debaixo do tapete", isto é, não devemos pensar nessa dimensão da vida. Ela pode nos trazer sofrimento. Agora, mais do que nunca, todos os esforços são para vencer a morte que chegou de forma dolorosa. Agora, a luta amarga é pela sobrevivência: "Quanto mais o viver é um sobreviver, mais medo se tem diante da vida" (Han, 2021, p. 33). Isto quer dizer que a pandemia colocou a morte em primeiro plano, exigindo de nós uma postura de enfrentamento, a qual tínhamos reprimido. O momento atual, ainda distante da antiga normalidade vida, é o de lutar pela sobrevivência: "A sociedade da sobrevivência perde inteiramente o sentido para a boa vida" (Han, 2021, p. 34). Talvez, pela primeira vez, tenhamos que buscar enfrentar a morte como algo próprio do viver e assim assistir à morte se impor à vida. Tudo é organizado para que a morte seja afastada por meio de técnicas invasivas, e não encarada no seu significado: "A sociedade dominada pela histeria da sobrevivência é uma sociedade dos mortos vivos" (Han,2021, p. 38).

Infelizmente, já estamos voltando à "normalidade", isto é, empurrando o significado da morte para fora do nosso viver. Só temos que pensar que depois do sufoco que passamos, agora, é hora de aproveitar e curtir ao máximo as coisas que nos foram impedidas de serem vivenciadas.

Essa nova organização social, esse novo modo de viver revela uma postura de que o sentido das coisas, o aspecto simbólico dos acontecimentos, não tem importância diante do desempenho e do puro fluir da vida, na qual não há lugar para o significado das coisas, para o significado em si, e somos, assim, transformados em escravos das exigências do dia a dia.

## *2.2. O impacto antropológico*

A pergunta que cabe agora é: esse modo de vida proposto pela contemporaneidade tem um impacto negativo ou positivo sobre o nosso viver? Essa forma de organização social nos ajuda ou dificulta o contato com o mais profundo de nós mesmos? Isso é o grande desafio e o paradoxo dos nossos dias. A nossa sociedade defende, diferentemente das sociedades antiga e medieval, uma valorização do eu. Agora, defende-se um processo de libertação dos valores da tradição que abafavam nossa espontaneidade e a expressão do autêntico do nosso ser. Nada de se viver segundo as rígidas diretrizes familiares. Além disso, seguirmos os padrões dos nossos avós e pais, mas curtindo cada vez mais nossa referência pessoal. Esse processo de valorização da autonomia pessoal significa seguir o que brota do mais profundo do seu núcleo pessoal, deve ser a grande diretriz da vida. Podemos pensar que estamos vivendo um processo de liberdade jamais alcançado na sociedade. Aqui está o grande paradoxo. Ao mesmo tempo que imaginamos estarmos vivendo uma liberdade, estamos sendo "escravizados" por outras diretrizes de vida que nos afastam da nossa autenticidade e nos jogam num processo de alienação, com a ilusão de uma falsa liberdade.

A afirmação da autonomia do sujeito, por meio da qual se defende que tudo que vivo tem como fonte de inspiração o meu eu e não nas regras religiosas e nos preceitos sociais, pode nos levar a um obscurecimento do ser, a um apagamento da nossa maneira de ser, um afastamento do que é mais próprio da pessoa. Esse afastamento do núcleo pessoal é percebido como a eclipse do ser. O mundo atual é de uma exigência ímpar, impondo ao homem desempenho para além da sua vontade e da sua capacidade.

Afirmar a autonomia do sujeito não é excluir o outro, pois ninguém se estrutura fora de uma comunidade humana. O grande equívoco, aqui, é de que, na maioria das vezes, a afirmação de si implica um esvaziamento da alteridade. O que ficou claro nos tempos atuais é que o homem tem que construir as suas diretrizes de vida (o seu sentido), mas, para isso, necessita do outro. Não se vive o sentido da vida a partir do sentido do outro, embora, para se viver o próprio sentido, tenho que o viver com o outro em uma comunidade humana. Esse é o grande desafio, viver o meu sentido junto com o outro. É um desafio que não estamos preparados e não temos a maturidade emocional para tal.

Essa sociedade do desempenho e da transparência nos leva para um distanciamento do outro. Nós não mais reverenciamos a sabedoria dos idosos. Eles, muitas vezes, são pensados com inúteis, como pessoas superadas. Seus conhecimentos acumulados ao longo dos anos são facilmente substituídos por uma máquina, um robô. Não precisamos da experiência e dos conselhos dos mais velhos. Hoje, para se educar um filho, não preciso consultar minha mãe. Basta seguir os conselhos da internet, que são mais atuais e sábios. Assim, esse esvaziamento da autoridade se manifesta na falta de admiração que tenho pelo outro.

O segundo impacto dessa sociedade atual no nosso núcleo pessoal é a destruição da interioridade. Uma sociedade cada vez mais voltada para o exterior, que valoriza aspectos da aparência como a beleza, o status, o carro que a pessoa possui etc. Acaba-se dando importância a um ser humano pelo que ele ostenta e não pelas suas qualidades pessoais, como a atenção para com o próximo, a fidelidade aos amigos etc. Isso é uma sociedade da aparência. Você é valorizado pelo ter, e não pelo ser. A consequência imediata é o não cultivo dos aspectos humanos mais essenciais para o desenvolvimento pessoal. Podemos citar, em primeiro lugar, um descuido com a dimensão da reciprocidade. Nos encontros pessoais, a pessoa expõe o que quer e não tem a capacidade de escutar os outros. Estamos vivendo no meio de surdos. Fala-se e não se escuta e, pior, fala-se e nem se preocupa se o outro entende. Diálogos de surdos. A eclipse da reciprocidade acaba provocando relacionamentos nos quais o outro não é considerado como um outro, mas só uma pessoa que me serve quando desabafo ou tenho uma outra atitude qualquer. A convivência humana passa a ser utilitária. Um outro impacto da destruição da interioridade é o enfraquecimento dos laços afetivos. O engajamento do afeto em uma relação fica comprometida. Hoje, para se terminar um relacionamento afetivo, basta acionar a tecla do computador — "tchau", e mais nada. Encerra-se um envolvimento afetivo sem nenhuma justificativa para com o outro envolvido no relacionamento. O outro só me serve enquanto me dá prazer. Qualquer dificuldade no relacionamento é razão para o término do compromisso humano. Às vezes, termina-se um noivado com um e-mail. Os laços afetivos estão cada vez mais frágeis numa sociedade da aparência e do hiperconsumo. O mito do corpo perfeito e a busca de saúde exterior são exemplos desse fenômeno. Hoje, a importância das academias é algo cada vez mais crescente. O culto do corpo exterior deixa de lado o corpo interior, a interioridade, a intimidade

Um terceiro impacto da sociedade descrita nestas linhas é a superficialidade do viver. O impacto imediato é que deixamos de pensar, de refletir, uma vez que tudo é construído à base do imediato e do sensacional. Buscamos o que nos dá menos trabalho. Nada de gastar tempo com leitura de um texto um pouco mais elaborado. Um exemplo disso é o grande alcance da revista "Caras". Só imagens. Nada de leitura reflexiva. Essa é a sociedade da imagem. Mais vale uma imagem do que uma mensagem escrita reflexiva. É a literatura do consumo rápido, reflexo de um leitor formado diante da televisão, do computador e do Facebook.

Esse viver na superficialidade é o que o psiquiatra Enrique Rojas chamou de vida *light*, isto é, "uma vida sem calorias, sem gosto ou interesse. Só é quente o superficial" (Rojas, 1996, p. 70). A palavra *light* ganha destaque na nossa vida com uma conotação de que o mais importante é curtir a vida e não esquentar muito a cabeça com as questões profundas da existência. Tudo é imediato, tudo é superficial. Essa postura tem como consequência imediata de que o que tem valor é a leveza. Vamos vivendo um momento prazeroso da vida, pois a sociedade do desempenho já nos exige muito.

### 2.3. *Exterioridade* versus *interioridade*

Resume-se, aqui, o grande dilema da nossa vida. Para um amadurecimento emocional, que nos leve a uma integração pessoal cada vez mais plena, é preciso um equilíbrio entre essas duas dimensões do existir humano. É importante um tempo para o cultivo da interioridade, a fim de que a exterioridade seja vivida com qualidade. Entretanto, a sociedade não cria espaço para um cultivo da interioridade como vimos na descrição acima. Tudo é pautado para exterioridade. Você encontra pequenos nichos de pessoas preocupadas com cultivo de uma vida interior. São centros de meditação, de yoga etc. Porém, a dinâmica social, a maneira de como a sociedade é organizada, tudo leva ao exterior, à aparência.

O cultivo do núcleo pessoal, isto é, o contato com as suas potencialidades, exige tempo de silêncio, de reflexão. Estamos na contramão desse processo, estamos cada vez mais longe do nosso ser profundo. O eixo de uma vida está no centramento do seu núcleo pessoal. Afirmar que o "sujeito se funda dentro-de-si e não fora-de-si, implica afirmar que a interiorização e o autocentramento são os atributos por excelência para definir a saúde mental" (Birman, 2019, p. 165).

O cultivo da exterioridade tem como consequência antropológica a organização da pessoa centrada nas exigências exclusivamente do social, e não nas suas potencialidades pessoais de vida. Se vive mais fora-de-si do que dentro-de-si. Esse desequilíbrio gera uma perda de autocentramento, da dimensão da interioridade, tão necessária para uma vida mais consciente do viver. No excesso da exterioridade, o sujeito perde densidade e profundidade no viver. O fora-de-si significa o afastamento de si, do seu núcleo existencial.

Birman, ao falar da psicopatologia atual, pontua que, se antigamente, quando se falava de sujeito fora-de-si, referia-se a uma pessoa num processo de loucura. Hoje, pelo contrário, "estar fora-de-si se identifica com a exterioridade da performance teatral" (Birman, 2019, p. 202). Ele completa que o sujeito fora-de-si passa a ser bendito, e não mais amaldiçoado. Esse é o grande impacto antropológico do modo de como a sociedade atual influencia a nossa organização da existência.

A consequência mais radical desse viver fora-de-si é a perda de dimensões fundamentais da existência, que nos possibilitariam a integração como seres humanos: "A alteridade e a intersubjetividade são modalidades da existência que tendem ao silêncio ou esvaziamento" (Birman, 2019, p. 201). Como dissemos anteriormente, a existência só se estrutura no convívio com os outros seres humanos. Desenvolver alguma habilidade humana exige convívio com o outro humano, pois a interação com o outro é fundamental para o amadurecimento existencial. Estamos na contramão desse movimento.

## 3. O mal-estar contemporâneo

Olhando todo o impacto da organização da sociedade atual na estrutura antropológica do ser humano, ficou claro que vivemos, hoje, muito voltados para as demandas exteriores. Vivemos mais fora-de-si do que dentro-de-si. Esse aspecto da vida é a grande raiz do mal-estar atual.

Quero destacar, aqui, o livro do antropólogo Le Breton, que, de forma muito lúcida, refletiu sobre essa característica da vida. Em *Desaparecer de si: uma tentação contemporânea*, temos uma visão clara da vida do dia a dia. O sujeito se conecta mais do que se vincula:

> No desenrolar do dia a dia, a maioria das relações são descomprometidas: a televisão, a internet, o chat, os fóruns, o telefone celular, são meios de estar presente sem estar, e de interromper uma relação a seu bel prazer, simplesmente desligando a tela. (Le Breton, 2018, p. 12).

Vive-se muito mais a partir da satisfação dessas comunicações passageiras do que de um engajamento vindouro. É viver na superficialidade, desistindo dos vínculos sociais. No livro, o autor aponta várias formas de como o homem atual vive longe do seu núcleo pessoal. O desaparecer de si ratifica o que estamos falando de se viver, hoje, fora-de-si. Segundo o autor, são formas por meio das quais o eu profundo perde a sua consistência, dando lugar a formas vazias de se estar no mundo. O desaparecimento de si é uma defesa à dificuldade de se viver a profundidade da vida, uma exigência para a integração pessoal.

Não vou destacar todos os tipos analisados no livro, mas apontar algumas análises que, a meu ver, revelam o distanciamento das possibilidades existenciais, revelando um novo estar fora-de-si.

A primeira análise que merece destaque é o que Le Breton chama de "vida impessoal". Podemos até pensar na perspectiva do existencialismo heideggeriano, que entende, justamente, a inautenticidade como viver impessoal, longe das características próprias que proporcionam uma vida autêntica. Segundo o autor, a pessoa começa a se desligar de seu universo familiar. Ela vive um esgotamento a partir das exigências colocadas pelo mundo. Não tem mais força motivacional: "Ele abandona seu universo profissional ou doméstico, apaga-se, sai sempre menos de casa, não se preocupa mais com seus próximos nem com seus assuntos particulares, simplesmente desiste do mundo que o cerca" (Le Breton, 2018, p. 21). É uma entrega a desistência de viver e se deixar levar pelas circunstâncias. Entrega-se ao que a televisão vai apresentar para ele, o futebol passa a ser o seu único interesse. Essa síndrome é comum com as pessoas que se aposentam e não tem mais projeto de vida para os anos futuros. Entrega-se ao mundo televisivo ou à bebida. Um apagamento do dentro-de-si.

Outra série para desaparecer de si, cansar de viver fora-de-si e não aguentar responder às exigências da sociedade é o que o autor nomeia como "maneiras discretas de desaparecer". Destacamos a fadiga desejada: "A fadiga é um desligamento. O indivíduo se perde em uma atividade ou se dedica a testes físicos ou esportivos de longa duração, dos quais sai pouco disponível aos intercâmbios" (LE BRETON, 2018, p. 59). Você se senta para fazer uma atividade e diminui a relação com o mundo. É uma forma de fugir das exigências do desempenho.

Talvez seja uma forma mais radical de se isolar e não mais responder às exigências do mundo contemporâneo, pautado por tarefas que não ajudam a viver a partir do seu núcleo pessoal, causando o esgotamento e o *burnout*: "Se na fadiga o corpo é atingido, no esgotamento o seu interior é destroçado" (LE BRETON, 2018, p. 61). O esgotamento é algo que atinge a alma da pessoa. Já o *burnout* é o curto-circuito da existência, em que a pessoa, para realizar todas as demandas do trabalho, recorre a psicotrópicos para aguentar a vida que leva, mas que não corresponde ao seu eu mais profundo. É a queda pela busca incessante de realizar tarefas.

Ainda dentro da modalidade de desaparecer de si, o autor coloca a depressão como "uma experiência coercitiva do desaparecimento. O indivíduo é prisioneiro de um marasmo de sua história, cuja consciência nem sempre é evidente" (LE BRETON, 2018, p. 68). A depressão é uma queda de cima para baixo. Ela é um sentimento de colapso, de desmoronamento. Aqui, segundo o autor, "o indivíduo não é mais carregado por sua existência, ele perde seus apoios e sempre avança no temor de cair" (LE BRETON, 2018, p. 71). Isso quer dizer que o indivíduo sai da vida que está levando, cujo modelo de viver é imposto de fora. Ele cansa de viver fora-de-si. É um relaxamento da tensão de estar sempre buscando ser ele mesmo e não conseguir se livrar das exigências do seu entorno. No fundo, é uma desaceleração das exigências de uma sociedade do desempenho. A seguinte fala do autor expressa bem a ideia desenvolvida acima: "a depressão procede na dificuldade de sermos nós mesmos em nossa sociedade, e do esgotamento incessantemente de termos de nos manter no nível das exigências demandadas para as nossas individualidades" (Le Breton, 2018, p. 61).

O último exemplo do colapso de não conseguir ser você mesmo e estar continuamente vivendo fora-de-si é o Alzheimer, doença na qual o indivíduo rompe o contato com o mundo e em que todas as significações vão se apagando: "A doença de Alzheimer transforma a pessoa amada, mesmo a mais próxima de si, em um personagem desconcertante, trágico" (Le Breton, 2018, p. 157). Isso quer dizer que as pessoas mais significativas, como um pai ou uma mãe, tornam-se estranhos. Já não reconheço na minha mãe a dedicação que ela me concedeu ao longo da vida. É uma estranha para mim. É uma doença pela qual os vínculos afetivos vão perdendo a sua expressão simbólica: "O indivíduo que sofre a doença do Alzheimer se despoja do que o torna singular e ativo nos movimentos do mundo" (Le Breton, 2018, p. 155). Podemos dizer que o esforço de viver se apaga. Não aguento ser quem não sou.

O segundo autor que merece destaque para compreender de onde vem o mal-estar contemporâneo é o psiquiatra e psicanalista Joel Birman. Ele analisa o impacto do contexto social, não o adoecimento da pessoa que busca a sua ajuda como médico. Em primeiro lugar, é bastante interessante sua observação de que o objeto da psicopatologia está sofrendo uma mutação devido a nova organização social. A psicopatologia clássica se ocupava da desestruturação do psiquismo. Por isso, tratava das esquizofrenias, paranoias, isto é, das psicoses. Hoje, a grande demanda, segundo o autor, é reduzida a três enfermidades ou síndromes. São elas: as depressões, as toxicomanias e a síndrome do pânico. Isso começou a se concretizar no final dos anos 1970 e início dos anos 1980, devido às grandes transformações sociais. Segundo Birman, essas três novas síndromes que invadem o campo da psicopatologia "são perturbações do espírito" (Birman, 2019, p. 190). Isso quer dizer que o que invade o sujeito contemporâneo é um distanciamento do seu ser.

Grande parte dos sintomas apresentados pelos pacientes que recorrem a alguma ajuda médica ou mesmo psicológica tem que ser lidos como a expressão de um afastamento de si mesmo:

> A violência, a tentativa de suicídio, os comportamentos estranhos, as bizarrices, a sujeira, a perda de sono e de apetite, assim como a perda total de interesse por tudo e por todos se justificam a partir do núcleo de uma emancipação de que o sujeito se encontra fora-d-si. (Birman, 2019, p. 164).

O mal-estar contemporâneo deve ser lido como expressão de que o sujeito que deveria se construir e se fundar dentro-de-si vive uma vida fundada no fora-de-si.

Outro autor que também procura compreender o mal-estar contemporâneo, levando em conta o contexto social, ou seja, o modo como a organização da comunidade tem impacto no adoecimento, é o sociólogo Alan Ehrenberg, pouco conhecido do público brasileiro[1]. Segundo o autor, a depressão está ligada a um determinado modo histórico que modela o nosso dia a dia. Estamos numa sociedade na qual cada um tem que se promover a si mesmo, construir tudo a

[1] Ehrenberg escreveu uma trilogia sobre o impacto do contexto social no nosso modo de viver: *Le culte de la performance* (1996), *L'individu incertain* (1996) e *La fatique d'être soi* (1998). Somente o primeiro acaba de ser traduzido para o português.

partir de si mesmo. Essa tarefa se faz árdua e sempre aparece como faltando algo. Tenho que sempre estar "correndo atrás" de alguma coisa. É uma sociedade que gera um sentimento de insuficiência: "O indivíduo é confrontado com uma patologia da insuficiência mais do que uma doença da falta, ao universo da disfuncionalidade mais do que aquele da lei: o deprimido é um homem em pânico" (Ehrenberg, 1998, p. 15).

Diferentemente do século XIX e do início do século XX, em que a sociedade era fundada sobre a culpa e a disciplina, a sociedade do final do século XX é fundada sobre a responsabilidade e a iniciativa. O sujeito não consegue se organizar de forma harmoniosa em uma sociedade que demanda de maneira exacerbada o desempenho pessoal. Há uma fadiga diante de tantas exigências e, como consequência, o aparecimento da depressão. Somos uma sociedade dos deprimidos, pois não damos conta de nos pensarmos como indivíduos construtores da própria vida. O esforço de Ehrenberg é mostrar a mudança na figura do sujeito. O sujeito contemporâneo tem características muito próprias devido à mudança da organização social atual. Somos todos deprimidos porque a sociedade impacta no nosso espírito e a depressão passa a ser o adoecimento da alma. O deprimido é uma nova forma da subjetividade contemporânea.

Merece destaque, ainda nessa perspectiva de se tentar compreender as doenças ou as síndromes contemporâneas a partir da estrutura interna do ser humano, o médico psiquiatra Joelson Tavares, de orientação fenomenológica existencial. O autor, que tem uma orientação fenomenológica de inspiração heideggeriana, aponta que a angústia está no centro de toda problemática humana. Heidegger faz uma análise ontológica da angústia como uma abertura privilegiada do ser. Não se está falando de um tipo de sofrimento específico. Para Heidegger, a angústia nos abre para nossa condição humana originária de ser no mundo. Só por meio da angústia é que terei a possibilidade de resgatar as minhas potencialidades.

Entretanto, essa angústia tem manifestações ônticas, isto é, expressa-se por meio de doenças do cotidiano, em que a nossa vida se manifesta de forma alienante: "Onticamente, ela nos parece se fazer presente na pura estranheza, na ausência de familiaridade, na sensação de não pertencimento e de não identificação" (Rodrigues, 2020, p. 146). Ela se manifesta quando organizamos a nossa vida afastada do nosso lucro pessoal.

A partir de sua experiência clínica, o autor nomeia três manifestações sintomatológicas dessa "angústia psicológica", isto é, da manifestação clínica desse fechamento do ser. Assim, as síndromes clínicas se fazem "por meio de queixas de medo e ansiedade, de queixas de natureza depressiva e dos sintomas compulsivos" (Rodrigues, 2020, p. 151)[2]. É importante ressaltar que, por meio das queixas, o autor buscaria encontrar o que antropologicamente sustenta essas características nosológicas. Chegar ao que sustenta os fenômenos é o mais importante.

Não cabe, aqui, analisar as formas específicas de cada uma dessas patologias, isto é, a análise dos ansiosos, dos depressivos e dos compulsivos. O que se tem que buscar é a estrutura antropológica subjacente no ser humano. Na linguagem heideggeriana, seria inautenticidade que corresponde à nossa visão de se viver fora-de-si, longe da autenticidade. O caminho da vida dentro de uma sociedade que não nos ajuda a ter espaço para o cultivo da interioridade

[2] Para uma análise das formas ônticas dessa angústia, remeto o leitor às páginas 153 a 188 do referido livro de Rodrigues (2020).

e da intersubjetividade é extremamente espinhoso. Faz que sempre estejamos, na terminologia heideggeriana, na vivência do impessoal.

Portanto, é necessário estar atento ao que é subjacente às manifestações clínicas expressas pelo homem atual. A pergunta que deve estar sempre presente em nossa mente é: as formas de adoecimento expressam um fechamento de alguma estrutura antropológica do ser humano? Se sim, qual? Assim, escapamos da tentação de entendermos a doença do ponto de vista de sua configuração nosológica e buscamos vê-la a partir de uma limitação, de uma restrição, de um fechamento ao seu autêntico núcleo existencial.

## Considerações finais

A nossa reflexão buscou explicitar a raiz do mal-estar cotidiano. Significou não nos retermos nas manifestações clínicas do adoecer: ansiedade, medo de morrer, compulsão pelas drogas e pela internet, mas procurar encontrar na estrutura existencial do ser humano o aspecto do viver, que está sendo aniquilado para isso.

Partimos, em primeiro lugar, de uma análise dos tempos atuais. A sociedade contemporânea é uma sociedade de mudanças muito rápidas, jamais vistas até então. Apontamos algumas transformações ao longo dos últimos cinquenta anos e dirigimos nossa atenção para os últimos vinte anos, isto é, para as transformações da sociedade no século XXI. O autor de referência para esse período foi o filósofo sul-coreano Byung-Chul Han, com suas pertinentes análises do que se passa no cotidiano. Sua obra é extremamente rica e escolhemos para dar um embasamento do contexto social nas nossas reflexões os livros: *Sociedade do cansaço*, *Sociedade da transparência* e *Sociedade paliativa*.

No segundo momento, procuramos mostrar onde, na estrutura humana, o modo de viver atual incide, provocando uma barreira para o encontro consigo mesmo, para o desenvolvimento das próprias potencialidades. Verificamos que a sociedade atual se molda na exterioridade, deixando de lado a interioridade. Isso quer dizer que o modo de se viver é voltado totalmente para o exterior, o estar fora-de-si mesmo. É a grande equação exterioridade *versus* interioridade, fora-de-si *versus* dentro-de-si. Apontamos que esse viver fora-de-si é a raiz de todo o adoecimento contemporâneo.

Num terceiro momento, buscamos enumerar algumas formas de adoecimento que, no nosso entender, são manifestações do afastamento do ser humano de seu núcleo pessoal. Portanto, é necessário dirigirmos o nosso olhar para o que está sendo boicotado na sociedade atual e para o que impede o ser humano de ser mais integrado. A eclipse da alteridade e o esvaziamento da intersubjetividade jogam o homem para fora-de-si, impedindo, dessa forma, um amadurecimento pleno.

Esperamos, no próximo texto, apresentar algumas ideias sobre o enfrentamento existencial do mal-estar contemporâneo. O psicólogo clínico deve se movimentar através de reflexões antropológicas que o ajudem a estar ao lado do seu paciente de uma maneira mais plena, isto é, compreendendo melhor as fontes do sofrimento e o ajudando na reorganização do seu modo de viver.

## Referências

BAUMAN, Z. *Modernidade Líquida*. São Paulo: Zahar, 2001.

BIRMAN, J. *Mal-estar na atualidade.* A psicanálise e as novas formas de subjetivação. Rio de Janeiro: Civilização Brasileira, 2019.

EHRENBERG, A. *La fatique d'être soi*. Dépression et societé. Paris: Editions Odile Jacob, 1998.

GEBORD, G. *La societé du spectacle*. Paris: Gallimard, 1967.

HAN, B-C. *A sociedade do cansaço*. Petrópolis: Vozes, 2015.

HAN, B-C. *A sociedade da transparência*. Petrópolis: Vozes, 2017.

HAN, B-C, B. *A sociedade paliativa*. Petrópolis: Vozes, 2021.

LASCH, C. *The culture of narcissism*. New York: Warnes Books, 1979.

LASCH, C. *A cultura do narcisismo*: uma era de expectativas decrescentes. São Paulo: Fósforo Editora, 2023.

LE BRETON, D. *Desaparecer de si*. Uma tentação contemporânea. Petrópolis: Vozes, 2018.

LIPOVETSKY, G. Sebastien, C. *Les temps hipermodernes*. Paris: Bernard Grasset, 2004.

RODRIGUES, J. T. *Angústia e serenidade*: psicopatologia contemporânea em diálogo com Heidegger. Rio de Janeiro: Via Verita, 2020.

ROJAS, E. *O homem moderno. A luta contra o vazio*. São Paulo: Editora Mandarim, 1996.

WINNICOTT, D. W. Natureza humana. Rio de Janeiro, Imago Editora, 1990

WINNICOTT, D. W. Processos de amadurecimento e ambiente facilitador. São Paulo, Martins Fontes, 2022

2

# Gestalt-terapia durante o coronavírus: sentindo o campo experiencial e "dançando" com a reciprocidade

*Margherita Spagnuolo Lobb*
*Tradução de: Paulo Victor Mascarenhas*

"O lapso da comunidade nas sociedades políticas não é reduzido às neuroses dos indivíduos, que de fato se tornaram 'indivíduos' por causa do lapso da comunidade." (Perls; Hefferline; Goodman, 1951/1994, p. 354).

Quais experiências sociais formaram o pano de fundo da pandemia? Qual foi a experiência relacional dos indivíduos com o mundo e quais foram as suas fragilidades e sofrimentos psicológicos? Quais desordens clínicas foram mais difundidas e quais necessidades relacionais elas ressaltaram?

Com base nessas questões, busco descrever algumas das dimensões relacionais que vieram a primeiro plano na experiência da pandemia, caracterizadas pela perda de muitas das certezas que nós anteriormente tomávamos como garantidas, como a capacidade de confiar no ar que respiramos ou o costume de cumprimentar um amigo com um abraço como um sinal de afeição. Fazendo isso, considero como a ansiedade em relação à extinção da raça humana, que vem pairando em segundo plano da nossa experiência da pandemia, pode gerar novas patologias, que devemos estar pontos para abordar com os meios apropriados de terapia.

Em seguida, abordo a emergência de um novo conjunto de valores em psicologia humanística. Do apoio concedido à definição individual do self, estamos mudando o foco para a cocriação de um senso de segurança que pode ser tomado como garantido e que emerge do campo compartilhado por terapeuta e cliente, um campo a se entrar com confiança e respirar profundamente.

Eu proponho, então, uma contribuição para a evolução da Gestalt-terapia para acomodar o trabalho clínico online ou distanciado. Apresento o paradigma da reciprocidade, aplicado através de uma abordagem estética e inspirado pelas hermenêuticas gestálticas, e a ferramenta do conhecimento relacional estético (Spagnuolo Lobb, 2018a) como uma maneira de reconstruir o senso de campo seguro na relação terapeuta-cliente, onde a presença é mantida mesmo em situações de distanciamento social e cenários virtuais.

Finalmente, enfatizo a importância de que os terapeutas cuidem de si próprios para que estejam aptos a lidar com o trauma da pandemia, o que é também fortalecido através de constante diálogo com a comunidade profissional.

## O estresse do mundo pandêmico

Permita-me descrever, com um olhar crítico, como o sentimento social já se encontrava fragilizado antes da pandemia. Falando de maneira geral, nossa experiência social compartilhada já se era feita de contatos virtuais, e da globalização da comunicação, toques de dedo e foco mental em pequenas telas, solidão, terrorismo, fluxos de migração, a crise climática, exposição a experiências traumáticas desde os primeiros anos de vida, e até mesmo retornos políticos a atitudes ditatoriais em muitos países "civilizados" (Cavaleri, 2019; Spagnuolo Lobb, 2019). Exemplos de violência coletiva, comportamento extremo, e busca por sentido no fundamentalismo nos surpreendem e preocupam.

Utilizando os termos gestálticos de figura e fundo, as certezas óbvias que constituem o campo da experiência pessoal (a certeza dada por aprendizados anteriores) já se encontravam incertas (Spagnuolo Lobb, 2018c). Tais experiências modificaram nosso equilíbrio em fazer contato com o ambiente. Falando de um ponto de vista clínico, nossos clientes agora podem raramente contar com um senso de segurança, sentindo a falta da percepção de um self unificado que pode lidar com os requerimentos ambientais e também pessoais (Spagnuolo Lobb, 2016; Wheeler, 2000; Taylor, 2014). As pessoas, especialmente as mais jovens, estão alertas às possibilidades de enfrentamento; menos relaxadas após uma interação (elas perderam a sensação clara de ter realizado algo que gostariam de realizar); e menos cientes de quem são e do que querem em dada situação, dos seus movimentos intencionais e do seu senso de autonomia.

Podemos compreender esse sentimento generalizado e instável através de um ponto de vista de desenvolvimento. Crianças lidam com muitos estímulos; o mundo virtual expandiu enormemente a gama de empolgação que elas, de alguma forma, precisam assimilar com o apoio de cuidadores. Elas frequentemente terminam "zapeando" e não respirando, em um estado contínuo de empolgação, sem relaxamento ou aprendizado integrado (Lissak, 2018). Essa interação entre os seus organismos e o ambiente pode frequentemente trazer, com o tempo, uma falta de relaxamento e respiração à sua experiência psicológica e — em relação a isso — a falta de um desejo de se expandir para o outro e se abandonar, em vez disso, nos braços de cuidadores. É um estado contínuo de emergência, junto a um senso de incerteza em relação a quem elas são e ao que querem, com a consequência de estarem focadas em salvar a si próprias e não em uma presença empática e criativa com o outro (Spagnuolo Lobb, 2016).

O resultado, em termos de sofrimentos clínicos, vem sendo a procriação de um sentimento de dessensibilização do corpo e incerteza sobre o futuro, um frágil senso de self e um aumento em comportamentos compulsórios e mais primitivos. Observamos que nossos clientes enfrentaram distúrbios de ansiedade, de personalidade, depressão, enclausuramento social e até mesmo violência, distúrbios alimentares e vícios — em geral, distúrbios mais sérios.

Tudo isso nos torna mais expostos a experiências traumáticas.

O trauma coletivo da covid-19, que afetou o mundo inteiro, encontrou, então, as sociedades ocidentais com uma experiência de fundo incerta e um senso de self confuso.

Muitos de nós sentiram-se bem nos primeiros dias do lockdown. Apesar de preocupados com os fatos alarmantes, podíamos finalmente relaxar e aproveitar relacionamentos íntimos, e nos sentimos justificados em não ter que correr de um lugar para o outro. Nos primeiros dias do lockdown, pacientes ansiosos sentiam-se confortáveis; sentiam-se "mais normais".

Com a mudança para o ambiente virtual, observei que muitos clientes tiveram dificuldades (por exemplo, não conseguiam encontrar um local privado o bastante para realizar a sessão), mas a maioria deles sentia-se, acima de tudo, protegida estando em casa.

Perto do fim do primeiro período de lockdown, obtivemos evidências de que a ansiedade havia aumentado: houve um aumento em admissões psiquiátricas, e os pacientes mais fragilizados pioraram. Para muitos deles — acima e além do diagnóstico — a experiência de "sair para o mundo" parecia mais assustadora do que permanecer trancado em casa.

Em termos gerais, em tempos tão incertos, as pessoas precisam recuperar o senso de segurança que irá lhes permitir confiar em um senso de self unificado e bem-orientado. A psicoterapia possui um papel importante ao oferecer apoio durante e após a época pandêmica. As novas gerações terão que lidar com a experiência pandêmica sem o apoio de um campo anterior. Elas criarão uma nova forma para sua existência, e será importante apoiá-las com nosso cuidado comprometido e confiar no que elas criarem.

## A necessidade de novos valores relacionais e psicoterapia relacional orientada

As consequências da experiência pandêmica confirmam que se anos atrás a psicoterapia estava centrada em apoiar a separação de relacionamentos bloqueadores, hoje ela é focada em construir um senso de estar-com o outro. Ao longo dos anos, em paralelo com a evolução social, valores de apoio mudaram, abrangendo uma perspectiva mais relacional (ver, entre outros, Frank, 2016; Jacobs; Philippson; Wheeler, 2007; Mitchell, 2000; Spagnuolo Lobb, 2013, 2018a, 2019; Stern *et al.*, 2003). Mais do que ser apoiadas em sua autonomia individual, as pessoas precisam viver como pessoas interconectadas e desenvolver um senso de segurança por pertencer a uma comunidade. Nosso sonho hoje é ser reconhecido por um "outro" significativo em nosso desejo criativo de contribuir e ser parte de uma comunidade.

Esse valor pode ser expressado da seguinte forma: em ver você me vendo, eu sinto que sou (Frank, 2001; Stern, 1985). Assim sendo, do valor propagado no início da época humanística, do desenvolvimento livre do seu próprio poder, nós mudamos para o novo valor de reconhecer a intencionalidade do outro e construir uma rede de segurança tanto em relacionamentos íntimos quanto em comunidades (ver Bloom, 2009, 2016; Jacobs, 2018; Molinari; Cavaleri, 2015; Spagnuolo Lobb, 2018a, 2019). A psicoterapia oferece a experiência que o outro (psicoterapeuta, antes de tudo, mas também um outro significativo em geral) está lá, capaz de ver o movimento intencional do paciente e sua vitalidade oculta (Polster, 2020).

Essa crise pandêmica existencial é uma boa oportunidade para que tanto o cliente quanto o terapeuta emerjam como um "nós" em vez de um "eu". Além disso, possivelmente, o trabalho online pode oferecer mais chances de conexão e, assim, oferece mais possibilidades relacionais.

## Evoluindo a Gestalt-terapia para acomodá-la ao trabalho online distanciado

Considerando o papel atual da psicoterapia no apoio à experiência relacional de segurança do cliente, a Gestalt-terapia estuda como podemos garantir que nossos clientes (tanto individuais quanto em grupos) irão adquirir certezas que são primariamente psicológicas (respiração calma, postura não-rígida, confiar no próprio corpo) e constituem sua experiência de fundo, da qual emerge o movimento espontâneo em direção ao outro. Por exemplo, se a cliente diz, "Não consigo sair de casa," será importante perguntá-la, "Respire e olhe para mim: o que você sente ao me dizer isto?" — em vez de explorar, por exemplo, os pensamentos que ela teve antes de ficar presa em casa ou os temas conflitosos.

Mais especificamente, como a Gestalt-terapia, partindo de suas principais raízes epistemológicas, pode realizar este tipo de apoio, acomodando-se às novas condições ditadas pela pandemia? A Gestalt-terapia possui as seguintes características:

- Fenomenológica: interessada na experiência durante seu desdobramento (Bloom, 2009; Polster, 1987; Spagnuolo Lobb, 2013).
- Estética: Informada pelos sentidos (Spagnuolo Lobb *et al.*, 2018a).
- Orientada ao campo: Inclui os sentimentos do terapeuta (ver, entre outros, Macaluso, 2015; Robine, 2001, 2015; Spagnuolo Lobb, 2018a).

Sendo a Gestalt-terapia uma abordagem fenomenológica, trabalhamos com o que podemos experienciar, particularmente, com o que acontece entre terapeuta e cliente. Apenas podemos trabalhar com o que percebemos e experienciamos entre o aqui e o agora de nosso relacionamento terapêutico (Perls; Hefferline; Goodman, 1951/1994). E estamos interessados no processo: o que acontece agora, de momento a momento. Com essa pandemia, por exemplo, surgem problemas sobre como cliente e terapeuta estabelecem contato através de telas ou com máscaras, distância e álcool em gel.

Nossa abordagem estética para realizar o diagnóstico e começar a compreender a experiência do cliente nos traz um maior desenvolvimento do uso de nossos sentidos através de uma tela ou à distância. O som da voz, por exemplo, torna-se informativo, e os detalhes amplificados das faces e dos olhos falam pelo que não podemos ver nos corpos inteiros. E esses (diferentes) dados perceptivos estimulam nossa própria ressonância no campo.

Quando estamos online, nosso limite de contato, o meio termo, é a tela. De fato, focamos toda nossa atenção a esse pequeno pedaço do mundo. Em qualquer caso, em qualquer ambiente em que a interação terapêutica é realizada, interessa-nos perceber como nós mesmos e o cliente fazemos contato nessa situação, como manejamos nossa energia em contato e mantemos nossa determinação.

Irei agora disponibilizar algumas perguntas guiadas que podem ajudar o terapeuta a desenvolver sua presença virtual.

## Estética e a intencionalidade do contato

Nosso foco fenomenológico traz a seguinte questão: O que o cliente está experienciando aqui e agora? Como a sua experiência se desdobra? (por exemplo, qual a experiência — psicológica, emocional, intencional — da cliente quando diz ao terapeuta: "Não consigo sair da minha casa"?).

Estamos menos interessados em explicar a frase do que no que é vital quando ela é dita, como seu sofrimento inclui intencionalidade, empolgação e um ajustamento criativo a uma situação difícil. Apoiamos o que funciona e requer reconhecimento.

Precisamos treinar nossos sentidos para perceber a vitalidade do cliente através de uma tela ou usando máscaras. Nossos sentidos são nossas maiores ferramentas. O que nos atrai quando o cliente fala? O que cria uma vibração energética em nosso campo? O foco estético insinua um olhar à "beleza" da maneira de nosso cliente ser vital, a intencionalidade do contato que foi negligenciado por outros seres significativos e permanece resiliente (Spagnuolo Lobb, 2014). A questão é: O que me faz vibrar quando meu cliente me diz isso? (pode ser um olhar ou postura ou gesto que particularmente me atrai mais — o movimento vibrante, o drama, inclui a intencionalidade a ser apoiada, além do sofrimento).

Como foi mostrado por alguns pesquisadores da neuroestética (por exemplo, Gallese; Freedberg, 2007), nossos neurônios espelho nos informam sobre as emoções intencionais expressas pelo outro, até mesmo em representações artísticas, e nosso desejo de ajudar é conectado a essa experiência estética (Spagnuolo Lobb *et al.*, 2020).

Agora feche os olhos, respire fundo e escolha um cliente que deseja compreender melhor. Imagine-se defronte a esse cliente. Qual sentido você sente mais ativo? Você consegue pensar em alguma intencionalidade de contato revelada por aquele canal perceptivo (voz, movimentos, palavras etc.) que descreve a experiência do cliente com você?

A carga intencional cria o relacionamento. Quando sentimos a necessidade de abraçar ou ser abraçados (ou simplesmente dizer algo ao outro), há uma carga intencional esperando ser reconhecida pelo outro e transformada em contato (Spagnuolo Lobb, 2013). Quanto mais significativo for o relacionamento terapêutico, mais intencional será a interação. No ambiente virtual ou remoto, precisamos pensar sobre como essa carga pode ser desenvolvida.

## O campo e a experiência cocriada

O campo organismo/ambiente é uma experiência unitária (Perls; Hefferline; Goodman, 1951/1994). O sentimento de uma criança, como uma dor de barriga, transforma-se em uma experiência de acordo com a reação do ambiente — por exemplo, se a mãe chega com um sorriso e alimenta a criança ou se não vem. A experiência é realizada no fazer-contato com o outro. Consequentemente, referimo-nos à experiência do paciente de maneira contextualizada. Quando o cliente nos diz algo, observamos como ele diz (a estética disso) — nervosamente, movendo a perna ou olhando para o teto, por exemplo — e prestamos atenção ao que nós, terapeutas, sentimos, pois somos parte da experiência do cliente naquele momento. Que ressonância a experiência de estar com o cliente tem em nós? Que emoção é ativada no campo que compartilhamos com o cliente? Nossa perspectiva orientada ao campo traz essa questão específica: o que eu sinto diante desta pessoa? Que movimento percebo em mim mesmo? Qual energia sinto no campo? Por exemplo, "o modo como o cliente me diz, 'não consigo sair da minha casa' me deixa irritado". O campo organismo/ambiente é feito, nesse caso, do cliente que não consegue sair de casa e irritou o "outro". A terapia reconhece esse campo inteiro. Até mesmo a mudança ocorre não apenas no cliente, mas também no terapeuta, que irá perceber a mudança no cliente quando não estiver mais se sentindo irritado.

O sentimento do terapeuta é "o outro lado da lua" da experiência do cliente, e cria o campo unitário onde a terapia ocorre (Spagnuolo Lobb, 2018a).

## Conhecimento estético relacional do campo: processos e ferramentas úteis para a mudança terapêutica neste momento

Partindo do conceito de Stern *et al.* (1998) de "conhecimento relacional implícito", descrevo o conceito de conhecimento estético relacional (CER). (Spagnuolo Lobb, 2018a) como uma ferramenta para descobrir o interesse/curiosidade/amor (Polster, 1987), drama, e resiliência do paciente. Precisamente pelo fato de tomarmos parte na experiência do cliente, o CER é feito tanto de nossa empatia incorporada (sentir em nossos corpos o que o paciente sente) e nossa ressonância (responder sincronisticamente aos movimentos do paciente). Isso torna possível uma ação terapeuta específica, moldada a esta experiência partícula do cliente e contextualizada neste campo terapêutico.

Agora, feche os olhos e respire fundo de novo, e retorne ao cliente que você escolheu anteriormente. Como você ressona pessoalmente com este cliente? Você se sente alegremente ativado pela presença do cliente? Ou se sente distraído por outras coisas? Ou ansioso sobre sua capacidade de ajudar o cliente? E qual você pensa ser o significado do seu sentimento na vida do cliente?

Toda essa compreensão contextualizada e incorporada do sofrimento relacional do paciente é importante para reativar a sua capacidade integrativa, provendo uma situação cuidadosa, na qual o apoio necessário é possível. Essa ferramenta é principalmente útil na situação da pandemia, quando nossos clientes têm medo de estarem impotentes diante o vírus. Cada cliente experiencia a possibilidade de infectar e ser infectado, além das consequências dolorosas como perdas, com medos específicos e métodos de superação que o cliente aprendeu em contatos anteriores e agora estão esteticamente disponíveis para o Gestalt terapeuta e conduzem a sua intervenção.

É essencial que os clientes criem e sintam o senso de que são agentes em sua própria solução — que eles podem reativar a habilidade de interagir com o ambiente para que possam ser espontâneos e funcionar como um todo. CER permite ao terapeuta apoiar a intencionalidade e ajustamento criativo do cliente (Spagnuolo Lobb, 2018a) com apoio relacional específico, dirigido à experiência de fundo deste.

Agora, pense no seu cliente. Qual movimento você imagina que ele pode fazer para restaurar sua integridade? Sinta-se livre para imaginar qualquer movimento que você considere pertencente ao cliente, com um impacto estético e harmônico. Como você — o terapeuta — muda diante do cliente enquanto ele faz esse movimento?

CER pode ser bastante útil quando se trabalha online ou é necessário manter distância; ajuda a criar uma condição de campo adequada para reativar a capacidade integrativa de seu cliente.

## A dança da reciprocidade: (re)construir um senso de campo seguro

Considerando as percepções estéticas mútuas e os movimentos intencionais entre terapeuta e cliente, o processo terapêutico torna-se uma "dança" de reciprocidade, feita de movimentos, com a intenção de alcançar um senso de self mais completo e espontâneo do cliente (Spagnuolo Lobb, 2019).

Como foi mencionado anteriormente, cada laço significativo se traduz em um "direcionamento" mútuo ao outro (Frank, 2001, 2016). É a intenção (*in* tensão) que leva ao outro. O que cria a mudança terapêutica é o foco não apenas no estar-com o cliente, mas também na reciprocidade de estar-com mútua entre cliente e terapeuta.

Diversos estudos foram realizados sobre a importância da sincronicidade no ambiente terapêutico (Feldman, 2007; Tronick, 1989; Tschacher; Rees; Ramseyer, 2014; Tschacher; Haken; Kyselo, 2015; Tschacher; Pfammatter, 2016, 2016). É uma dimensão relacional que gera um senso de campo mútuo no cliente e evita divisões narcisistas (Lachmann, 2008; Orange, 2018) tanto no terapeuta quanto no cliente.

Quando focamos na dança da reciprocidade entre terapeuta e cliente, a mudança terapêutica pode incluir tanto experiências de figura quanto de fundo. A dança é feita de percepções mútuas e reações à percepção do outro, apoiadas pela vitalidade que cada um acrescenta ao estar-com o outro.

A fim de orientar psicoterapeutas a usar o seu CER no campo terapêutico e apoiar a espontaneidade em sua dança com o cliente, identifiquei três questionamentos que são úteis para se refletir sobre o processo terapêutico com um cliente em especial e para supervisão:

- O que você sente, como terapeuta, em estar-com este cliente?
- Qual você pensa ser o significado do seu "sentimento" na vida do cliente?
- O que deve mudar em sua abordagem experiencial, a fim de que o cliente seja mais espontâneo?

Essas perguntas oferecem aos terapeutas (ou supervisores) um senso claro de como eles estão contribuindo para o campo com esse cliente em especial e que tipo de reciprocidade o cliente geralmente forma com cuidadores. Elas ajudam a orientar a dança terapêutica com esse paciente em especial a fim e providenciar a melhor condição possível para que o cliente se sinta seguro e vital enquanto interage sob situações difíceis ou traumáticas.

## Continuar a "dançar" em um mundo pandêmico

O alastramento pandêmico da covid-19 afetou nossa percepção de contato com o ambiente, nossa relação com o mundo e nosso senso de self. A sensação de campo seguro, que já estava danificada antes do coronavírus (Spagnuolo Lobb, 2013), foi perdida. As pessoas precisam reconquistar o senso de que podem contar com o ambiente e com si próprias para se abrirem ao ajustamento criativo com o outro.

Nesses meses e futuros anos, iremos adequadamente mudar nossa perspectiva de valores psicoterapêuticos e criar novas ferramentas. Valores humanísticos tradicionalmente focados em apoiar o potencial humano e a criatividade individual estão se tornando uma cocriação relacional do senso de segurança na experiência de fundo de nossos clientes. Uma contribuição para essa mudança da Gestalt-terapia é abordar o desdobramento da experiência tanto do terapeuta quanto do cliente no aqui e agora do seu encontro; utilizar ferramentas estéticas para diagnosticar e ajudá-lo através do conhecimento relacional fornecido pelos nossos sentidos; focar na dança entre terapeuta e cliente; feita por movimentos intencionais recíprocos apoiados por um uso mais abrangente de nossos sentidos. Confiar na dança permite ao cliente perceber a presença do terapeuta como profundamente conectada aos seus movimentos espontâneos e experimentar com o fundo seguro que vem desse relacionamento.

## Desafios relacionais em um mundo pandêmico

A sociedade como um todo está encarando um grande desafio com a pandemia. Eu vejo duas dimensões relacionais que estão mais envolvidas nessa época difícil. Ambas são um desafio e uma oportunidade de crescimento para todos nós, uma nova maneira de considerar nossa interconectividade e lidar com nossa vulnerabilidade, como mostro a seguir:

1. Estar interconectado possui o potencial de se tornar um grande perigo, além de ser um recurso básico do nosso tempo (pense na mudança notável que a internet e as viagens trouxeram às interações

humanas nas últimas décadas). Nós agora estamos percebendo que somos biologicamente interconectados e que isso é algo além de nosso controle. Não estamos livres para viajar para onde quisermos e abraçar aqueles que amamos. Temos que construir um senso de segurança sem a sua base neurobiológica — a proximidade física — uma situação realmente paradoxal e apavorante (Porges, 2007, 2020). A modernidade nos permitiu estar altamente conectados e, atualmente, refletir sobre o quão importante e também perigoso pode ser estar fisicamente próximo. Para nossa sobrevivência, precisamos respeitar a natureza e nos curvar à nossa biologia.

2. Estamos encarando a nossa vulnerabilidade e a dos outros. Isso pode se tornar um antídoto ao narcisismo e a base para a solidariedade social (CAscio, 2020). A dissociação narcisista habitual que nos leva a culpar ou admirar o outro (Lachmann, 2008; Kohut, 1971) é desafiada. Perdemos nosso poder narcisista isolado (LAsch, 1979); entendemos que não podemos nos salvar sozinhos. Podemos imaginar que a salvação virá de nossa capacidade de estar completamente presentes com nossas diversidades — não de um herói que toma as atitudes certas. Esse novo conhecimento pode nos levar a um senso profundo e sólido de pertencimento à comunidade humana e nos permitir aceitar nossa vulnerabilidade, nutrindo, ao mesmo tempo, nosso desenvolvimento humano e valores éticos. A emergência da pandemia pode, dessa forma, nos levar à base da nossa existência e à sensação de pertencimento.

## O cuidado ético do psicoterapeuta

Uma consequência desses desafios é um retorno à posição ética do psicoterapeuta: para ser um psicoterapeuta, você não precisa fazer o "movimento certo" ou se culpar por fracassos de empatia e criatividade. O que é necessário é uma atitude estética e extática rumo à experiência, tanto nossa quanto do cliente; uma atitude ética humilde que não nega limites e põe a reciprocidade de sua presença em primeiro plano (Spagnuolo Lobb, 2018b, 2019). Podemos esboçar essa ideia com a seguinte frase: "Estou aqui para você, pronto para apoiar a sua presença e capacidade de interagir vitalmente com seu ambiente".

Por fim, ajudar o outro com nossa presença e movimentos implica cuidar de nós mesmos, um instrumento básico em nossa profissão. No presente período de condições sociais estressantes e não-solidárias, a habilidade do terapeuta de se manter saudável assume um valor ainda maior. Nós também somos parte dessa sociedade. Agora, acima de tudo, é importante que terapeutas mantenham o equilíbrio entre sentimentos corporais e definições de si próprios e mantenham-se bem orientados com o que pretendem fazer como pessoas, cidadãos e profissionais. E nosso diálogo é a condição básica para nos desenvolver na época do coronavírus.

## Sentindo o campo e "dançando" com a reciprocidade

Como um exemplo (apenas um exemplo) do que é necessário atualmente em nossa prática clínica, irei apresentar brevemente um caso. A cliente é uma mulher de cinquenta anos, uma diretora de arte, muito criativa em seu trabalho e instável em suas relações pessoais e profissionais.

Faz terapia para "resolver incertezas em sua vida." Ela está incerta sobre como definir a si própria (problemas de identidade): me admira muito, e, ao mesmo tempo, tem medo de me machucar com aspectos de si mesma que define como "destrutivos e intrusivos." Ela está bastante comprometida com nosso relacionamento terapêutico e capaz de lidar com viagens e importantes desafios para continuar sua terapia. Ela está online agora, ajustando-se a esta oportunidade com grande inteligência e uma conexão positiva. A pandemia aumentou seus medos, e ela se conectou ainda mais à nossa relação.

Durante uma sessão online, ela me olha intensamente e diz, "Preciso te contar uma coisa". Eu respiro e estou esteticamente impressionada com a diferença em seus olhos: um deles aparentemente caloroso e confiável, e o outro aparentando ser frio, sórdido e intrusivo. Estou ciente de que posso me tornar julgadora do olho "mau", ou defensiva, me recusando a ter qualquer coisa a ver com aquela parte dela. Eu posso trabalhar com a sua parte intrusiva (a figura) mas eu sei que ela precisa experienciar um campo certo entre nós para confiar que ela pode se determinar como um todo. Então eu olho para ela através de uma posição de oferecer um senso de segurança entre nós, e a convido a contar-me o que quer dizer. Ela diz que cometeu algumas ações intrusivas durante a última semana, entrando no perfil do Facebook da minha filha e fazendo um pedido de amizade para saber mais sobre a minha vida pessoal através dela. Eu sinto a necessidade de proteger minha filha, a encaro firmemente e peço que pare com isso, com a confiança "ética" de que ela pode fazê-lo. Continuamos a nos encarar e respirar. Eu me sinto confiável, e vejo que, aos poucos, seus olhos se tornam abertos, e ela sorri e diz: "Eu não preciso lhe controlar através da sua filha; sinto muito pelo que eu fiz.

Vou cancelar o pedido de amizade e deixá-la em paz". Um campo certo foi experienciado entre nós, além de qualquer tentativa minha de controlar seu comportamento "sórdido". Eu me protegi (e à minha filha) ao mesmo tempo em que permaneci disponível para ela, e isso permitiu o senso de um campo confiável e seguro em nosso relacionamento. Ela pôde, então, construir o senso de um campo seguro também em suas relações pessoais e profissionais. Ambas sentimos nossa experiência de campo e "dançamos" juntas, desenvolvendo nossa intencionalidade por contato; ela pôde sentir-se livre para desenvolver o desejo de se confirmar em sua capacidade de me alcançar como um self unificado, e eu pude experimentar com minha integridade, confirmando minha posição ética como psicoterapeuta.

Minha ressonância estética diante de seus olhos (vibrar com o seu drama de se sentir dividida entre os dois lados, o bom e o mau) me permitiu conhecer a profundidade de sua intencionalidade (o desejo de ser ajudada por mim a se sentir mais unificada) e fornecer o campo seguro para que ela realizasse um senso unificado de self. E nós fizemos isso em uma adorável dança em que nossas intencionalidades de nos alcançar estavam claras.

## Referências


BLOOM, D. The phenomenological method of Gestalt therapy: Revisiting Husserl to discover the "essence" of Gestalt therapy. *Gestalt Review*, v. 13, n. 3, p. 277-295, 2009.

BLOOM, Dan. The relational function of self: Self function on the most human plane. *In* ROBINE, J.-M. *Self—A Polyphony of Contemporary Gestalt Therapists.* L'Exprimerie, p. 65-84, 2016.

CASCIO, A. Le eredità del Covid-19: la necessità di un pensiero psicologico nei nostri ospedali. *Piazza Futura*, 2020.

CAVALERI, P. A. Gestalt anthropology for businesses: How to face globalization, solitude and production. *In* SPAGNUOLO LOBB, M.; MEULMEESTER, F. (Eds.). *Gestalt approaches with organisations.* Istituto di Gestalt HCC Italy, 2019, p. 67–86.

FELDMAN, R. Parent–infant synchrony and the construction of shared timing; physiological precursors, developmental outcomes, and risk conditions. J*ournal of Child psychology and Psychiatry*, v. 48, n. 3-4, p. 329-354, 2007.

FRANK, R. *Body of awareness: A somatic and developmental approach to psychotherapy.* Gestalt Press, 2001.

FRANK, R. Moving experience: Kinaesthetic resonance as relational feel. *In* SPAGNUOLO LOBB, M.; LEVI, N.; WILLIAMS, A. (Eds.). *Gestalt therapy with children: From epistemology to clinical practice.* Istituto di Gestalt HCC Italy, p. 87–99, 2016.

GALLESE, V.; FREEDBERG, D. Mirror and canonical neurons are crucial elements in esthetic response. *Trends in cognitive sciences*, v. 11, n. 10, p. 411, 2007.

JACOBS, L. Comment to "My Other's Keeper: Resources for the Ethical Turn in Psychotherapy," by Donna M. Orange. In: SPAGNUOLO LOBB, M. *et al.* (Eds.). *The Aesthetic of Otherness: Meeting at the Boundary in a Desensitized World—Proceedings*, p. 37-40 2018.

JACOBS, L.; PHILIPPSON, P.; WHEELER, G. (2007). Self, subject and intersubjectivity: Gestalt therapists reply to questions from the editors and from Daniel Stern and Michael Mahoney. *Studies in Gestalt Therapy: Dialogical Bridges*, v. 1, n.1, p. 13-38, 2007.

KOHUT, H. *The analysis of the self: A systematic approach to the psychoanalytic treatment of narcissistic personality disorders.* International Universities Press, 1971.

LACHMANN, F. M. *Transforming narcissism: Reflections on empathy, humor, and expectations.* Taylor & Francis Group, 2008

LASCH, C. *The culture of narcissism*. New York: Warnes Books, 1979.

LISSAK, G. Adverse physiological and psychological effects of screen time on children and adolescents: Literature review and case study. *Environmental research*, v. 164, p. 149-157, 2018.

MACALUSO, M. A. La spontaneità dell'incontro terapeutico come fattore chiave di cambiamento. *La spontaneità dell'incontro terapeutico come fattore chiave di cambiamento*, p. 75-88, 2015.

MITCHELL, S. Relationality: From attachment to intersubjectivity. Analytic Press, 2000.

MOLINARI, E.; CAVALERI, P. A. *Il dono nel tempo della crisi. Per una psicologia del riconoscimento*. Cortina, 2015.

ORANGE, D. M. (2018). My other's keeper: Resources for the ethical turn in psychotherapy. *In* SPAGNUOLO LOBB, M. *et al.* (Eds.). *The aesthetic of otherness: Meeting at the boundary in a desensitized world, proceedings*. Istituto di Gestalt HCC Italy, p. 19 –32, 2018.

PERLS, F.; HEFFERLINE, R. E.; GOODMAN, P. *Gestalt Therapy Excitement and Growth in the Human and Personality*. Julian Press, 1951/1994.

POLSTER, E. Enchantment and gestalt therapy: Partners in a communal awakening. Rout- ledge, 2020.

POLSTER, E. Every person's life is worth a novel. Norton & Co, 1987.

PORGES, S. W. The polyvagal perspective. *Biological psychology*, v. 74, n. 2, p. 116-143, 2007.

PORGES, Stephen W. The COVID-19 Pandemic is a paradoxical challenge to our nervous system: a Polyvagal Perspective. *Clinical Neuropsychiatry*, v. 17, n. 2, p. 135, 2020.

ROBINE, J.-M. From field to situation. *In* ROBINE, J.-M. (Ed.). *Contact and relationship in a field perspective*. L'Exprimerie, p. 95–107, 2001.

ROBINE, J.-M. *Social change begins with two.* Istituto di Gestalt HCC Italy, 2015.

SPAGNUOLO LOBB, M. Aesthetic relational knowledge of the field: A revised concept of awareness in Gestalt therapy and contemporary psychiatry. *Gestalt Review*, v. 22, n. 1, p. 50-68, 2018a.

SPAGNUOLO LOBB, M. Comment to "My Other's Keeper: Resources for the Ethical Turn in Psychotherapy" by Donna M. Orange. *In* SPAGNUOLO LOBB, M. *et al* (Eds.). *The aesthetic of otherness: Meeting at the boundary in a desensitized world, proceedings.* Istituto di Gestalt HCC Italy, p. 41–44, 2018b.

SPAGNUOLO LOBB, M. *et al.* Bodily and emotional activation in pain: Bridging neurosciences and gestalt therapy to understand the therapist's wish for help. *Psychology*, v. 11, n. 12, p. 2102-2112, 2020.

SPAGNUOLO LOBB, M. Figure and ground experiences of the self: Integrating development and psychopathology in research and clinical practice. *In* Spagnuolo Lobb, M. *et al.* (Eds.). *The aesthetic of otherness: Meeting at the boundary in a desensitized world, proceedings.* Istituto di Gestalt HCC Italy, 2018c, p. 423–439.

SPAGNUOLO LOBB, M. Il dolore nella bellezza, la bellezza nel dolore. Al di là della dicotomia. *In* Francesetti, G. *Il dolore e la bellezza: Atti del III Convegno della Società Italiana Psicoterapia Gestalt*, p. 99-112, 2014.

SPAGNUOLO LOBB, M. Self as contact, contact as self: A contribution to ground experience in gestalt therapy theory of self. *In* ROBINE, J.-M. (Ed.). *Self: A polyphony of contemporary gestalt therapists*, p. 261-289, 2016.

SPAGNUOLO LOBB, M. The now-for-next in psychotherapy: Gestalt therapy recounted in post-modern society. Istituto di Gestalt HCC Italy, 2013.

SPAGNUOLO LOBB, M. The paradigm of reciprocity: How to radically respect spontaneity in clinical practice. *Gestalt Review*, v. 23, n. 3, p. 232-254, 2019.

STERN, D. N. *et al.* The process of therapeutic change involving implicit knowledge: Some implications of developmental observations for adult psychotherapy. *Infant Mental Health Journal: Official Publication of The World Association for Infant Mental Health*, v. 19, n. 3, p. 300-308, 1998.

STERN, D. N. On the other side of the moon: The import of implicit knowledge for Gestalt therapy. *In* SPAGNUOLO LOBB, M.; AMENDT-LYON, N. (Eds.). *Creative license: The art of Gestalt therapy*. Springer Science & Business Media, 2003.

STERN, Daniel N. *The interpersonal world of the infant: A view from psychoanalysis and developmental psychology*. Basic Books, 2003.

TAYLOR, M. *Trauma therapy and clinical practice: Neuroscience, Gestalt and the body*. Open University Press, 2014.

TRONICK, Edward Z. Emotions and emotional communication in infants. *American psychologist*, v. 44, n. 2, p. 112, 1989.

TSCHACHER, W.; HAKEN, H.; KYSELO, M. Alliance: a common factor of psychotherapy modeled by structural theory. *Frontiers in psychology*, v. 6, p. 421, 2015.

TSCHACHER, W.; PFAMMATTER, M. Embodiment in psychotherapy—A necessary complement to the canon of common factors. *European Psychotherapy*, v. 13, p. 9-25, 2016.

TSCHACHER, W.; REES, G. M.; RAMSEYER, F. Nonverbal synchrony and affect in dyadic interactions. *Frontiers in psychology*, v. 5, p. 1323, 2014.

WHEELER, G. *Beyond individualism: Toward a new understanding of self, relationship, and experience*. Analytic Press, 2000.

3

# Pandemia, sofrimento e paciência

*Maria Madalena Magnabosco*

O objetivo deste artigo é refletir sobre o sofrimento humano e a condição ontológica da paciência para lidarmos com ele, principalmente diante do contexto de pandemia que vivenciamos desde março de 2020.

O sofrimento é inerente à condição humana, ou seja, não temos como não o viver. Entretanto, temos como compreendê-lo e transformá-lo. Sofrer nos diz sobre como somos afetados pelo nosso estar no mundo com os outros. Quando compreendemos os modos das relações que estabelecemos com as questões suscitadas nos relacionamentos, conseguimos transformar sentidos.

Etimologicamente, sofrer vem de *pathos*, significando sentir, experienciar, ser afetado. Em diversas circunstâncias, tal como no contexto da pandemia, vivenciamos o sofrimento como tolerar e sustentar pesos. Nessas vivências o sofrimento é expressão de uma afetação humana quando em contato com a precariedade que nos habita e nos lança na abertura e na inospitalidade do mundo. São nesses momentos que sentimos a ausência de uma morada onde possamos descansar. Nos dizeres de Guimarães Rosa, "O senhor tolere, isto é o sertão", "Sertão é onde os pastos carecem de fecho". "Lugar sertão se divulga". (1985, p.7)

A partir do conceito de sofrimento apresentado, iremos refletir sobre os modos de afetação que a pandemia nos trouxe, contextualizando-a em uma sociedade produtiva e de resultado, a qual não se lembra do valor ontológico da paciência para lidar com as travessias do existir. Para uma dialogia metafórica, utilizaremos algumas citações de *Grande Sertão: Veredas* (Rosa, 1985)

Contextualizando o sofrimento humano — inerente aos processos construtivos do homem — e a condição ontológica da paciência para lidar com os projetos constitutivos do existir, recorro a Guimarães Rosa.

> Viver é muito perigoso. Querer o bem com demais força, de incerto jeito, pode já estar sendo se querendo o mal, por principiar. Esses homens! Todos puxavam o mundo para si, para o concertar consertado. Mas cada um só vê e entende as coisas dum seu modo. (Rosa, 1985, p.16).

Com esta citação — presente em *Grande Sertão: Veredas* — percebemos como o sofrimento advém da tentativa de "queremos o bem com demais força", "puxarmos o mundo para si" e de "cada um só ver e entender as coisas dum seu modo".

Na sociedade contemporânea do lucro, desenvolvimento, sucesso, felicidade, empreendimento, a busca de certezas e garantias — diante o incerto do viver evidenciado com a pandemia — principia nossos sofrimentos, os quais aprendemos a ler como a presença de um mal.

Essa foi a principal vivência no contexto da pandemia: a perda das certezas e suas descontinuidades no tempo cronológico, a qual foi significada apenas como um mal, como uma "peste" que nos destituiu de um modo de construção de vida, no qual já tínhamos como certo determinados produtos e resultados.

Nesse contexto desvelou-se um modo de afetação em que foram expostos os valores que sustentavam significações relacionais, sejam na dimensão pessoal, do trabalho ou da cultura. Em outras palavras, o sofrimento advindo não se deu pela circunstância, mas antes, a circunstância da pandemia desvelou um modo de ser do homem e as significações que sustentam as relações até então. Significações baseadas em expectativas em detrimento da espera e da esperança.

Significar a vida baseado em expectativas nos coloca na dimensão do dever ser, da aparência, da constante aprovação alheia, da liquidez que nos fala Bauman (2004); da auto exploração que nos fala Byung Chul Han (2015). Expectar é ser dirigido por fora, sem a orientação e propósito de um sentido de vida autêntico. Com esse direcionamento, não cumprir uma expectativa significa que fracassamos e, nesse contexto cultural, o fracasso é concebido como um mal, ao passo que o sucesso, no cumprimento das expectativas, é concebido como um bem.

Assim, cumprir a expectativa é significado como um bem e nele respondemos aos anseios de pertença e valor da cultura da produção. Entretanto, quando expectamos por resultados, cálculos e garantias, principiamos o mal por não sabermos ser paciência, mas agirmos na pressa de ter e de chegar. Por isso a importância da frase dita por Riobaldo: "Deus é paciência. O contrário, é o Diabo" (Rosa, 1985, p. 16).

Em *Grande Sertão: Veredas*, a narrativa de Riobaldo se apresenta na constante busca de alternativas para lidar com o mal, ou seja, com o não pensado, com o fora do ritmo, com o resultado não atingido, em que "estamos tão entretidos com os pontos de partida e de chegada que não vemos a travessia" (Rosa, 1985, p. 33).

Não ver a travessia no contexto da pandemia é não conviver no momento do aí, do tempo *kairós*, do encontro possível, mas sofrer pelo ressentir de um passado não vivido e expectar por um futuro baseado em nossos desejos egoicos de amor e felicidade. Nesse modo de relacionar e significar o tempo, a paciência se deturpa na espera de/que o outro faça o que quero, que o mundo seja o que penso, e não o que se manifesta.

Por esse tipo de expectativa, os relacionamentos no contexto pandêmico desvelaram sofrimentos, pois não sabíamos esperar como condição ontológica, mas apenas expectávamos como resultado para confirmação de nossas certezas e ilusões de controle e ganho certo, tanto nas relações pessoais como nas de trabalho.

Assim, foram e são os relacionamentos, suas manifestações e significações que denunciaram os erros que cometemos ao estarmos voltados apenas para fora, sem um sentido de encontro consigo, com o outro e o mundo. Também é através dos relacionamentos dimensionados pelos valores do encontro e da reciprocidade que podemos resgatar a paciência da espera ontológica, por termos as possibilidades de renascermos em sentidos, cumprindo nossa vocação como homens travessias, ou seja, homens que *esperam em*.

Percebemos que relacionamentos baseados em expectativas são diferentes de relacionamentos que se constroem na espera paciente, que propicia o brotar das intencionalidades, sem a urgência de defini-las e nomeá-las ou mesmo de excluir em nome das decepções vivenciadas. Afinal, decepções são véus de expectativas que caem para que possamos enxergar a nós e ao outro nos propósitos e finalidades do encontro. A decepção é um modo de revelação da expectativa para podermos reaprender o *esperar em*.

*Esperar em* é diferente de *esperar que/esperar de* (Entralgo, 1978, p. 123). O sofrimento, vivenciado e significado como fracasso e mal, surge deste hábito de *esperarmos que/*

*esperarmos de*. Essas são esperas em que significamos o bem como fruição de lucros previstos e o fracasso como decepção pela presença do inesperado.

Em ambos, o propósito da espera e da paciência está meramente ligado aos objetivos de uma existência material e terrena que se quer previsível e manejável. Não existem possibilidades de retorno à condição ontológica da paciência, pois, nesta, a espera conta com a possibilidade do indeterminado e da morte, com o imprevisível e o inédito.

O inédito nos propicia um novo olhar, um redimensionar de valores a partir da perplexidade de quem está aberto à "constante novidade do mundo".

Fernando Pessoa (por meio de Alberto Caeiro, seu heterônimo) nos convida a este olhar:

> O meu olhar é nítido como um girassol.
> Tenho o costume de andar pelas estradas
> Olhando para a direita e para a esquerda,
> E, de vez em quando, olhando para trás...
> E o que eu vejo a cada momento
> É aquilo que nunca antes eu tinha visto,
> E eu sei dar por isso muito bem...
> Sei ter o pasmo essencial
> Que tem uma criança se, ao nascer,
> Reparasse que nascera deveras...
> Sinto-me nascido a cada momento
> Para a eterna novidade do Mundo... (Pessoa, 1993).

Ter o pasmo essencial e nascer a cada momento é o movimento de quem *espera em*, de quem é paciente, atitude essa diferente do movimento de olharmos apenas para o que julgamos conhecer. Neste movimento, no qual julgamos conhecer o outro e a vida, perdemos a possibilidade do encontro verdadeiro e autêntico. O encontro autêntico é fundamental para a integralidade de nossa existência, pois encontro, espera e projetos somente são possíveis na cocriação, na relação que nos possibilita o pasmo essencial para transformarmos nossas concepções de homem e de relacionamentos. Martin Buber (1982) nos aponta a importância deste encontro através dos estudos diferenciais das relações Eu-Tu, Eu-Isso.

A relação Eu-Tu é um encontro genuíno entre pessoas que se percebem pelo pasmo essencial e não partem do pressuposto de que conhecem o outro. Nesse encontro existe a hospitalidade para com o diverso: aquele que chega para que possamos conhecê-lo e não para hostilizá-lo com julgamentos típicos da relação Eu-Isso, em que, a priori, o outro é concebido como um objeto com características determinadas.

Relacionar como Eu-Isso é a base das expectativas que sustentavam as relações reveladas no contexto da pandemia, no qual pudemos ver como concebíamos o outro como objeto e não como pessoa. Nesse modo de relacionar objetificamos e vivemos à espera de que o outro cumpra com o expectado como forma de manter a previsão e o controle das imagens ideais que projetamos sobre o que é bem viver e ser amado.

Quando objetificamos, o valor é o previsível e manejável. A partir deles, convivemos para passar o tempo e não para viver o tempo com os outros. Mediante esse desejo de passar o tempo, aborrecemo-nos, ficamos entediamos com o que foge ao expectado, *ao esperar que/ao esperar de*. São nesses momentos que se revelam nossos "crespos", os "crespos do homem" (Rosa, 1985, p. 17). Todos possuímos os "crespos" e eles são as vivências do mal sofrido transformadas em medo e, consequentemente, em uma necessidade de também fazer o outro sofrer, pois significamos o inédito nas relações como injustiça e traição. Quando temos direções e valores para contemplarmos o inédito, em vez do medo, acessamos a perplexidade e nela *esperamos em*.

Pela colocação anterior, vemos a importância de compreendermos nossos sofrimentos, decepções e frustrações no contexto da pandemia, partindo dos conflitos advindos das convivências, pois eles nos dão a chance de nos revermos em nossos processos construtivos/desconstrutivos. Todo sofrimento significado no medo se torna demonizante, uma vez que nos dissocia e nos leva a ver a totalidade da vida apenas por uma faceta: o outro como inimigo, como um mal a ser eliminado. Raciocinamos apenas por exclusões sem um intento de integração dos contrários; integração esta necessária para sairmos da dicotomia e aprendermos a considerar a circunstância e as revelações de quem estamos sendo diante delas.

É considerando a importância das relações e sofrimentos que a narrativa de Riobaldo *(Grande Sertão: Veredas)*, ao falar sobre as diversas convivências no sertão, afirma: "Deus é paciência e o contrário é o Diabo" (Rosa, 1985, p. 16). Para percebermos e transformarmos o Diabo em nós necessitamos da convivência com o outro, já que "convivência gasta os espinhos".

> O senhor ouvia, eu lhe dizia: o ruim com o ruim, terminam por as espinheiras se quebrar — Deus espera essa gastança. Moço! Deus é paciência. O contrário, é o Diabo. Se gasteja. O senhor rela faca com faca — e afia — que se raspam. Até as pedras do fundo, uma dá na outra, vão-se arredondinhando lisas, que o riachinho rola. (Rosa, 1985, p. 16).

Assim, para "arredondarmos" diante do sofrimento nas convivências, necessitamos resgatar a paciência como fundamento ontológico, porque, em convivências humanizantes, ela é valor absoluto. Paciência é saber esperar, é acolher com o tempo do *kairós*, é contemplar o Inédito. Nesse sentido, a paciência é condição ontológica. Para resgatar essa condição, "Deus coloca o ruim com o ruim", com o propósito de que as pessoas aprendam a se "gastejarem", ou seja, se arredondarem para um retorno comum à ontologia do Ser que *espera em*.

Ao *esperar em*, o sofrimento guarda a possibilidade de um ato contemplativo e retira a pessoa do medo próprio do *esperar que/esperar de*. Esse movimento contemplativo nos permite uma compreensão de nossas dualidades como constitutivas de nossa humanidade. Com essa percepção que se faz no *esperar em*, saímos da propriedade egóica e individualista do sofrimento para o aprendizado de contemplarmos o outro como semelhante, e não como inimigo.

Em toda a narrativa de *Grande Sertão: Veredas*, bem como no viver comum de nossas histórias, deparamo-nos, assim, com a importância das convivências na contínua travessia do *ek-istir*, para a percepção de nossas fragilidades, incompletudes e consequentes aprendizados da espera em.

Fragilidades e incompletudes são estruturas fundantes para o desenvolvimento desta condição ontológica tão necessária na contemporaneidade dos instantes e imediatismos que desvelaram o homem no contexto da pandemia. Também são elas importantes referências de como podemos construir relações mais humanas e menos persecutórias ao contemplarmos os "crespos" em nós, ou seja, a nos vermos sem o julgamento diante delas como fracasso e incompetência.

Deparar com nossos "crespos" é, metaforicamente, colocarmo-nos como Jó em sua travessia noturna pelo deserto. É atravessarmos uma noite escura lutando com alguém, sem sabermos quem é. E, pela manhã, sermos tocados na coxa e nos depararmos com o mistério e o inédito da vida. Essa é uma de nossas lutas cotidianas, que se revelou com intensidade no contexto relacional da pandemia; mas que, pelos pressupostos de uma cultura de sucessos, ainda foi percebida com o significado de mal e não de início de um desvelar do inédito em nós, da lembrança ontológica da abertura do Ser.

Ao nos referirmos à condição ontológica, dizemos da origem do Ser, da possibilidade constante de iniciarmos outros olhares e movimentos nas convivências diante a percepção e consciência de como nos concebíamos e concebíamos o outro como objeto.

Para compreendermos as vivências desse modo de nos concebermos e relacionarmos, é necessária a *espera em*, a paciência, visto que, somente elas nos remetem à importância da pergunta pelo que nos habita a cada momento do viver. Perguntar e aguardar o tempo para ouvir é o que nos permite a liberdade para compreendermos vivências e transcendermos sentidos.

Mediante as explicitações anteriores, percebemos que o Ser e sua humanidade é construção/desconstrução ou, nos dizeres de Guimarães Rosa (1985, p.17): "no sertão o homem pode se achar ou se perder".

Ele não se perde, porém, nas extensões horizontais, mas nos vazios de sentidos que se multiplicam a cada momento que ele pretenda traduzir conceitualmente sua relação com o mundo. Não nascemos prontos, determinados, mas nos construímos no aí possível das convivências, e nelas, conhecemos diversos sentimentos que são significados, diversas percepções que organizam o olhar e o colocar-se entre homens. O modo como significamos e nos colocamos no entre pode nos levar ao se achar e/ou ao se perder. Nesse movimento, ora contínuo, ora descontínuo, o sofrimento acontece e, diante dele, podemos meramente reagir aos conceitos prontos que sustentam *o esperar que/o esperar de*, e/ou nos lembrarmos e reiniciarmos o tempo da espera paciente.

O movimento de se perder é pautado somente pelo cálculo e pelo prazo determinado, pelo medo de não alcançar resultados e primazias, enquanto o movimento de se achar "está em levar a termo e, depois, dar à luz" (Rilke, 1999, p. 32), em podermos contemplar o momento e adentrarmos na perplexidade, na pausa que arrefece o coração e permite o *esperar em*.

Para dar à luz, para esse constante processo de construir/desconstruir no entre ritmado de uma "espera autêntica" (Entralgo, 1978, p. 135), o tempo cronológico não serve de medida:

> [...] um ano nada vale, dez anos não são nada. Ser artista, criador, não significa calcular e contar, mas sim amadurecer como a árvore que não apressa a sua seiva e enfrenta tranquila a tempestade da primavera, sem medo de que depois dela não venha nenhum verão. O verão há de vir. Mas virá só para os pacientes, que aguardam num grande silêncio intrépido, como se diante deles estivesse a eternidade. Aprendo-o diariamente, no meio de dores a que sou agradecido: a paciência é tudo. (Rilke, 1999, p. 33).

Percebemos, pelas diferenciações realizadas até então, que a paciência está vinculada à *Kairós* e, consequentemente, ao saber guardar silêncio, ao não se apressar em dar nomes fixos que esgotem a experiência e nos impeça de retornarmos a ela para significar e significar novamente.

Resgatar e desenvolver a paciência é um objetivo da clínica terapêutica e suas narrativas; tal como narrando ao interlocutor, Riobaldo se recoloca no tempo das vivências revisitando-as constantemente e tendo a chance de ressignificá-las pela distinção entre as esperas que/de e a espera autêntica.

Recorrendo à Guimarães Rosa para exemplificar:

> De primeiro, eu fazia e mexia, e pensar não pensava. Não possuía os prazos. Vivi puxando difícil de difícil, peixe vivo no moquém: quem mói no asp'ro, não fantasêia. Mas, agora, feita a folga que me vem, e sem pequenos dessossegos, estou de range rede. E me inventei neste gosto, de especular idéia. O diabo existe e não existe? Dou o dito. Abrenúncio. (Rosa, 1985, p. 11).

Para melhor compreendermos o "range rede" como condição da espera autêntica que ressignifica vividos, trazemos o significado etimológico da paciência. A palavra paciência deriva do latim *patiens*, ou seja: o que padece. Implica sofrimento: o da espera e o da esperança, quando *espero em* ou do desespero, quando já não espero mais. No não mais esperar, adentramos no desespero que nos retira a possibilidade de perguntar, projetar e, assim, reduzimo-nos às questões do "fazer e mexer sem pensar, sem possuir os prazos" (Rosa, 1985).

Na contemporaneidade, o autor Mikel Jaso (2018) nos aponta esse mesmo cenário de "não possuir os prazos" quando nos coloca que vivemos em um mundo de desespero frenético. Segundo o autor, neste mundo, precisamos saber, conhecer os resultados, mas sofremos enquanto esperamos, pois não temos garantias de sucessos. Evitar essa dor é o que nos torna impacientes, ou seja, queremos rapidamente os resultados, os likes, os sucessos. A tecnologia — em particular as telecomunicações — criaram a expectativa do imediatismo. Mas isso pode se tornar uma ilusão e nos levar a considerar como presente algo que ainda está por vir. A expectativa é, nesse contexto, um sistema fechado de *esperas de/que*, as quais resultam em frustração. Estamos nos acostumando ao imediatismo e evitando a espera autêntica.

Em "A arte da paciência" (Jaso, 2018), o autor aponta que a expectativa é sustentada pelo desejo de controle. Segundo o autor, em nome do controle, os poderosos —"Esses homens!!" (Rosa, 1985, p.16) — do *esperam que/esperam de*, não esperam. Eles depositam nas pessoas a satisfação da urgência, a responsabilidade por conseguirem o objetivo. Na sociedade do imediatismo, desvelada pela pandemia, a satisfação de um desejo de forma quase automática se tornou uma nova droga sem nome. Ainda segundo o autor, nesta sociedade, os poderosos justapõem o conceito de necessidade ao de desejo.

> O conceito de necessidade se desvirtuou, tanto de ser como de saber e de ter. É impossível subtrair, evitar ou resistir à verdadeira necessidade. Falamos dela cada vez com mais facilidade, quando, na verdade, trata-se de desejos. Desejar é mais suportável do que precisar, e a elevação do desejo à categoria de exigência envolve riscos, pois uma carência adiada se torna uma urgência. Boa parte da responsabilidade pelo aumento do uso de fármacos para o tratamento da ansiedade e depressão vem dessa tendência de não cultivar a arte da paciência. Viver nesse contexto da urgência é, na realidade, mais danoso do que o possível fracasso em objetivos que consideramos necessários. (Jaso, 2018).

Assim, para evitarmos nos tornarmos prisioneiros do desassossego, do aborrecimento, da apatia, do tédio, do não mais esperar (des-espero), precisamos ter consciência do quanto, no contexto da pandemia, fomos e ainda somos impacientes. Após essa consciência, avaliarmos quais *esperas que/ esperas de* fomentam nosso desassossego e perceber quais esperas nos devolvem à ontologia de Ser.

Como ainda estamos na travessia da pandemia, e nela as vivências ainda estão misturadas, necessitamos paciência, não mais com o significado de fraqueza e passividade. Quando ainda a significarmos assim, apenas desvelamos o temor da fraqueza, e nela tememos os impacientes que não esperam e depositam nos outros a responsabilidade por atingir o objetivo do "normal" como sinônimo de força e ação. São esses o "perder-se no sertão" enunciado por Guimarães Rosa (1985) e os adoecimentos denunciados por Byung Chul-Han, no livro *A Sociedade do Cansaço* (2015), os quais se originam pelo excesso de positividade, pelo excesso da elevação do desempenho que nos leva a um infarto da alma que não mais espera em paciência.

A paciência — diferente do aborrecimento, do tédio, da apatia e do desassossego — é protetora, pois nos permite atravessar situações adversas sem fraquejar pelo medo de não atingir os objetivos da positividade.

Ainda recorrendo às reflexões de Mikel Jaso (2018):

> A paciência não é apatia, nem resignação. Não é falta de compromisso, porque não é estática: quem espera com calma faz isso ativamente, se rebela contra a dificuldade. O sossego é otimista, pois a espera ativa implica esperança. É coragem, pois fixa o olhar no longo prazo. O impaciente considera que o objetivo é a meta, quando, na verdade, o objetivo é ponto de partida. A paciência é protetora, pois não fica frustrada diante da eventualidade do imediato: nos permite atravessar situações adversas sem fraquejar. É força, pois é paciente aquele que foi capaz de domesticar suas paixões. Mas precisamos treiná-la. Nos acostumar a esperar e aceitar que ter tudo sob controle é, além de impossível, perigoso. Recapacitar, reorganizar — tanto os tempos como as prioridades —, refletir. Dizia santo Agostinho que "a paciência é companheira da sabedoria". Vamos reservar um tempo para observar que algumas coisas

> podem esperar sem causar sofrimento, e aprender a saborear o prazer da espera. (JASO, 2018).

A paciência, ao ser companheira da sabedoria (como vemos em Jaso citando Santo Agostinho), é uma espera autêntica: a espera que nos "gasteja e arredonda" para construções de convivências humanizantes e nos implica na necessidade de um ato de confiança na vida.

Essa confiança é aquela em que "o fazer que faz o homem coincide consigo mesmo" (ENTRALGO, 1978, p. 136), e não com o objetivo calculado e esperado pelo mundo anterior à pandemia. Isso implica em nossas convivências, em vermos como cada homem coincide consigo e seus propósitos e não com as expectativas do dever ser/ter de cada época histórica, social, política e econômica. Em outras palavras, ver como cada homem pode "se achar e/ou se perder" nesse ser-tão. Afinal, por esse motivo, "viver é muito perigoso!" (ROSA, 1985, p.16)

Existir é este constante movimento rítmico de aproximação/distanciamento do próprio. Quando as condições do aí do mundo e das relações interpessoais nos possibilitam maiores aproximações do que distanciamentos, conseguimos adentrar na espera autêntica que constitui a paciência. Quando os distanciamentos são mais presentes, dado os imperativos do positivo imediato e da razão que tudo explica, o modo próprio se perde em missões de realizações alheias, as quais impedem o ser pergunta, o próprio.

Segundo Entralgo, "a espera autêntica é um chamamento íntimo a ser de um modo e não de outro. É o que fazer sem o qual não poderíamos seguir sendo nós mesmos" (1978, p.136). Para nos aproximarmos da espera autêntica, necessitamos sair dos imediatismos anteriores para uma entrega ao tempo presente, à consciência da finitude, à pergunta-projeto que se desenvolve descansando sobre a confiança da possibilidade (e não da garantia) do ser que projeta.

A partir dessas fundamentações, pensaremos a prática clínica e os sofrimentos no contexto da pandemia que se desvelaram quando da evidência de que vivíamos sendo apenas missões e fomos interditados de sermos perguntas-projetos, de nos aproximarmos da espera autêntica.

Para tanto recorremos aos estudos de Gilberto Safra (2004), com o objetivo de compreendermos esse processo de desconstrução das missões (*espera que/de*) para a construção de perguntas-projetos (*espera em*).

Segundo Safra, para narrarmos a vida necessitamos identificar qual é a questão originária que nos constitui. Aliás, "narramos para tentar apropriarmos dela e para dar-lhe uma destinação do *páthos* ao *ethos*, pois, somente assim, entramos no conhecimento das dimensões que nos constituem como humanos e podemos nos projetar e conferir sentidos ao vivido". (Safra, 2004, p. 104).

Na clínica, a tarefa de todo terapeuta é saber ouvir a questão originária trazida pelo cliente. Seu sofrimento é não a conhecer, não a apreender e não a compreender, o que o leva a permanecer como mera missão, com o distanciamento do próprio sustentado pelo *esperar que/esperar de*.

Para iniciarmos uma compreensão, é necessário perguntar: Como nosso gesto originário, próprio, é acolhido pelo outro?

Este é o início das questões que necessitamos recolocar para nós mesmos diante das transformações advindas com a pandemia.

De acordo com Gilberto Safra,

> Todo gesto criativo, originário ou próprio acontece em um determinado contexto histórico e em determinado

> contexto transgeracional. Perceber a tarefa de vida nestes contextos é fundamental, pois a tarefa singular não é estabelecida pela própria pessoa, mas é uma tarefa como membro de uma família, como órgão de um todo maior. (Safra, 2004, p. 79).

Precisamos, no contexto de transformações, encontrar o próprio tempo e lugar para destinarmos, intencionarmos outros sentidos em nossa vida e história. Sem esse movimento, permaneceremos no distanciamento que nos restringe ao vivermos no *esperar que/esperar de*. Distanciamento que nos interdita projetar esperas autênticas que nos devolvam outras coconstruções significativas.

Ainda referenciando Safra, no percurso do viver existem situações que podem nos originar e contribuir para a construção de nossa história:

> A primeira situação é encontrarmos no nascimento uma Missão, ou seja, encontrarmos, ao nascer, um lugar definido, em que há a expectativa de que o nascimento ou a própria criança resolva uma situação familiar ou da comunidade.
>
> Neste contexto, a pessoa nasce um tanto quanto roubada da possibilidade de poder articular um destino próprio. A pessoa se depara com um ambiente humano denso e espesso, o que lhe dificulta a possibilidade de criar um gesto singular e se diferenciar. (Safra, 2004, p. 105)

É no contexto de missão que aprendemos a viver sob os auspícios do *esperar que/esperar de* que foram revelados no contexto da pandemia. Eles são modos de espera que interditam gestos próprios, construções e fortalecimentos da espera autêntica. Sem essa construção e fortalecimento, desenvolvemos uma insegurança acentuada pelos polos excludentes do mérito/castigo, a qual nos dirige o olhar apenas para a aprovação ou não do outro. O temor de não cumprir com o esperado nos leva a uma submissão acrítica que interdita nossa construção da autonomia para perguntar, para construir narrativas e projetar outros modos de ser no mundo. Essa é a interdição que nos restringiu/restringe e adoeceu/adoece, levando-nos à adesão dos imediatismos e positividades do mundo.

Para não nos restringirmos a sermos missão, necessitamos de algum tempo-espaço para estranharmos e realizarmos perguntas. Esta foi a grande contribuição da pandemia: abrir o tempo para perguntas.

A possibilidade de perguntar nos coloca, nos dizeres de Safra, em uma situação de Questão.

> Nesta situação compartilhamos as grandes questões e perguntas do humano, ou seja, a precariedade, o imponderável, a solidão essencial, a sexualidade, a vida e a morte.
>
> O importante é percebermos como cada família lida com elas, se como tabu e emudecimento ou como pergunta, onde o sofrimento pode se colocar, aparecer e encontrar um destino, onde a pessoa possa se apropriar de sua questão original e colocar-se como porvir, como projeto. (Safra, 2004, p. 110-111).

Quando nos apropriamos do sofrimento, não como mal, mas como possibilidade de nos revermos em valores e sentidos, construímos um modo de ser e singularizamos. Essa singularização é o retorno à condição ontológica da abertura paciente para a construção de outras leituras, outros significados que irão permitir — a cada um de nós — possibilidades de nos projetarmos em outros modos de ser. Modos esses não apenas sustentados pelo *esperar que/*

*de*, ou seja, pelos resultados e objetivos alcançados para manter a estrutura da missão familiar, social e cultural de um grupo. Estrutura essa que se legitima pela não presença das diferenciações e das construções de modos mais próprios de existirmos no mundo. A missão tem por objetivo o resultado da conservação, da manutenção de um *status quo*, da dependência que adoece e do emaranhado das relações verticais de poder, nas quais nos objetificamos e também ao outro.

De certa forma, no mundo da positiva produção e resultado, todos nascemos missão para aprendermos a nos tornarmos perguntas e, diante delas, sonhamos com as respostas às nossas questões originárias. Mas, existir é, através da busca constante das respostas, é construirmos nossos percursos próprios. É assim que o ser humano se faz caminhante, travessia. "Em sua subjetividade cria mundos (questão ontológica) e deuses (questão tele-teológica): mito pessoal que determina uma maneira pessoal de conceber a existência." (Safra, 2004, p. 113)

Tanto Riobaldo, em *Grande Sertão: Veredas*, como em nossas histórias de vida, e também na clínica, as pessoas perguntam e narram para tentarem compreender o sofrimento, o drama humano das respostas prontas, em que não existiram perguntas para suas construções. Ansiamos por respostas que confirmem ou justifiquem o certo/errado, o bem/mal, o justo/injusto e perdemos a possibilidade de iniciarmos a paciente sondagem do fundo de nossos fluxos vitais para reiniciarmos, constantemente, a condição ontológica de Ser: *esperar em* paciência.

Paciência não como *páthos*, submissão à, mas como a *espera em* e *para* a redescoberta do *ethos*, do oferecer morada ao que está nascendo, sem a pressa do resultado. Esse é o fundamento de um *leitmotiv* de *Grande Sertão: Veredas*:

"Nonada. O diabo não há! É o que eu digo, se for... Existe é homem humano. Travessia." (Rosa, p. 568)

Enquanto atravessamos o tempo kairós da pandemia temos a chance de reaprendermos a paciência do *esperar em*, bem como de aprendermos a perguntar.

Como nos diz Guimarães Rosa: "Vivendo, se aprende; mas o que se aprende, mais, é só fazer outras maiores perguntas". (Rosa, 1985, p. 35).

Perguntar é sondar o fundo de um rio. Somente quem pergunta pode contemplar o diverso pode comungar com ele a relação humana e suas possibilidades de novos conhecimentos. Esse movimento da pergunta é típico de quem ainda espera, de quem ainda tem preservada a dimensão do conviver como fundamento de transformações. Perguntar é espacialidade e temporalidade de uma busca ontológica, sendo o lugar e o tempo das questões fundamentais sobre quem é o Homem.

Fica a instigação para as vivências deste contexto: Quais serão suas perguntas neste processo de travessia da pandemia?

## Referências


BAUMAN, Z. Amor Líquido: Sobre a Fragilidade dos Laços Humanos. Rio de Janeiro: Zahar, 2004

BUBER, M. *Do diálogo e do dialógico.* São Paulo: Perspectiva, 1982.

CHUL-HAN, B. *A sociedade do cansaço.* Barcelona: Helder, 2015.

ENTRALGO, P. L. *Antropologia de la esperanza.* Barcelona: Editorial Labor. 1978.

JASO, M. A arte da paciência. *El País*, 12 maio 2018. Disponível em: https://brasil.elpais.com/brasil/2018/05/07/eps/1525709074_004502.html

PESSOA, F. *O Guardador de Rebanhos*. 10. ed. Lisboa: Ática, 1946/1993.

RILKE, R. *M. Cartas a um jovem poeta. São Paulo: Globo, 1999.*

ROSA, J. G. *Grande Sertão: Veredas*. Rio de Janeiro: Nova Fronteira, 1985.

SAFRA, G. *A po-ética na clínica contemporânea*. Aparecida, SP: Ideias e Letras, 2004.

4

# É possível eliminar a ansiedade? Ensaio em Psicologia Existencial[1]

*Paulo Eduardo Rodrigues Alves Evangelista*

Em março de 2020, quando o coronavírus chegou ao Brasil e as atividades presenciais foram interrompidas na UFMG, o serviço de Plantão Psicológico que coordeno com a professora Claudia Lins rapidamente se reestruturou para oferecer atenção psicológica aos membros da comunidade acadêmica que estavam no exterior. Nos atendimentos que realizamos, a palavra ansiedade esteve muito presente. Ao relatarem o que motivou a procura pelo atendimento, muitos informavam estarem com ansiedade. Estavam com insônia, preocupação com o futuro, medo de adoecer, perder parentes, ficarem sem recursos financeiros, não conseguirem retornar para o Brasil. Relatavam dificuldades para manter a rotina que levavam antes da pandemia ou para criar uma nova (Rodrigues *et al.*, 2021). Por rotina, muitos entendem um cronograma bastante rígido de horários e atividades.

[1] Versão ampliada e modificada de palestra proferida no dia 28/06/2021 no IV Congresso Internacional de Psicologia Fenomenológica e Hermenêutica Online, promovido pelo Instituto Dasein, com o título: "Existência em crise em tempos de pandemia de covid-19".

Isso vale em relação ao futuro que tinham planejado e que, diante de tantas incertezas, já não sabiam se realizariam conforme os planos. A partir do segundo semestre de 2020, os atendimentos foram ofertados à comunidade acadêmica no Brasil também e a autointerpretação era muito parecida.

Foi um momento de crise para todos nós. Estou entendendo crise no sentido de uma interrupção no fluxo existencial cotidiano. Pensando o existir como uma sucessão ininterrupta de realização de possibilidades existenciais, saltando de uma situação para outra, sem a sensação de quebra ou de mudança de mundos (Heidegger, 1927/2012); a crise é o acontecimento de uma descontinuidade.

Nesse mesmo período, apareceram muitas dicas na mídia e nas redes sociais sobre como diminuir a ansiedade na pandemia: criar uma rotina, fazer exercícios, alimentação saudável, meditação e buscar ajuda especializada. Uma plataforma de atendimentos psicológicos online disponibilizou o questionário que compõe o Teste de Depressão, Ansiedade e Stress (DASS-21), composto por 21 perguntas Likert de 0 a 3 (Vignola, 2013). Diante de um resultado indicativo de depressão, ansiedade e stress, indica: "Clique aqui e encontre um psicólogo para atendimento online ou presencial".

O DASS-21 foi usado em muitas pesquisas que avaliaram o impacto da saúde mental na pandemia. Isto é, para elas, impacto na saúde mental é sinônimo de depressão, ansiedade e stress. Nesse teste, são indicativos de ansiedade a percepção de boca seca, dificuldade em respirar, tremores, preocupação com situações em que pudesse entrar em pânico ou sentir-se ridículo, sentir que ia entrar em pânico, que o coração batia sem ter realizado esforço físico e sentir-se assustado sem razão.

O impacto na saúde mental das pessoas levou a ONU a publicar, no dia 13 de maio de 2020, o informe de política

*A COVID-19 e a necessidade de atuar em relação à saúde mental* (*Policy Brief: COVID-19 and the Need for Action on Mental Health*, UNITED NATIONS, 2020), alertando para os prováveis efeitos da pandemia de covid na saúde mental da população mundial, no qual afirmava que "é provável que se produza um aumento a longo prazo do número e da gravidade dos problemas mentais" (UNITED NATIONS, 2020, p. 3) como consequência do isolamento físico, da distância de pessoas queridas, do medo de se infectar, morrer ou de familiares morrerem e da perda de renda e/ou emprego. Já se sabia do aumento de casos de violência doméstica com mulheres e crianças. As primeiras pesquisas epidemiológicas reportaram aumentos em casos de ansiedade e depressão e uso de bebidas alcoólicas[2].

Por exemplo, o informe da ONU menciona a triplicação da população com sintomas compatíveis com depressão na Etiópia (UNITED NATIONS, 2020). O Canadian Perspectives Survey Series (CANADA, 2020) relata que 14% da população acima de 15 anos aumentou o consumo de bebidas alcoólicas. Schmidt *et al.* (2020) sistematizaram pesquisas mundiais que convergem quanto ao aumento nos índices de depressão, ansiedade e estresse. Faro *et al.* (2020) apresentam revisão da literatura semelhante. Teodoro *et al.* (2021), analisando população universitária brasileira, relatam correlação significativa entre neuroticismo, ter doenças anteriormente ao início da pandemia, uso de ansiolíticos e histórico de

[2] Na contramão dessas previsões, estudos publicados em 2021, como o de Brunoni *et al.* (2021) indicam que não houve oscilação entre o número de diagnósticos antes da pandemia e durante. Pelo contrário, houve leve decréscimo de ansiedade, depressão e stress. Aumento na probabilidade de transtornos mentais foi constatado em mulheres jovens não brancas com histórico de transtornos mentais.

ideário suicida. Maia e Dias (2020) confirmam o mesmo com amostra de população universitária de Portugal. Lima (2020, p. 3) reúne publicações acerca de aumento de stress, ansiedade e depressão em trabalhadores da saúde, motoristas, seguranças e trabalhadores da limpeza, associados a "longas horas de trabalho, ao manejo de casos graves e ao medo da contaminação e da morte, somados à distância da família e ao risco de ser estigmatizado ou hostilizado em sua vizinhança como potenciais transmissores do coronavírus". Pancani *et al.*, analisando efeito do isolamento físico em 1006 italianos, demonstram correlação significativa entre curto isolamento físico e piora na saúde mental (depressão e ansiedade), concluindo que "quanto maior o isolamento, menos contatos cara a cara, mais negativo o resultado da saúde mental". Brooks *et al.* (2020) analisam diversas pesquisas para mostrar que o isolamento físico causado por quarentena tem impactos significativos na saúde mental. Pesquisa da ONG Cooperative for American Remittances to Europe aponta que o impacto na saúde mental de mulheres é 3 vezes maior do que na de homens, atribuindo isso à violência de gênero e ao risco ou a perda de emprego e renda (Janoch, 2020).

A mídia foi rápida para divulgar o risco de transtornos mentais. Por exemplo, em 13/05/2020, o jornal *Estado de Minas* publicou a reportagem "Casos de estresse, ansiedade e depressão disparam em meio à pandemia", noticiando pesquisa da UERJ lançada em pré-print (Filgueiras; Stults-Kolehmainen, 2020). Em 17/05/2020, a reportagem "Psiquiatras alertam para 'tsunami' de problemas de saúde mental em meio à pandemia" (Roxby, 2020). Também foi publicada a reportagem "Coronavírus: como conter a ansiedade na pandemia" (Brottel, 2020). Em 29/05/2020, publicou "Mulheres podem estar mais expostas psicologicamente à pandemia" (Mayara, 2020). A revista *Time* deu destaque ao informe de política da ONU, publicando em 21/05/2020, carta do Secretário-Geral da ONU, António Guterres (2020), com o título "We Need to Take Action to Address the Mental Health Crisis in This Pandemic".

O repórter André Bienarth (2020) sintetizou bem a experiência de muitas pessoas no início da pandemia quando escreveu a matéria intitulada "A epidemia oculta: Saúde mental na era da covid-19", publicada na *Veja Saúde*. Nela, relatou:

> [...] tudo mudou em abril de 2020: durante o processo de apuração para esta reportagem, de algum modo senti e vivenciei muitos dos incômodos e frustrações que serão descritos nas próximas páginas. O sono não é reparador como antes. O cansaço me agarra cada vez mais. A incerteza sobre o dia de amanhã é apavorante. Enfim, a cabeça opera em outra frequência na era da covid-19, a doença causada pelo novo coronavírus. (Bienarth, 2020)

A ideia de epidemia de transtornos mentais não é nova. Em agosto de 2011 a repórter americana Marcia Angell publicou artigo traduzido na revista *Piauí* intitulado "A epidemia de doença mental: por que cresce assombrosamente o número de pessoas com transtornos mentais e de pacientes tratados com antidepressivos e outros medicamentos psicoativos", considerando aumento de 2,5 vezes no número de americanos medicados e recebendo seguro por incapacidade em razão de doença mental e incremento de 35 vezes em crianças medicadas entre 1987 e 2007. Seu artigo baseava-se na publicação recente de três livros sobre o assunto: *Anatomia de uma epidemia* (Whitaker, 2017), *The Emperor's New Drugs* (Kirsch, 2011) e *Unhinged: The Trouble with Psychiatry - A Doctor's Revelations about a Profession in*

*Crisis* (Carlat, 2010). Angell (2011) questionava, a partir desse material, as supostas evidências científicas de efeitos dos remédios. A importante mudança de paradigma ocorreu, segundo a autora, com a chegada do Prozac no mercado, em 1987, que, com apoio dos psiquiatras e da mídia, levou à aceitação pública de que doenças mentais são doenças orgânicas.

Faz todo sentido a preocupação com o aumento da depressão e ansiedade com a pandemia de covid. A crise pela qual estávamos, e ainda estamos passando, é muito marcante. Mas temos que tomar cuidado com o entendimento público cotidiano de ansiedade, angústia, depressão, assim como com o saber hegemônico da psiquiatria a seu respeito.

Com a fenomenologia, aprendemos a desconfiar de conceitos e das entidades que eles nomeiam. O *logos*, que faz ver aquilo que se mostra por si mesmo, pode também encobrir o que se mostra. A existência, no mais das vezes, interpreta sua experiência tal como a gente, o impessoal, o faz (Heidegger, 1927/2012). A mídia se alimenta e alimenta o impessoal, recolhendo e fornecendo modos de autointerpretação. Assim, quando alguém chega apresentando-se como ansioso, no mais das vezes, não chegou a esse diagnóstico por um cuidadoso trabalho de análise de sua situação, mas sim, reproduzindo aquilo que se diz e se ouve por aí. E ouviu-se muito que a pandemia de covid está gerando uma pandemia de ansiedade e depressão.

Perdida a dimensão histórica da linguagem e dos entes que ela apresenta, quedam entidades naturalizadas. A ansiedade, que tanta gente relata ter, como se com esse termo se referisse a algo objetivo, claro, que se pode possuir e portar, é um exemplo disso. Cada vez que alguém profere que tem ansiedade ou um profissional da saúde promete uma técnica para aliviar a ansiedade está contribuindo para essa naturalização.

## Ansiedade e o Manual Diagnóstico e Estatístico de Transtornos Mentais (DSM)

Os especialistas em saúde mental seguem a padronização classificatória dos transtornos mentais. Os mais conhecidos para nós são o Manual Diagnóstico e Estatístico de Transtornos Mentais (DSM), da Associação Psiquiátrica Americana, e a Classificação Estatística Internacional de Doenças e Problemas Relacionados com a Saúde (CID), da Organização Mundial de Saúde, que engloba todas as doenças, e tem um capítulo específico para as mentais.

Sobre o DSM, é importante indicar aqui que sua primeira edição, publicada em 1952, descrevia 128 categorias de doenças mentais em 192 páginas. O manual atual, o DSM-V, publicado em 2013, descreve 541 categorias em 947 páginas. Ou seja, em 61 anos, surgiram 413 categorias de transtornos mentais. A versão mais recente deste manual recorre muito fortemente à epidemiologia e à genética para legitimar os transtornos. Concomitantemente, propõe definições que facilitem a avaliação "objetiva" e testes epidemiológicos (Blashfield *et al.*, 2014). Guilherme Messas (2008) situa este modelo no que ele chama de paradigma do determinismo absoluto, que simplifica a psicopatologia, limita o fator humano, estreita a função terapêutica à prescrição de remédios e reduz a psicopatologia à biologia.

A história de construção de tantas psicopatologias fica oculta quando se assume a classificação do DSM-V e do CID-11 como descrições das entidades naturais, treinam-se profissionais a diagnosticar habilmente com o recurso dos manuais, surgem testes para os validar ou aplicar em larga escala e se exige um código CID em todas as consultas médicas. A história também fica oculta quando qualquer pessoa se diagnostica ou quando um estudante universitário diz: "tenho ansiedade".

Isto aconteceu bastante ao longo de 2020. Foram vários os estudantes que procuraram o serviço de Plantão Psicológico no início da pandemia contando que estavam com ansiedade. Relatavam insônia, agitação e irritação, episódios de enxaqueca, tremores no corpo. Sentiam que estavam o tempo todo esperando alguma coisa, sem saber o quê. Sentiam-se constantemente incomodados. Muitos já estavam tentando diminuir a ansiedade seguindo dicas encontradas na internet, como deixar de usar o telefone celular uma hora antes de dormir, evitar redes sociais e organizar a casa para ter espaços bem delimitados de trabalho e descanso.

Num atendimento a um rapaz com uma apresentação semelhante a essa, os plantonistas convidaram-no a contar de sua situação vivencial atual e descobriram que se preocupava com a saúde de sua família, com a capacidade de prevenirem o contágio e cuidarem das tarefas cotidianas. Estava preocupado por seguir trabalhando presencialmente, sentindo-se vulnerável à contaminação. Quando estava em casa, ficava sozinho e sentia-se sozinho, isolado, aprisionado, sem poder encontrar amigos ou frequentar os lugares que frequentava até então.

O preocupante é que a situação existencial fáctica é encoberta pelo autodiagnóstico: "estou com ansiedade". Quando ele procurou o atendimento psicológico, estava esperando alguma intervenção que eliminasse seus sintomas, que fizesse com que deixasse de se sentir como estava se sentindo. Ele já estava tentando algumas das ideias que circulavam na época, mas sem sucesso, e esperava que a intervenção psicológica pudesse tratar sua ansiedade.

Mas será a ansiedade tratável? Entendendo-a como um modo de estar em relação à situação existencial atual, será pertinente considerá-la como um estado patológico e contribuir para o reestabelecimento da familiaridade cotidiana?

## A ansiedade é tratável?

A história da ansiedade na psiquiatria coincide com o surgimento da prática psiquiátrica. Inicialmente, a ansiedade fazia parte da melancolia, sendo atribuída ao excesso de bile negra. Com o surgimento da psiquiatria moderna, apareceram as primeiras descrições de quadros de ansiedade: no século XIX, psiquiatras descreveram casos de dor no peito relacionados ao medo, agorafobia, neurose de guerra. Kraepelin, no *Compêndio de Psiquiatria*, descreveu pânico noturno e ansiedade relativa a obsessões e compulsões, fobia social e agorafobia. Na obra de Pierre Janet, as manifestações corpóreas de ansiedade apareceram como modos de diminuir a tensão psíquica. Freud reformulou essa ideia, atribuindo a fonte da tensão aos conflitos psicossexuais, ou seja, para ele, a fonte da ameaça era interna ao psiquismo (Glass, 2013).

Posteriormente, Freud explicou experiências do *das unheimlich* (o estranho, sinistro, inquietante) num artigo com esse nome. Nele, Freud (1919/2010) atribuiu a ansiedade "à angústia do complexo infantil de castração" (p. 349), isto é, ao retorno do recalcado. Com esta proposta, consolidou-se na psiquiatria o entendimento de que a ansiedade é um mecanismo de defesa contra ameaça de perda do objeto, cessando por longo tempo a investigação acerca desse fenômeno humano. Dos desenvolvimentos da Psicanálise adveio uma hierarquia evolutiva de ansiedades: ansiedade do superego (tem a ver com culpa por não seguir uma exigência moral), ansiedade de castração, medo de perda do amor, medo de perda do objeto (ansiedade de separação), ansiedade persecutória e de desintegração (Gabbard, 2006).

A descoberta dos efeitos ansiolíticos dos benzodiazepínicos, na década de 1950, promoveu um interesse renovado no estudo das ansiedades. O DSM-III-R, publicado em 1980 e considerado neokraepelineano por enfatizar o caráter orgânico das doenças mentais, deixou de lado as explicações psicanalíticas. Diversos quadros ansiosos foram agrupados como Transtornos Ansiosos. Desde então, o interesse maior foi em explicar as doenças mentais como doenças orgânicas. Enquanto tal, essas experiências são individualizadas e colocadas no interior do corpo do indivíduo. A partir disso, há estudos que associam a ansiedade ao gene envolvido no transporte de serotonina; um gene mais curto, responsável por esse transporte e encontrado em 70% da população, e que aumenta a atividade da amígdala em resposta ao medo. A hipótese evolucionista atribui isso a uma melhor adaptação ao meio, pois organismos mais sensíveis ao medo estão mais preparados para sobreviver. Assim, a ansiedade passa a ser considerada adaptativa (Gabbard, 2006). Estudos genéticos sugerem que os mesmos genes que predispõem à depressão tornam o indivíduo vulnerável à ansiedade (Carey; Castle; Stein, 2008).

Ansiolíticos, antidepressivos e anticonvulsivantes revelam efeitos significativos na ansiedade. Recomenda-se cuidado com o uso de ansiolíticos benzodiazepínicos (diazepam, alprazolam, midazolam) por levarem à dependência. A psicoterapia mais recomendada é a cognitivo-comportamental, com técnicas de dessensibilização, organização da rotina, exercícios de relaxamento e identificação de pensamentos automáticos (Carey; Castle; Stein, 2008). O método de pesquisa mais utilizado ainda tem sido o de engenharia reversa, pelo qual se estudam os mecanismos biológicos da ansiedade pelos efeitos dos remédios usados (Kay; Tasman, 2006).

No DSM-V, a ansiedade não é em si mesma um transtorno psiquiátrico. Há um capítulo nomeando dez transtornos de ansiedade, agrupados por conterem "medo e ansiedade excessivos" (APA, p. 230). Eles são definidos como "resposta emocional a ameaça iminente real ou percebida, enquanto *ansiedade* é a antecipação de ameaça futura" (APA, p. 230). A ideação cognitiva é importante fator na diferenciação entre os tipos de transtornos, assim como o tipo de objeto ou situação causadora da resposta emocional.

Para o Transtorno de Ansiedade Generalizada (TAG), que tomo para exemplo, os critérios diagnósticos são: presença de ansiedade ou preocupação excessiva por seis meses (o manual recomenda um pouco de flexibilidade neste prazo), dificuldade de controlar a preocupação e associação a pelo menos três dentre inquietação, fatigabilidade, dificuldade de concentração, irritabilidade, tensão muscular e perturbação do sono. Por fim, precisa haver prejuízo no funcionamento social, profissional ou outro. Figura no diagnóstico uma diferenciação com ansiedade não patológica, levando em conta a intensidade, a disseminação e a presença de sintomas físicos. O DSM-V atribui um terço do risco de TAG a fatores genéticos e indica que os indivíduos assim diagnosticáveis também preenchem os critérios para outro transtorno de ansiedade ou transtorno depressivo unipolar.

Parece que os sintomas físicos que podem ser facilmente percebidos e são rapidamente reconhecidos como ansiedade, levam as pessoas a se considerarem ansiosas. Seguindo a definição de ansiedade do DSM-V, estar ansioso não é sinônimo de ter um transtorno de ansiedade. Mas, no senso comum, parece ser, dado que o estar ansioso é rapidamente interpretado como estando necessitado de intervenção psicológica ou psiquiátrica. Pior ainda quando, ansiosa, a pessoa procura um serviço de psicologia e recebe a indicação de procurar um psiquiatra. A sugestão confirma o que o senso comum já indicava, a saber, que se está doente de ansiedade.

Levando em conta os critérios do DSM-V, embora alguém possa ter se sentido ansioso no início da pandemia de covid, não teria como preencher os critérios para TAG por falta de tempo. Mas parece que isso não impediu que as pessoas fossem medicadas ou se medicassem. Segundo levantamento da revista *Veja Rio*, houve aumento de 22% na venda de Rivotril no Brasil entre março/abril de 2019 e de 2020 (Uruahy, 2020).

Se, por um lado, a noção de doença ajuda a desestigmatizar a loucura, por outro, afirma uma passividade da existência, objetificando-a como corpo orgânico, e neutraliza o potencial revelador das experiências angustiosas, tematizado na filosofia existencial. Mas a principal crítica que cabe ser feita, do ponto de vista da Daseinsanalyse, é de que a interpretação organicista da existência passa ao largo de compreender o que e como ela é. Esse é o questionamento que marca o início da fenomenologia com Husserl, da divergência de Binswanger com Freud (Binswanger, 2013; 2019) desde o início e o sentido da Daseinsanalyse proposta por Medard Boss. Isso converge com a admoestação de Heidegger em *Ser e Tempo* (1927/2012) de que psicologia e antropologia não poderiam ser inseridas numa biologia geral. Para o suíço Boss, conhecer o funcionamento do cérebro ou da genética não é sinônimo de compreender como a existência é (Boss, 1994).

## Ansiedade e angústia como atmosferas

Em *Ser e tempo*, Heidegger (1927/2012) explora duas tonalidades afetivas: o medo e a angústia. São atmosferas, climatizações, tons da totalidade do mundo aberto. Para Heidegger, os sentimentos não são internos; são a vibração do campo de manifestação da realidade. A análise destrincha o fenômeno em seus momentos estruturais diante de que se medra ou angustia, o medrar e se angustiar (a experiência, por assim dizer), e o pelo que se medra ou angustia. No §30, analisa o ser-no-mundo amedrontado. Em tal afinação, algo é encontrado como amedrontador, ameaçador. O ter-medo ele mesmo, isto é, o que chamaríamos de sensação de medo, é o deixar surgir algo ameaçável que se aproxima, concomitante à espacialização do mundo em aqui vulnerável e lá seguro, fundada, por sua vez, na temporalização do ainda não destruído. O pelo que se medra é o próprio existir. Ou seja, amedrontada, a existência se descobre vulnerável e mortal. Há variações do medrar dadas pelos modos como algo se aproxima ou irrompe, como que do nada, e quanto ao reconhecimento ou não do ameaçador (susto, horror, pavor). Em suma, algo do interior do mundo ameaça.

No nosso momento atual, pode ser o vírus, pode ser um objeto infectado, pode ser outra pessoa interpretada como portadora do vírus. Pode ser temer pela mãe ou pela avó, que, mais precisamente, seria temer pelo poder ser-com elas. Pode ser medo de não conseguir dormir, de ter um desempenho acadêmico fraco, de não conseguir se comunicar em outra língua, de ser demitido etc. Enfim, algo aparece como ameaça ao ser que se é, concomitantemente, à descoberta da existência como vulnerável. Ademais, no medrar, a existência perde a cabeça, perde sua localização e as possibilidades existenciais que antes estavam à disposição e não se sabe muito bem como se retirar da situação.

As experiências chamadas de ansiedade estão mais próximas do temer. O DSM-V descreve a ansiedade de um ponto de vista dos sintomas orgânicos e a da antecipação de ameaça futura. Teme-se algo futuro. Os fenomenólogos estranham essa explicação, pois ela foca apenas em fatos observáveis, sem uma consideração sobre seu sentido. Além disso, o conceito de existência em *Ser e Tempo* é definido como estando adiantado de si mesmo. Existir é estar constantemente relacionando-se com o próprio futuro, já estando com aquilo que ainda não se é e está. Mais ainda, como ser-para-a-morte, isto é, como ente que tem o não mais poder ser como horizonte a todo momento possível. Como poderia, então, aceitar que estar preocupado com o futuro é doença?

Poder-se-ia contra-argumentar que além da preocupação, são necessários sintomas físicos como taquicardia, insônia etc. Esta junção de fatores psicológicos (preocupação) com fatores físicos, parte ela também do pressuposto de uma divisão da existência em soma e psique, que tem sido desconstruída desde Binswanger e que deveria estar decidida com a Daseinsanalyse de Medard Boss, para a qual a existência sempre corpora (*leiben*, *body forth*) modos de ser no mundo. Ou seja, taquicardia, insônia são modos de ser responsivo ao que vem ao encontro na abertura recipiente-percipiente que a existência é.

Na angústia, descrita por Heidegger no §40, não se pode apontar algo do interior do mundo como ameaçável. Os entes do interior do mundo se tornam irrelevantes, estranhos, impedindo que a existência faça qualquer coisa. O ameaçador não está em lugar nenhum e em todo lugar, está 'aí'. E "tão 'presente' que "oprime e corta a respiração" (Heidegger, 1927/2012, p. 523). É uma experiência de estranhamento, *unheimlichkeit*, que significa, literalmente, situação-de-não-em-casa. *Heim* é lar, casa. Estar estranho é não-estar-em-casa, sentir-se-fora-de-casa, no sentido de perder a familiaridade cotidiana de ser-no-mundo. Assim, a existência angustia-se diante da própria condição de lançado no mundo e entregue à responsabilidade por ser. Aho (2020) lembra que a palavra tem dois significados: 1) não familiar, estranho; 2) aquilo que é oculto e secreto. A palavra já foi traduzida para o português como "inquietante", "infamiliar", "estranho familiar". Isso não significa que a existência envolvida nas atividades cotidianas esteja imune à estranheza. Pelo contrário, Heidegger descreve o decair no mundo das ocupações como fuga diante de si mesmo, o que significa que o estrangeirismo está a todo momento aí, podendo irromper nas situações mais banais e anódinas.

O movimento possível na abertura tonalizada pela angústia é o de buscar qualquer familiarização tranquilizante no mundo. Um modo muito comum de se fazer isso é o de transformar a angústia em medo, isto é, de atribuir a algo o poder ameaçador. Transformar experiências de descoberta da radical responsabilidade pelo próprio ser e de vulnerabilidade e finitude existenciais em problemas comportamentais, emocionais, psíquicos ou neuroquímicos é outro modo de se esquivar de descoberta tão sobrepujante. Ao fazer isso, a existência consegue manobrar, mas não fica imune de ser novamente visitada pela angústia. E, evitando o confronto com a própria condição, perde o que tem de revelador, que é a radical liberdade e singularidade humana (Holzhey-Kunz, 2018).

## Crise: interrupção no fluxo da vida

Isso se articula com o conceito de Dasein de *Ser e Tempo* (Heidegger, 1927/2012). Ser-no-mundo é existir em contextos significativos, nos quais se reconhece as coisas, os outros e si mesmo e se sente familiar, em casa. Heidegger chama a atenção para o sentido etimológico de *ser-em*: tradicionalmente, *em* significa dentro de, de modo quc ser-em-o--mundo significaria ser-dentro-do-mundo. Mas *mundo* é nexo significativo e em (alemão: *in*) "significa estou acostumado, familiarizado com, cuido de algo, tendo a significação de colo, no sentido de habito e deligo" (HEIDEGGER, 1927/2012, §12, p. 173). Ser-no-mundo é estar familiarizado e tranquilizado com a significância descoberta. É entender e comportar-se em relação ao que são as coisas, os outros e si mesmo; é habitar um mundo comum e público de possibilidades e significados compartilhados.

Nas crises, acontece uma instabilidade no fluxo do viver cotidiano. Na análise conduzida em *Ser e Tempo* (HEIDEGGER, 1927/2012), essa quebra pode ocorrer sem que se revele a estrutura da existência. É que ocorre quando um instrumento falta ou falha. Experiências temerosas têm um potencial maior de revelação do Dasein, mas, em geral, permanecem enredadas no mundo. Já a angústia é a experiência que solapa mundo, interrompendo a familiaridade cotidiana, revelando como a existência é e pode ser.

Fiel a essas reflexões filosóficas, o daseinsanalista Medard Boss entende que o único modo de superação da angústia é assumir a condição de abertura finita na qual tudo o que é pode vir a ser, uma clareira que ilumina a realidade e que um dia se apaga (BOSS, 1981). Ser humano é poder morrer e saber disso. Por isso, a angústia e a ansiedade, como sua manifestação encobridora, precisam poder ser reveladoras da indeterminação humana.

Vale lembrar que a angústia não precisa ser nociva. Essa interpretação da angústia está vinculada à sua confusão com a ansiedade e o temor. Na preleção *Que É Metafísica*, Heidegger (1929/2008) descreve a visita da angústia como perpassada por "uma estranha tranquilidade" (p. 121), um "silêncio vazio" (p. 122) que tentamos interromper com palavras sem nexo, uma "quietude fascinada" (p. 124), uma "clara noite" (p. 124). Medard Boss encontrou experiências semelhantes narradas por sábios em ashrams na Índia durante suas viagens a esse país (BOSS, 1965).

A angústia é, para Heidegger, uma atmosfera fundamental. Ela desempenha um papel central na dinâmica da existência: quando a angústia se instala em nossa existência, "vemos que papeis familiares, equipamentos e instituições que dão sentido à nossa vida e sustentam nossa identidade são, fundamentalmente, instáveis, não existem por necessidade ou por qualquer razão, mas emergem como constructos precários e contingentes" (Aho, 2020, p. 14). Como lembra a filósofa Brencio (2014), a angústia "é expressão de quem nós somos: ela mostra a fragmentação do si mesmo, a finitude e a vulnerabilidade de um ser humano" (p. 298) Mostra a negatividade original da existência. Angustiada, a existência perde sua significação e seu mundo colapsa. Descobre-se como possível, sem causa nem sentido prévio, ser-para-a-morte. Paradoxalmente, é o momento de maior autotransparência da existência. "o momento de maior vertigem produzido pela ansiedade também é o momento de maior clareza" (Brencio, 2014, p. 301).

## Análises fenomenológicas de experiências de ansiedade

As descrições de sintomas somáticos e cognitivos e o agrupamento em síndromes ansiosas não é capaz de descrever a experiência de quem assim existe. Pelo contrário, ao trazer consigo a determinação biológica da ansiedade, tais análises obscurecem o modo de ser-no-mundo ansioso e o sentido existencial da ansiedade. Além disso, promovem um contexto significativo e explicativo para a existência que dificulta o acesso a si mesma, sua auto transparência.

Como seriam análises fenomenológicas da experiência ansiosa? Recorro a dois exemplos da literatura, um clássico e outro contemporâneo.

### *Gebsattel e o mundo do compulsivo*

No estudo de caso de *O mundo do compulsivo*, publicado originalmente em 1938, Gebsattel (1958) descreve um paciente, H. H., que teme que se espalhe um odor de seu pênis, o que o leva a passar horas higienizando-se. Ele sente que as outras pessoas sentirão seu fedor, por isso evita até mesmo telefonar para as pessoas. Desde cedo, realiza longos rituais de limpeza e higienização. Se falha em alguma das etapas, precisa começar de novo. O odor o ameaça constantemente. Esse odor que crê ter vem associado a dor, vergonha e nojo e impede qualquer realização cotidiana ou envolvimento com pessoas. O psiquiatra explica que o *Umwelt* (mundo circundante, dos entes não-dasein) do paciente anancástico tem um caráter pseudomágico de ameaça e repulsa. Por exemplo, utensílios que não foram preparados seguindo estritos rituais se tornam contaminados e adquirem um poder mágico de contaminar outros. Os poderes amigáveis, convidativos do mundo familiar são substituídos por hostis e repulsivos. "Tudo o que normalmente atrai o indivíduo para o interior do mundo e o convida a fundir-se fica condenado a um tipo peculiar de ineficácia" (Gebsattel, 1958, p. 184). Alimentar-se é uma tortura, pois corre-se o risco de contaminação. O mundo do anancástico é caracterizado como estreito, monótono, rígido, sem natureza, empobrecido e restrito. O paciente passa o dia em constante ação que nada produz, tenso o tempo todo. Aprisionado à determinação de feder (passado), lutando para se livrar do odor, seu futuro fica interrompido. Luta contra o que Gebsattel chama de *anti-eidos*, a potência destruidora do mundo familiar e tranquilizador inerente ao existir. O mundo de H. H. está sempre prestes a se desfazer, assim como seu existir é experienciado como dissolvendo-se. Sua compulsão por limpeza e sua mania de precisão são seu modo de se defender da ameaça de destruição. Adiante, Gebsattel (1958, p. 176) conclui: "Não se trata de uma questão de um odor real ou verdadeira sujeira; outrossim, odor e sujeira são símbolos de uma vida privada de uma das possibilidades de purificação – a saber, de sua orientação para o futuro".

A ansiedade aqui figura como constantes tensão e medo de contaminação que barram o futuro. Subjaz aos esforços meticulosos de limpeza. A ameaça está por toda parte e H. H. está prestes a se desfazer.

### *A experiência de Umheimliche de Aho*

Kevin Aho (2020), no início da pandemia de covid-19, realizou uma detalhada análise fenomenológica das mudanças em nosso ser no mundo que romperam com a familiaridade cotidiana e inauguraram uma sensação de inospitalidade.

Nossa experiência cotidiana básica é a de estar lidando com as coisas e os outros do mundo, em contextos significativos em que sabemos o que as coisas, os outros e nós mesmos somos e o que podemos. É um fluxo experiencial raramente interrompido, no qual nos sentimos habitantes da realidade comum. Trata-se de uma atmosfera, um modo de se encontrar pervasivo, englobante da totalidade do mundo aberto, no qual cada um existe. Mas a pandemia, segundo Aho, interrompeu o ritmo temporal, rompeu a familiaridade com o espaço vivido, mudou a relação com nosso corpo vivido e abalou os projetos existenciais em que se apoiavam os sentidos de nossa vida. Lançou todos num "limbo" (Aho, 2020, p. 2).

A inquietante estranheza lançou todos num estrangeirismo diante do qual se passou a buscar respostas e explicações no mundo público (que Heidegger chama de *a gente* ou *o impessoal*). Passou-se a procurar no noticiário e no bombardeio de informações indicações de quando as coisas voltariam ao normal. Esse movimento de buscar no *a gente* conforto e segurança não é patológico. É, segundo Heidegger, a mobilidade existencial propriamente dita, que se entrega ao mundo compartilhado, encontrando familiaridade e ocultando a "verdade ontológica" (Holzhey-Kunz, 2018) da mais fundamental inospitalidade.

As pessoas que ficaram confinadas rapidamente perderam os ritmos da vida; dias úteis e fins de semana ficaram parecidos. A impossibilidade de celebrar datas — rituais humanos — também foi interrompida e perdeu-se a temporalidade compartilhada. "Desta forma, o coronavírus criou a estranha experiência de 'dessincronização', perturbando a cadência natural da vida, uma ruptura que, por sua vez, está afetando o equilíbrio regulatório do sono, do apetite e até mesmo do desejo sexual" (Aho, 2020, p. 5). Para Aho (2020), a incerteza coletiva quanto ao momento do fim da pandemia e da volta à vida normal aproxima-se da análise que Heidegger faz da morte. Sabe-se que acontecerá, mas não quando nem como.

A relação com os outros mudou; tornaram-se agentes de contaminação. As próprias mãos, que permanecem ocultas no envolvimento com as coisas do mundo, tornaram-se conspícuas, exigindo que se preste muita atenção a elas. O uso de máscaras ocultou aspectos fundamentais da comunicação humana, modificando também essa experiência tão fundamental. Aho (2020) não comenta isto, mas a substituição dos encontros por videochamadas também privou do contato olho-a-olho e da comunicação corporal.

Essas restrições na comunicação abalaram "o senso de confiança e relacionamento que compartilhei com outros que me permitiram me sentir em casa e negociar meu caminho através do mundo" (Aho, 2020, p. 9).

A situação é agravada pelo uso de metáforas bélicas e de guerra para descrever a pandemia. Diz-se que estamos em guerra contra um vírus, usando nossas armas (ciência, isolamento, vacina), trabalhadores da saúde são heróis na linha de frente etc. A escolha dessa terminologia pelos governos aponta para a gravidade da situação, que exige sacrifícios pessoais em nome da nação, mas que "podem ter um efeito negativo, pois este tipo de linguagem e metáforas pode instilar medo e ansiedade nos trabalhadores da saúde e na sociedade como um todo. Uma sensação de impotência, de não estar à altura da tarefa ou de estar perdendo a batalha é a consequência deste uso de metáforas" (Brencio, 2020). Neste momento, em que precisamos de solidariedade e empatia, propõe a filósofa, precisamos de uma linguagem que componha uma narrativa nesse sentido.

Voltando à análise de Aho (2020), a atmosfera de estranheza se manifesta como uma névoa que pesa sobretudo e torna o cotidiano mais cansativo e desinteressante. As atividades que antes empolgavam parecem indiferentes; uma apatia atravessa as possibilidades existenciais. Nesse sentido, o autor propõe que a análise do tédio profundo, realizada por Heidegger, é a melhor para compreender nossa experiência na pandemia. No tédio profundo, não há algo ou alguém que entendie. Em seu lugar, podemos dizer que nada entedia (Heidegger, 1929/2003; Casanova, 2021). Assim entediados, as possibilidades de ser no mundo ficam como que suspensas e não há nada que se possa fazer e ser. Nada tem apelo, em nada se pode focar e se envolver. Dá-se uma espécie de morte em vida.

## Considerações finais

Os alunos que procuraram o plantão queixando-se de estarem com ansiedade provavelmente esperavam novas orientações a respeito de como controlar ou, melhor ainda, eliminar a ansiedade. Já haviam tentado alguns recursos, que fracassaram. A ansiedade é o termo que aponta para insônia, medo do vírus, dificuldade de concentração. Se tivessem procurado um psiquiatra, é bem provável que saíssem da consulta com uma receita de medicamentos para ajudar com o sono e para diminuir os sintomas físicos da ansiedade. Com isso, perderiam as indagações convocadoras que suas vidas trazem sob o signo do coronavírus: quem é você? Quem você tem sido? Que sentido tem sua vida para você e para os outros? Por que está onde e como está? etc. Essas perguntas são mais difíceis de responder do que questionários online de saúde mental.

Para os que reclamavam de não conseguir dormir, o tranquilizante ou exercícios de relaxamento ocultariam indagações acerca de por que não estão conseguindo renunciar à vigília, à vigilância (Fuchs, 2018)? Que possibilidades deixariam de viver caso pegassem covid ou, pior, viessem a morrer? Essas possibilidades estavam sendo adiadas? Por que? Ou seja, o perigo da covid-19 não é uma antecipação de ameaça futura e, sim, a descoberta de uma vulnerabilidade atual, companheira desde o ser-lançado no mundo, que abre muitas perguntas que só podem ser respondidas singularmente.

A pandemia é uma situação histórica que coloca holofotes na mortalidade, mas a atribui a um agente, o coronavírus. Antes dela, a morte própria e de outrem era mais facilmente afastada e relegada ao futuro. Como lembra Holzhey-Kunz (2018, p. 93), "o cotidiano só pode funcionar, quando se consegue obscurecer o fato irrefutável da morte todo o tempo possível". Não tanto porque a morte seja ruim e assuste, mas porque ela, como possiblidade mais própria, convoca-nos a assumir singularmente a vida que é de cada um de nós.

## Referências


AHO, K. The uncanny in the time of pandemics: Heideggerian reflections on the coronavirus. *Gatherings: The Heidegger Circle Annual*, v. 10, p. 1-19, 2020.

ANGELL, M. *Epidemia de doença mental – Por que cresce assombrosamente o número de pessoas com transtornos mentais e de pacientes tratados com antidepressivos e outros medicamentos psicoativos. Revista Piauí,* ed. 59, ago. 2011.

APA - AMERICAN PSYCHIATRIC ASSOCIATION *et al. DSM-5: Manual diagnóstico e estatístico de transtornos mentais.* Artmed Editora, 2014.

BIENARTH, A. (2020). A epidemia oculta: saúde mental na era da Covid-19. *Veja Saúde*, 2020. Disponível em: https://saude.abril.com.br/mente-saudavel/a-epidemia-oculta-saude-mental-na-era-da-covid-19/. Acesso em: 17/05/2020.

BINSWANGER, L. Daseinsanálise e psicanálise. In: Binswanger, L. *Psicoterapia e análise existencial.* (Trad. M. Casanova). Rio de Janeiro: Via Verita, 2019.

BINSWANGER, L. Meu caminho até Freud. In: Binswanger, L. *Sonho e existência – Escritos sobre Fenomenologia e Psicanálise.* (Trad. M. Casanova). Rio de Janeiro: Via Verita, 2013.

BLASHFIELD, R. K. et al. The cycle of classification: DSM-I through DSM-5. *Annual review of clinical psychology*, v. 10, p. 25-51, 2014.

BOSS, M. *A Psychiatrist Discovers India.* (Trad. H. Frey) London: Oswald Wolff, 1967.

BOSS, M. *Angústia, Culpa e Libertação – Ensaios de Psicanálise Existencial.* (Trad. B. Spanoudis). São Paulo: Duas Cidades 1981.

BOSS, M. *Existential Foundations of Medicine & Psychology.* Northvale, New Jersey; London: James Aronson Inc., 1994.

BRENCIO, F. Mind your words. Language and war metaphors in the COVID-19 pandemic. *Revista Psicopatologia Fenomenológica Contemporânea*, v. 9, n. 2, p. 58-73, 2020.

BRENCIO, F. World, time and anxiety. Heidegger's existential analytic and psychiatry. *Folia Medica*, v. 56, n. 4, p. 297, 2014.

BROOKS, Samantha K. et al. The psychological impact of quarantine and how to reduce it: rapid review of the evidence. *The lancet*, v. 395, n. 10227, p. 912-920, 2020.

BROTTEL, F. Coronavírus: como conter a ansiedade na pandemia. *Estado de Minas.* 18 mar. 2020.

BRUNONI, A. R. *et al.* Prevalence and risk factors of psychiatric symptoms and diagnoses before and during the COVID-19 pandemic: findings from the ELSA-Brasil COVID-19 mental health cohort. *Psychological medicine*, v. 53, n. 2, p. 446-457, 2023.

CANADÁ. (2020). *Self-perceived mental health during the COVID-19 pandemic and cannabis, alcohol, and tobacco use. Canadian Perspectives Survey Series Issue.* 2020. Disponível em: https://www150.statcan.gc.ca/n1/daily-quotidien/200507/dq200507g-eng.htm

CAREY, P., CASTLE, D., STEIN, D. Anxiety disorders. In: MURRAY, R. *et al.* (Orgs.). *Essential Psychiatry.* Cambridge: Cambridge University Press. 4 ed., p. 147-179, 2008.

CARLAT, D. *Unhinged: The Trouble with Psychiatry - A Doctor's Revelations about a Profession in Crisis.* Free Press, 2010.

CASANOVA, M. A. *Tédio e tempo* -Sobre uma tonalidade afetiva fundamental fática de nosso filosofar atual. Rio de Janeiro: Via Verita, 2021.

FARO, A. *et al.* COVID-19 e saúde mental: a emergência do cuidado. *Estudos de psicologia*, v. 37, 2020.

FILGUEIRAS, A.; STULTS-KOLEHMAINEN, M. The relationship between behavioural and psychosocial factors among Brazilians in quarantine due to COVID-19. *Available at SSRN 3566245*, 2020.

FREUD, S. O Inquietante. *In História de uma neurose infantil: ("O homem dos lobos").* São Paulo: Companhia das Letras, 1919/2010.

FUCHS, T. Psicopatologia da hiperreflexividade. *In* FUCHS, T. *Para uma psiquiatria fenomenológica: Ensaios e conferências sobre as bases antropológicas da doença psíquica, memória corporal e si mesmo ecológico.* (Trad. M. Casanova). Rio de Janeiro: Via Verita, 2008

GABBARD, G. O. *Psiquiatria psicodinâmica na prática clínica.* (Trad. M. Hofmeister). 4 ed. Porto Alegre: Artmed, 2006.

GEBSATTEL, V. E. The world of the compulsive. In: MAY, R.; ELLENBERGER, H. F.; ANGEL, E. (Eds.). *Existence: A new dimension in Psychiatry and Psychology.* New York: Basic Books, 1958.

GLASS, G. Anxiety and phobias: Phenomenologies, concepts, explanations. *In* KAY, J., TASMAN, A. *Essentials of Psychiatry.* England: John Wiley & Sons, Ltda., 2013.

GUTERRES, A. "We Need to Take Action to Address the Mental Health Crisis in This Pandemic. United Nations. 21 maio 2020.

HEIDEGGER, M. O que é metafísica? *In:* HEIDEGGER, M. *Marcas do Caminho* (Trad. E. Giachini e E. Stein). Petrópolis: Vozes, p. 113-133, 1929/2008.

HEIDEGGER, M. *Os conceitos fundamentais da Metafísica – Mundo, Finitude, Solidão.* (Trad. M. Casanova). Rio de Janeiro: Forense Universitária, (1929/2003).

HEIDEGGER, M. *Ser e Tempo*. Petrópolis, RJ: Vozes, 1927/2012.

HOLZHEY-KUNZ, A. *Daseinsanálise: O olhar filosófico-existencial sobre o sofrimento psíquico e sua terapia*. (Trad. M. Casanova). Rio de Janeiro: Via Verita, 2018.

JANOCH, E. She told us so: rapid gender analysis: Filling the data gap to build back equal. *Care International*, 2020.

KAY, J., TASMAN, A. *Essentials of Psychiatry*. England: John Wiley & Sons, Ltda, 2006

KIRSCH, I. *The Emperor's New Drugs: Exploding the Antidepressant Myth*. Basic books, 2011.

LIMA, R. C. Distanciamento e isolamento sociais pela Covid-19 no Brasil: impactos na saúde mental. *Physis: Revista de Saúde Coletiva*, v. 30, 2020.

MAIA, Berta R.; DIAS, P. C. Ansiedade, depressão e estresse em estudantes universitários: o impacto da COVID-19. *Estudos de psicologia*, v. 37, 2020.

MAYARA, J. Mulheres podem estar mais expostas psicologicamente à pandemia. Estado de Minas, 29 maio 2020.

MESSAS, G. Psicopatologia fenomenológica e Psicofarmacologia: um desafio para a contemporaneidade. *In* MESSAS, G. (Org.). *Psicopatologia Fenomenológica Contemporânea*. São Paulo: Roca, p. 215 – 243, 2008.

OMS (Organização Mundial da Saúde. Classificação Internacional de Doenças (CID-11), fev. 2022. Disponível em: https://www.who.int/standards/classifications/classification-of-diseases#:~:text=ICD-11%20Adoption-,The%20latest%20version%20of%20the%20ICD%2C%20ICD-11%2C%20was,1st%20January%202022.%20

PANCANI, L. *et al.* Forced social isolation and mental health: a study on 1,006 Italians under COVID-19 lockdown. *Frontiers in psychology*, v. 12, p. 663-799, 2021.

RODRIGUES, A. *et al.* Pesquisa sobre Aconselhamento Psicológico Online. *In:* ESPÍDULA, J. A. G., ANTÚNEZ, A. E. A. (Orgs.). *Psicologia fenomenológica e saúde mental durante a pandemia COVID-19: experiências e pesquisas.* São Paulo, Instituto de Psicologia da Universidade de São Paulo. 2021. Disponível em: http://newpsi.bvs-psi.org.br/eventos/psicol_fenomenologica_saude_mental_covid.pdf

ROXBY, P. Psiquiatras alertam para "tsunami" de problemas de saúde mental em meio à pandemia. BBC News Brasil, 17 maio 2020.

SCHMIDT, Beatriz *et al.* Saúde mental e intervenções psicológicas diante da pandemia do novo coronavírus (COVID-19). *Estudos de Psicologia*, v. 37, 2020.

TEODORO, M. L. M. et al. Mental health in college students during covid-19 pandemic. *REFACS*, 9 (2), 372-82. 2021.

UNITED NATIONS. *Policy Brief: COVID-19 and the Need for Action on Mental Health.* 2020. Disponível em: https://www.un-ilibrary.org/content/papers/27082245/9

URURAHY, G. Pandemia: menos Viagra, mais ansiolíticos. *Veja-Rio.* Disponível em: https://vejario.abril.com.br/coluna/gilberto-ururahy/pandemia-menos-viagra-mais-ansioliticos/. Acesso em: 10/01/2022.

VIGNOLA, R. *Escala de Depressão, Ansiedade e Estresse (DASS)*: adaptação e validação para o português do Brasil. Dissertação (Mestrado). Pós-Graduação Interdisciplinar em Ciências da Saúde da Universidade Federal de São Paulo. Santos: UNIFESP, 2013.

WHITAKER, R. *Anatomia de uma epidemia:* pílulas mágicas, drogas psiquiátricas e o aumento assombroso da doença mental. Rio de Janeiro: Editora Fiocruz, 2017.

5

# O vínculo afetivo terapêutico na psicoterapia online sob uma perspectiva daseinsanalítica[1]

*Gisleide da Costa Santos*
*Paulo Eduardo Rodrigues Alves Evangelista*

A Daseinsanalyse, às vezes também referida como Análise Existencial, é uma abordagem psicológica desenvolvida por Medard Boss e fundamentada no pensamento heideggeriano (Costa, 2017). Tal perspectiva clínica objetiva "proporcionar ao próprio sujeito compreensão do seu modo de ser-no-mundo, abrindo-lhe possibilidades para novas formas de existir, e devolver-lhe a capacidade de dispor das possibilidades próprias e mais autênticas" (Barreto; Morato, 2006, p. 133).

Em nossa pesquisa anterior, intitulada "A prática psicológica da daseinsanalyse por Bilê Tatit Sapienza" (Santos; Evangelista, no prelo), destacamos a importância da constituição do vínculo terapêutico para o encaminhamento da terapia daseinsanalítica. Sapienza (2004, p. 48) descreve o vínculo terapêutico como um "facilitador de confiança",

[1] Pesquisa realizada como Iniciação Científica Voluntária promovida pela Pró-Reitoria de Pesquisa da Universidade Federal de Minas Gerais.

indicando que essa confiança destinada ao terapeuta pode favorecer a abertura da intimidade do paciente, para que sua existência possa ser compreendida.

Com a pandemia do novo coronavírus e a necessidade de isolamento físico, a modalidade online em psicoterapia invadiu a prática clínica de um modo avassalador. Segundo levantamento publicado pelo Conselho Federal de Minas Gerais (CFP, 2020a) os pedidos de autorização ao Conselho para atendimento virtual por profissionais psicólogas(os) aumentaram de tal forma que, entre novembro de 2018 e fevereiro de 2020, houve 30.677 novos cadastros e mais 39.510 apenas no mês de março de 2020.

Essa mudança repentina, e possivelmente irrefletida na prática clínica psicológica, leva-nos a questionar sobre as consequências, especialmente no que concerne ao vínculo afetivo terapêutico em uma psicoterapia realizada de modo remoto. Perguntamos: há diferença na relação terapêutica online? Existe algum tipo de modificação na qualidade da relação quando, em vez de encontrar alguém presencialmente, eu encontro esse alguém na tela do meu computador? Para nos aproximarmos dessas questões, estamos orientados pela pergunta de pesquisa: "como é o vínculo terapêutico na psicoterapia online daseinsanalítica?".

Desse modo, este trabalho percorre o caminho de, primeiramente, compreender melhor os fatores que envolvem a constituição do vínculo terapêutico, sob a perspectiva da Daseinsanalyse. Para isso, realizamos uma revisão bibliográfica, não sistemática, na literatura brasileira daseinsanalítica, explorando-a acerca da psicoterapia online e levantando questionamentos e, por fim, considerando consequências da virtualização (Hjarvard, 2012) nas relações humanas em geral e, especificamente, no vínculo afetivo terapêutico.

## O vínculo afetivo terapêutico sob uma perspectiva daseinsanalítica

Com o intuito de dar um primeiro passo para adentrar o fenômeno estudado, neste tópico buscaremos descrever os elementos que compõem o vínculo afetivo terapêutico entre terapeuta e cliente sob uma perspectiva daseinsanalítica. Segundo Pompeia e Sapienza (2011) a disposição afetiva, como um dos caracteres fundamentais do ser-aí[2], é algo que pertence tanto ao modo-de-ser do paciente como do terapeuta, e implica que tudo na vida seja compreendido numa tonalidade afetiva, isto é, as emoções estão presentes em tudo, "inclusive e especialmente no processo terapêutico" (p. 177). Isto é, a terapia é sempre permeada por disposições afetivas de ambos os lados. Por parte do paciente, isso se dá ao se aproximar de si mesmo, apropriando-se da própria história e dividindo sua intimidade com outra pessoa, e isso é carregado de sentimento. Para o terapeuta não é diferente, pois ele é tocado pelo que vem do paciente, e diferentes emoções podem estar presentes nos diversos momentos (Pompeia; Sapienza, 2011). A disposição afetiva[3] é como uma lente que dá cor ao mundo que enxergamos.

De forma semelhante, Sá e Vieira (2019) fazem uso da imagem da disposição afetiva como uma atmosfera que envolve toda a relação do ser-aí com o mundo, com os outros e consigo mesmo. Isto é, toda situação já está aberta por uma disposição afetiva que modula as possibilidades de compreensão que nela se dão. Dutra (2013) propõe a dimensão

[2] O termo ser-aí traduz *Dasein*, que é a palavra reservada pelo filósofo Martin Heidegger para indicar a constituição essencial da existência.

[3] Por vezes também é nomeada tonalidade afetiva. Traduz o termo alemão *Stimmung*.

existencial da disposição afetiva do psicoterapeuta como uma também criadora de sentido. Assim, a construção da relação terapêutica, caracterizada como um cuidado terapêutico, possui uma atmosfera própria, e é a partir dela que a terapia se desenrola.

Dutra (2013) e Caldeira e Dutra (2018) falam de uma relação entre psicólogo/psicoterapeuta[4] e sofrente, que não se pauta somente numa técnica ou teoria, mas sim, na experiência vivida no momento do encontro. Lessa e Sá (2006), nessa mesma linha, afirmam que a compreensão que temos do outro já está sempre atravessada pelo nosso modo de ser-com-o-outro. Isto é, o fazer clínico do profissional é norteado, especialmente, pela sua condição de existência e, desse modo, ele também é afetado, como uma coexistência de ser-no-mundo-com-os-outros. Assim, coloca-se luz sob a singularidade do psicólogo e de seu modo-de-ser-terapeuta. Uma das implicações dessa condição de existência do psicoterapeuta "é a disponibilidade de lançar-se no desconhecido, na experiência originária de ser-com-o-outro, ou seja, lançar-se ao nada, ao não-saber" (Dutra, 2013, p. 208). Ao colocar luz sobre a condição existencial do psicoterapeuta, consideramos também a afetação do profissional na relação terapêutica; o foco deve encontrar-se na existência do cliente. Entretanto, não podemos desconsiderar o outro lado da moeda no trabalho terapêutico, o qual trabalharemos mais ao longo deste tópico.

Nesse sentido, Barreto e Morato (2006) abordam a ação clínica como um disponibilizar-se a ser afetado pelo

[4] Ao longo deste trabalho, houve uma variação na escolha dos termos psicoterapeuta/terapeuta/analista/psicóloga(o), terapia/psicoterapia, cliente/paciente, que tomamos todos por sinônimos; deixamo-nos nos tocar pelas referências usadas e respeitamos a terminologia de cada autor.

outro na sua diferença e alteridade. Para as autoras, o psicólogo, ao estar implicado no movimento de experienciação do cliente, acompanha o que aparece no acontecimento clínico da afetabilidade, compreensibilidade hermenêutica e comunicabilidade. E o acontecimento diz respeito a ambos os agentes: psicólogo e cliente. Assim, "o psicólogo também atenta para o seu próprio movimento acontecimental, disponibilizando-o, a fim de acolher (escutar), buscar compreender e comunicar (dizer) o que nele ressoa desse encontro" (Barreto; Morato, 2006, p. 177).

Pereira (2006) também aborda a questão da coexistência na relação terapêutica. Para a autora, a relação é descrita como um encontro de subjetividades que influem uma na outra. A valorização da alteridade e a abertura para o diverso permitem um encontro genuíno entre duas pessoas diferentes, com dois olhares diferentes, mas com o mesmo objetivo: o cuidado do cliente.

É importante reiterar que, segundo Barreto e Morato (2006), o modo de cuidado, presente na relação terapêutica, não se configura em tirar a responsabilidade de se cuidar do cliente, mas sim, em devolver-lhe essa responsabilidade, estando "atenta ao modo de o cliente viver o seu cuidar, a sua existência, a sua história" (p. 182).

Cardinalli (2020, p. 165) faz uso do conceito de Medard Boss, o "cuidar antecipatório[5]", para falar do modo de cuidar em uma relação terapêutica. Isto é, o cuidado antecipatório se dá quando o terapeuta assume uma postura que propicia ao paciente aproximar-se da sua história e assumi-la como sendo de sua responsabilidade; o cuidado nessa relação não deve, portanto, se dar de forma substitutiva, em que o profissional

[5] Também chamada de solicitude libertadora em outros escritos.

sabe o que é melhor para o paciente, prescreve um caminho a ser seguido, privando-o de assumir o protagonismo de sua própria vida. Assim, "o terapeuta precisa cuidar para estabelecer um modo de relação com o paciente que preserve o espaço necessário para que ele possa assumir aquilo que é específico e próprio ao seu existir" (Cardinalli, 2020, p. 165).

Sá e Vieira (2019) utilizam da comparação do cuidado clínico com um cuidar de uma planta. Isto porque, ao cuidar de uma planta, não controlamos seu crescimento e florescimento, mas aguardamos, pacientemente, que ela própria realize seu desenvolvimento. Não descartamos, entretanto, o conhecimento técnico do cultivador sobre determinada espécie, mas enfatizamos a importância da relação atenta, que se realiza dia após dia, encontrando os limites e potencialidades desse cuidado. Assim, entendemos que essa relação está envolta também da atmosfera da paciência e do cuidado atento.

Consonante a essa compreensão do cuidado paciente na relação afetiva, encontramos em escrito de Sá e Barreto (2011) que a tarefa do terapeuta é acompanhar o cliente ao auxiliá-lo a explicitar para si o sentido de suas dores, alegrias e possibilidades existenciais. Essa tarefa se dá livre de uma postura técnica e recheada de expectativas, uma vez que não há um direcionamento ou controle da existência do cliente, mas a apropriação pessoal de suas experiências, para que, a partir daí, possa ser possível emergirem possibilidades e limites existenciais.

A palavra 'encontro' para descrever essa relação entre psicoterapeuta-cliente tem aparecido muito neste tópico. Morganti (2016) define encontro como algo antes do acontecimento, algo especial, que não se restringe a algo dado ou "perto de" (p. 58), mas que provoca uma transformação silenciosa, mobiliza aspectos desconhecidos ou pouco familiares em nós mesmos e no outro, "como se, nesse vínculo provido de confiança, houvesse a serenidade para abrir passagem, a se adentrar espaços desertos e poder desvelar o que pouco conhecíamos do que permanecia oculto, e aí poder aparecer a perplexidade" (Morganti, 2016, p. 58). Segundo essa estudiosa da terapia daseinsanalítica, o acontecimento terapêutico se constitui em um diálogo que exige uma afetação de ambos os protagonistas da psicoterapia. Isto é, a terapia só se fará como acontecimento, se ambos, psicoterapeuta e cliente, estiverem abertos para serem afetados pelo modo de presença do outro. Assim, "é no interior dessa relação, construída na confiança e intimidade, que o sentido nasce e se mostra" (Morganti, 2016, p. 89). Sapienza (2015, p. 40) define sentido como sendo "aquilo que se move na compreensibilidade de algo, sem que ele mesmo fique expressa e tematicamente à vista".

Sapienza (2004) ao discutir sobre a delicadeza da relação terapêutica, fala da necessidade de preservar o afeto que surge ali em sua especificidade, pois, "o vínculo afetivo que se forma na terapia é, ele mesmo, terapêutico. Enfim, tudo aquilo que se fala na terapia envolve sentimento, e o próprio vínculo terapêutico se torna carregado de sentimento." (Sapienza, 2004, p. 108-109). Mas o que seria esse vínculo afetivo, exatamente? A autora também se pergunta: "que espécie de afeto é esse?" (p. 103).

Segundo a daseinsanalista, a melhor descrição do afeto que surge na relação terapêutica é o de solicitude. Sapienza (2004) descreve a solicitude como sendo esse ato de cuidar do outro, como esse desejo de responder uma solicitação da melhor forma possível. Podemos encontrar solicitude nas mais diversas relações, entre pais e filhos, entre casais amorosos, entre amigos... Mas essa solicitude tem uma particularidade: não somente visa ajudar ou cuidar do outro, mas tem a característica fundamental de aproximar as pessoas.

Isso porque paciente e terapeuta, ao se empenharem em responder a mesma solicitação — a saber, o que diz respeito ao sofrimento ou à busca de sentido da existência do paciente — percorrem o mesmo caminho, juntos.

O vínculo terapêutico também aparece em Sapienza (2004), conforme já mencionado anteriormente, como um "facilitador de confiança" (p. 48). A autora, porém, não o define claramente. Ao salientar a importância do vínculo terapêutico em um caso clínico, afirma "mesmo que em alguns momentos surja alguma irritação, parece que a moça sente que é possível confiar na terapeuta" (Sapienza, 2007, p. 116). Ainda nesse caso, a paciente continua a frequentar a terapia, sessão após sessão, pois encontra na terapeuta alguém com quem pode compartilhar suas questões mais íntimas e que acredita nela. Assim, nessa conversa que é a terapia, o mundo em que o paciente existe vai aparecendo (Sapienza, 2015). Consonante a isso, Pereira (2006) apresenta um caso clínico que aponta a confiança como parte importante da relação terapêutica, uma vez que a cliente passou a compreender sua terapeuta como alguém de sua família, alguém próximo, que testemunha sua dor, seu sofrimento e suas transformações; essa confiança lhe proporciona segurança e tranquilidade ao entender que, naquele espaço, pode falar tudo e, principalmente, ser ouvida e cuidada.

Em outro caso clínico, Perosa e Pucci (2018) ilustram o momento em que o terapeuta se sente poderoso, influente na vida do paciente, e a partir desse momento sua atenção se voltou para si próprio, para sua fantasia de poder, e a existência do paciente deixou de ser o foco e "perdeu um vínculo significativo com a paciente" (p. 39). Isto é, o contrário, o não se deixar ser afetado pela presença do outro, também acontece, afirma Morganti (2016). Para a autora, não perceber o que te toca na relação com o outro aniquila o caráter transformador do encontro. Além disso, não há uma garantia de estabelecimento desse vínculo em todos os processos terapêuticos, dado que entendemos cada relação como única e impossível de ser objetivada ou quantificada. Ao citar um caso clínico em que não houve esse estabelecimento de vínculo e abertura para a relação, Morganti (2016) levanta uma perspectiva importante sobre o encaminhamento: ele também é um ato terapêutico. É permitir ao cliente a possibilidade de escolher não estar em um lugar que o incomoda; é, sobretudo, entender as próprias limitações do terapeuta, colocando em evidência o que mais importa: o cuidado com o cliente.

Perosa e Pucci (2018, p. 23) baseiam-se no conceito de Medard Boss de Eros Psicoterápico para falar sobre o "amor terapêutico". Segundo os autores, essa prática consiste na disponibilidade e doação do terapeuta, exigindo-lhe um exercício de suas melhores características. Segundo os autores, o propósito da psicoterapia, de diversas abordagens, inclusive a daseinsanalítica, é ajudar o paciente a ampliar o seu autoconhecimento. Mas, de que forma isso deve ser feito? Não podemos negar que existe, muitas vezes, uma necessidade de lutar contra a vontade de querer pelo paciente, desejar que ele siga por um ou outro caminho, para que não sofra tanto. Entretanto, o amor terapêutico deve ser composto por respeito, aceitação e acolhimento. Sobre esses três pilares do amor terapêutico: o respeito se refere a aceitar o paciente como ele é, não é sobre concordar ou não com determinada postura ou pensamento, mas sim, não julgá-lo; a aceitação, que advém do respeito, possui múltiplas interpretações, por isso os autores ressaltam não se tratar de subserviência cega, resignação ou concordância, não é sobre se submeter, mas deixar ser, isto é, "a aceitação está ligada aos fatos, e não ao conteúdo" (Perosa; Pucci, 2018, p. 24), pois, quando nos negamos a existência de algo que muitas vezes não desejamos, invocamos a dimensão do que seria o ideal e nos aprisionamos; por fim, o acolhimento, que "é quase que uma decorrência do não-julgamento" (Perosa; Pucci, 2018, p. 25), isto é, ao se abdicar de julgamentos morais ou de valores, deixamo-nos tocar pelo outro, pois temos uma "abertura para o mundo que é sempre tonalizada por uma disposição afetiva que permite enxergá-lo e compreendê-lo de diversas maneiras" (Perosa; Pucci, 2018, p. 25).

Ampliando essa compreensão, Evangelista (2015b, 2018) recorre ao conceito de Eros Psicoterápico, de Boss, para falar dessa postura de abnegação do terapeuta. Isto é, na relação terapêutica, o profissional se coloca disponível para aceitar o paciente, com todos os seus defeitos e imperfeições, abstendo-se desse lugar de um terapeuta que sabe mais do cliente que ele próprio. O terapeuta deve cuidar para manter-se no cuidado atento, disposto a aceitar o que aparecer, sem exigir, esperar ou desejar algo do paciente, deixando suas próprias intenções e ambições fora do *setting* terapêutico. Assim, a relação terapêutica possibilita ao paciente a experiência de sentir-se cuidado e, ao mesmo tempo, aceito, de poder confiar em outrem para olhar, junto com ele, sua intimidade. Também aqui se faz referência ao modo de cuidado da solicitude libertadora: esta propõe uma postura em que o psicoterapeuta está disponível para os seus pacientes, devolvendo-lhes a responsabilidade do cuidado de suas próprias existências. A psicoterapia exige retirar o paciente desse lugar passivo de vítima de uma situação, colocando luz sob o seu protagonismo na realização de sua existência, caminho necessário para que terapeuta e paciente se encontrem como existências (Evangelista, 2015a). Não é, portanto, uma relação transferencial, como propõe a psicanálise, mas duas existências, em suas condições existenciais de ser-com, que são tocadas, cada uma à sua maneira.

Por fim, Machado (2018) mergulha em um aspecto importante no que diz respeito ao vínculo terapêutico: a intimidade. O autor fala de intimidade, não com o significado conhecido comumente, que diz respeito àquilo que é íntimo; a intimidade aqui falada diz respeito a um método clínico, um modo de ser-com, marcado pela familiaridade própria. Esta é uma "contraposição à familiaridade imprópria compreendida como mero asseguramento ou adequação, o modo próprio da familiaridade envolve um modo-de-ser-com que permite e convida a ir ao encontro de si mesmo." (Machado, 2018, p. 68). Para esse autor, a intimidade pensada como um modo autêntico de relação, com nós mesmos e com os outros, não pode ser pensada como algo produzido ou planejado, mas como um modo que nos afina, desperta essa tonalidade afetiva, com a verdade do ser, e independe da vontade dos integrantes da terapia. O autor compreende a tonalidade afetiva da intimidade como possibilitadora do cuidado que liberta e devolve a responsabilidade da existência para o paciente, uma vez que, ao se colocar disponível para tal modo de encontro, o terapeuta oferece uma possibilidade de escuta que permite o desvelamento daquilo que está em jogo. Segundo Machado (2018):

> É justamente essa tonalidade afetiva que instaura o tipo de vinculação necessária para que o outro se sinta abrigado e acolhido e para que, portanto, não mais precise de seus modos privativos de asseguramento do espaço existenciário, devolvendo, assim, ao projeto de sentido sua possibilidade de rearticulação. (Machado, 2018, p. 243)

## Caracterização da psicoterapia onlinc

Antes de dar um passo à frente nessa discussão, é importante distinguirmos psicoterapia online de intervenções baseadas na internet. Pieta (2014) explica que a psicoterapia online pode ser realizada através de e-mail, chat, áudio ou videoconferência, e necessita de um profissional para realizá-las. As intervenções baseadas na internet, por sua vez, não necessitam de um psicoterapeuta, sendo realizadas em programas computadorizados de terapia, isto é, "CDs, DVDs, CD-ROMS, realidade virtual, aplicativos de celulares, tarefas e feedback online" (Pieta, 2014, p. 56).

A psicoterapia online, objeto da nossa discussão, além de ser realizada por diversos meios, pode também ser feita de forma síncrona ou assíncrona, sendo a última menos comum. Segundo Rodrigues (2014), a comunicação de forma assíncrona é realizada por e-mails e fóruns, em que os participantes não estejam conectados simultaneamente; ao contrário da comunicação síncrona, na qual há simultaneidade dos participantes, seja por meio de chats, áudios ou videoconferências. O termo que tem sido utilizado para se referir ao processo terapêutico online é *telepsicologia* (Feijó *et al*, 2021).

A legislação brasileira acompanhou a tomada de espaço da modalidade de atendimentos psicológicos mediados por tecnologia em nossa prática profissional. Inicialmente, as resoluções do Conselho Federal de Psicologia (CFP) de números 003/2000, 12/2005, 11/2012 regulamentavam a prática psicoterapêutica *online* somente para fins experimentais. Compreendendo o caráter inédito dessa modalidade, eram necessárias preocupações no que concerne à formação da(o) psicóloga(o), estabelecimento de vínculo terapêutico, sigilo dos dados, limites éticos e peculiaridades do online (Pieta, 2014). Para a autora, essa concessão aos psicólogos para oferecer psicoterapia online foi uma forma de incentivo ao estudo dessa nova modalidade que já vinha revolucionando a forma de relação e comunicação na sociedade. Em 2018, o CFP publicou a resolução nº 11/2018, revogando a exclusividade da prática psicoterápica por meio da tecnologia em pesquisas. Entretanto, vetou atendimentos *online* em situações de urgência e emergência, violação de direitos ou de violência. A pandemia do coronavírus afetou drasticamente esse cenário e, em março de 2020, a resolução CFP nº 04/2020 flexibilizou a atuação da(o) psicóloga(o) na forma remota, suspendendo, de forma excepcional e temporária, as restrições citadas anteriormente, visando não interromper a assistência psicológica à população no período de isolamento físico.

A psicoterapia online ganhou muito espaço devido à pandemia da covid-19. Com a necessidade do isolamento social e o remanejamento dos profissionais para o modo remoto, essa prática deixou de ser somente uma possibilidade, mas a única forma de trabalho de muitos profissionais e, consequentemente, de cuidado psicoterapêutico de muitos clientes. A modalidade remota trouxe consigo diversos benefícios e facilidades, como a não interrupção dos processos terapêuticos, o encurtamento geográfico, a economia de tempo, devido ao deslocamento, e, consequentemente, a economia de dinheiro (Belo, 2020; Almondes; Teodoro, 2021; Evangelista; Cardoso, 2021; Feijó *et al.*, 2021). Porém, essas justificativas e a necessária pressa com que foi liberado o atendimento psicológico pela internet fazem com que hoje seja impensável restringi-lo novamente, o que também pode esconder dificuldades e problemas e certamente obnubila a compreensão das diferenças entre terapia presencial e online.

Os atendimentos psicológicos mediados por tecnologia de comunicação fazem parte de um processo histórico e sociopolítico mais amplo chamado de *midiatização*. Com esse conceito, Hjarvard (2012) indica o fato de que a mídia (os meios de comunicação na sociedade de massas):

> [...] se tornou uma parte integral do funcionamento de outras instituições, embora também tenha alcançado um grau de autodeterminação e autoridade que obriga essas instituições, em maior ou menor grau, a submeter-se à sua lógica. (Hjarvard, 2012, p. 54).

Isto implica que a mídia deixou de ser apenas um instrumento de comunicação das instituições, passando a participar de sua modelação. O autor diferencia ainda formas direta e indireta de midiatização. Por midiatização direta, também chamada de forte, indica a conversão de um tipo de comunicação anteriormente não mediada que se tornou mediada. No que tange a essa pesquisa, a terapia, que antes acontecia face-a-face, passa a depender de um meio, seja ele o sistema de comunicação (como Skype, Google Meet, Microsoft Teams etc.) ou a plataforma de agenciamento (conexão de clientes com terapeutas) como *Telavita*, *Vittude*, *Zenklub*, *OrienteMe*, *Psicologia Viva*[6]. A midiatização direta abre possibilidades; por exemplo, de o cliente ser atendido por um profissional que está geograficamente distante ou de prescindir de deslocamento. Por outro lado, elimina o encontro presencial. Trata-se, portanto, de uma mudança na instituição psicoterapia, que tem acontecido com poucas modificações substanciais quanto ao seu *modus operandi* desde seu surgimento com Freud no início do século XX.

Enquanto instituição, a psicoterapia regula implicitamente modos de comportamento social. São as regras implícitas e explícitas do *setting*, palco do encontro terapêutico. Há normas sociais implícitas acerca de como se portar no

[6] Indicamos as cinco maiores, de acordo com o site TechTudo, do Portal G1. - https://www.techtudo.com.br/listas/2020/05/terapia-online-cinco--sites-para-se-consultar-com-psicologo-em-casa.ghtml

encontro, que vestimenta usar etc. e normas explícitas quanto à duração da sessão, o lugar que cada membro da interação ocupa no consultório psicológico etc. Com a midiatização, surgem regras implícitas e explícitas que se dirigem especificamente à mídia e que não faziam parte da situação presencial; por exemplo, quanto ao uso ou não de câmera, do controle do microfone, uso de fundo falso, modulador de aparência, gravação da sessão etc. Tudo isso implica mudanças significativas nos modos de se relacionar nesse contexto. Enquanto na interação face-a-face os atores têm "oportunidade de ver e ouvir tudo que é feito e dito, os meios de comunicação possibilitam *gerenciar as informações dos e para os participantes*" (Hjarvard, 2012, p. 79). Conclui Hjarvard (2012) sobre as transformações sociais pela midiatização:

> Os meios de comunicação também alteram a capacidade de cada ator para controlar a maneira como a situação social é definida, para controlar o uso da comunicação verbal e não verbal e dos acessórios, e para definir os limites territoriais na interação. (Hjarvard, 2012, p. 78).

A midiatização impacta significativamente as instituições. Na família, abre a possibilidade de estarem seus membros no mesmo espaço físico, mas cada um conectado com outra situação (Hjarvard, 2012). Por exemplo, o luto pode ser vivido na forma de expressão em redes sociais, recebimento de apoio midiatizado e comunicação no perfil do falecido (Tomasi, 2012). Relacionamentos amorosos entre pessoas geograficamente distantes podem surgir e se manter.

Numa pesquisa com 86 participantes para comparar relacionamentos mediados e não-mediados pela internet, Haack e Falcke (2017) encontraram que as pessoas em relacionamentos amorosos presenciais manifestavam maior satisfação conjugal, sentimento de intimidade, paixão, conexão e união do que aqueles que estavam em relações mediadas, levando-os a hipotetizar que as relações mediadas são mais vulneráveis e frágeis. Ou seja, a midiatização direta transforma os relacionamentos amorosos e sexuais. Sobre eles surge a possibilidade de relações sexuais virtuais, assim como uma nova forma de prostituição virtual, pela qual pessoas se exibem para clientes enquanto interagem ao vivo. Silva e Silva (2017, p. 153) caracterizam esse tipo de relação como uma "relação comercial de corpos como objetos de consumo e desejo expostos em vitrines mundializadas", apoiada muito mais na imagem do corpo do que na relação afetiva.

## O que tem sido falado sobre vínculo terapêutico em psicoterapia online na literatura brasileira: questionamentos daseinsanalíticos

Ao buscar estudos daseinsanalíticos acerca da psicoterapia online e do vínculo afetivo nesta modalidade, deparamo-nos com sua inexistência. Feijó *et al.* (2021), em revisão sistemática de literatura, confirmam a constatação da ausência de pesquisas sobre vínculo terapêutico em quaisquer abordagens psicológicas, embora indiquem haver estudos que sugerem "não haver diferenças significativamente do seu estabelecimento entre tratamentos online e presenciais" (Feijó, 2021, p. 18). Essa lacuna aponta para a necessidade de se estudar o tema sob esse olhar que enxerga o ser humano como um ser-aí. Percebemos que grande parte dos estudos sobre vínculo terapêutico em psicoterapia online é de abordagens psicanalíticas (Pieta, 2014; Rodrigues, 2014; Belo, 2020); com isso, na ausência de reflexões daseinsanalíticas, nos valeremos da aproximação das duas abordagens para levantar questionamentos daseinsanalíticos sobre o tema, sem o intento de esgotá-lo.

Medard Boss, psiquiatra e propositor da Daseinsanalyse, defende que esta seja o encontro da psicanálise freudiana com a analítica existencial heideggeriana (Evangelista, 2015b). Boss recorre à etimologia de *análise* para indicar seu sentido de libertação, de tal modo que a terapia — a cura pela fala desenvolvida por Freud — é um método para se desvencilhar das amarras que restringem a realização de potencialidades humanas. Mattar e Sá (2008, p. 194) explicam: "a palavra grega *Analisein*, que significa o desfazer de uma trama em seus componentes, mas também soltar, soltar as algemas de um preso, libertar alguém da prisão, ou ainda desmontar os pedaços de uma construção". Segundo esses autores e Evangelista (2013), esta proposta fica encoberta quando Freud, no intento de satisfazer o modelo científico, propõe a análise como decomposição em partes elementares e encaminha a metapsicologia para um modelo causalista, para buscar nesses elementos do sintoma, explicações causais. Enquanto isso, a Daseinsanalyse não se vale da decomposição, mas, justamente, do contrário, na reconstituição originária da existência (cujo ser é ser-aí), visto que "busca justamente reconduzir o homem ao seu modo próprio de ser, evitando as objetivações da ciência e do senso comum, recordando-o de sua liberdade para livremente corresponder ao sentido do ser" (MAttar, Sá, 2008, p. 195). Esse ponto de encontro, no entanto, acaba por estar apagado na literatura brasileira, visto que a Daseinsanalyse é, no Brasil, agrupada na categoria das Psicologias Humanistas (Evangelista, 2013).

Partindo dessa compreensão de que a Daseinsanalyse é uma psicanálise com fundamentação analítico-existencial, podemos tecer aproximações com a literatura psicanalítica sobre terapia online. Pieta (2014) levanta o importante questionamento acerca de como o vínculo terapêutico se estabelece quando terapeuta e paciente estão separados geograficamente. Para pensar essa construção do que consideramos por vínculo terapêutico, Pieta (2014) se vale de cinco aspectos: presença, confiança, conexão, compreensão e participação do paciente.

O modo de presença no meio virtual levanta reflexões quanto à equivalência da presença física nos tratamentos tradicionais. Segundo Pieta (2014, p. 104), a presença virtual é relatada pelos participantes da pesquisa como sendo semelhante à presença física, mas com algumas peculiaridades, como a falta do toque. A distância entre terapeuta e paciente é posta como uma "pseudodistância" que se apresenta somente geograficamente. O olhar para a câmera aparece como equivalente ao olho-no-olho presencial e pode ser medido por "indicadores comunicacionais responsivos e realimentadores" (Pieta, 2014, p. 105). Por exemplo, quando um integrante da terapia sustentava o olhar na câmera, o outro era atraído a retribuir o olhar e prestar atenção. A função simbólica de presença que o computador parece assumir permite que os integrantes da terapia se sintam acolhidos pelo tom de voz, pela maneira de falar, a escolha das palavras utilizadas, até revelar nuanças depressivas dos pacientes, como aqueles que se apresentam com uma aparência displicente e diferente do habitual, como barba por fazer ou realizar as sessões sem sequer levantar da cama. A pesquisadora versa ainda sobre como os elementos domésticos podem revelar o outro, como objetos pessoais, decoração do ambiente e até animais de estimação que aparecem no momento da sessão, cabendo, por parte do terapeuta, um maior cuidado nesse aspecto.

Sobre essa possibilidade de revelação do outro propiciado pelo modelo remoto, Rodrigues (2014) revela faces positivas e negativas. Ao citar um caso de aparição de um gatinho de estimação no momento da sessão, a paciente prosseguiu a sessão mais confortável e menos angustiada. A autora se questiona se compartilhar um momento íntimo assim, que revela um pouco do ambiente familiar, pode ser um dos elementos envolvidos na construção do vínculo entre paciente e terapeuta online. Mas pondera que esse revelar não é necessariamente benéfico. As sessões em casa, por exemplo, são mais vulneráveis às intromissões de mães superprotetoras, cônjuges ciumentos, filhos ou irmãos... Nesses casos, Rodrigues (2014) afirma que cabe aos envolvidos na terapia protegerem o *setting* terapêutico, encontrando um local menos movimentado da casa. Ou seja, transfere-se ao paciente algo que era de responsabilidade do terapeuta. E, mesmo com os cuidados para privacidade e sigilo por parte do paciente, não podemos negar a possibilidade de que se sinta vigiado e filtre aquilo que será dito ou não, reduzindo as possibilidades de abertura para o outro.

Pieta (2014, p. 106-107) não desconsidera a ideia de não confiabilidade das relações na internet, entretanto, a confiança, segundo elemento mais citado nas suas entrevistas, aparece como "ingrediente fundamental à aliança terapêutica e de especial interesse no contexto na relação virtual". Segundo a autora, o manejo do terapeuta, as colocações e o próprio simpatizar-se pelo terapeuta contribuem para a formação da confiança pelo paciente. O terapeuta também precisa confiar no compromisso dos pacientes com o sigilo e o cuidado na preservação do *setting* terapêutico. Um terapeuta entrevistado evidencia a importância desse cuidado: "Tinha uma obra perto da casa dele... e ele sempre me avisava que estava com a janela baixada por causa da obra. Que é o cuidado que eu vejo. Eles têm conosco e a gente com eles" (Pieta, 2014, p. 107).

O aspecto da conexão pela internet não é compreendido por Pieta (2014) como uma mera ocorrência do meio digital. Para a autora, tanto pacientes quanto terapeutas se sentiram de fato juntos, mesmo que em espaços geográficos distintos. Uma terapeuta entrevistada afirmou que "Em alguns momentos que eu senti contratransferencialmente insegurança, ela, inconscientemente, vinha me acalmar 'Não me entendeu? Eu volto', 'Está me escutando?'. Ela fazia essa contrapartida." (PIETA, 2014, p. 109). Com isso, pedimos licença para interpretar essa fala, com fundamentação psicanalítica, com o referencial daseinsanalítico, que enxerga essa interação como um encontro que desvela diversas formas de relação (EVANGELISTA, 2013) que, nesse caso, se dá em afetação mútua: a inquietação do terapeuta em se mostrar disponível e a disponibilidade do paciente em compreender as limitações do campo online.

Essa mutualidade aparece também no quarto elemento proposto por Pieta (2014): a compreensão. Para a autora, é necessário que ambos, terapeuta e paciente, compreendam o que o outro quer passar. A compreensão, apesar de se manter no modo online, podendo ser ressaltada pela modulação da voz, colocações claras do terapeuta, também pode ser prejudicada por uma conexão de internet instável. Uma terapeuta entrevistada ilustrou esse ponto da seguinte maneira:

> Quando a conexão era normal, a coisa era normal. Nas sessões com muitas falhas, tinha que voltar, juntar na minha mente as coisas, porque quando a pessoa está falando na associação livre, vai falando. Tem que voltar em que ponto? A sensação de ter perdido o fio da meada. (PIETA, 2014, p. 110).

A compreensão do silêncio do outro também aparece prejudicada. Roehe e Dutra (2014, p. 111) entendem o silêncio na psicoterapia daseinsanalítica como sendo uma possibilidade da fala; "expressões como 'silêncio que fala' e 'silêncio ensurdecedor' mostram o papel comunicativo do silêncio". Mas, no online, o silêncio pode ser confundido com uma interrupção na transmissão. E, na relação visual, face-a-face, perdem-se muitos elementos da comunicação não-verbal que também perfazem a relação terapêutica.

Por fim, o último elemento elencado por Pieta (2014) é a participação do paciente. Isto é, quando o paciente se engaja em seu processo, no modo online isso pode se manifestar especialmente no empenho em preservar o *setting* terapêutico, mantendo a privacidade, sendo assíduo nas sessões, cumprindo horários e tendo disposição para lidar com a tecnologia, especialmente quando não se tem intimidade com os dispositivos digitais. O modo online se mostra um facilitador do comparecimento das sessões, como narra uma paciente entrevistada: "Eu estava muito chateada, não queria tomar banho, sair de casa. E aí tu não precisa sair de casa, a terapia vem para ti. Mas tu tem que estar receptiva... Eu tenho que fazer, não é tu..." (Pieta, 2014, p. 112). Nesse sentido, é imprescindível ressaltar que as facilidades da modalidade online não devem substituir o engajamento do paciente em seu processo terapêutico, estando em consonância com Barreto e Morato (2006) quanto à responsabilidade do cliente no cuidado da própria existência, sendo o terapeuta um acompanhante nesse processo, não o protagonista.

O anonimato é um aspecto da psicoterapia online recorrentemente citado nos estudos psicanalíticos sobre psicoterapia online. Isto é, os pacientes se sentiram mais protegidos e à vontade para falar de suas questões quando tinham suas identidades preservadas. Conforme aponta Cook (2002, *apud* Rodrigues, 2014), os participantes acreditavam que o anonimato e a distância física facilitavam a desinibição, propiciando o desenvolvimento do vínculo terapêutico. Apesar de ser uma característica mais recorrente nas comunicações assíncronas, é algo a se observar, visto que, quando falamos em um vínculo terapêutico sob uma perspectiva daseinsanalítica, referimo-nos ao encontro de psicoterapeuta e paciente, que caminham juntos num processo de desvelamento de possibilidades existenciais atualmente restritas, envolvidos por solicitude, confiança, aceitação, acolhimento, presença, cuidado. Desse modo, levantamos a reflexão: como podemos pensar que um apagamento/afastamento do outro produza uma aproximação? Seria essa uma característica da psicoterapia online?

Questionamo-nos ainda: a psicoterapia online pode substituir a psicoterapia presencial? Essa modalidade é para todos? Sem dúvidas, é uma modalidade que vem ganhando cada vez mais espaço, especialmente após as medidas de isolamento requeridas pela pandemia do novo coronavírus, todavia, não podemos ignorar um ponto que geralmente fica encoberto: a necessidade de uma familiaridade com os meios digitais para um encaminhamento mais fluído da psicoterapia remota (Belo, 2020; Almondes; Teodoro, 2021). Nesse sentido, trazemos para essa reflexão as entrevistas apresentadas por Rodrigues (2014), que apresentou a familiaridade com os meios digitais um facilitador e um dificultador para a adoção dessa modalidade. Isto é, a familiaridade com o uso de tecnologias modernas facilita o engajamento no processo psicoterapêutico; uma entrevistada afirmou ainda que a psicoterapia via internet lhe proporcionou comodidade, desenvolvendo-se de maneira natural, visto que ela tinha o costume de se comunicar pela internet e essa modalidade reduzia a pressão de se estar em um consultório. Em contrapartida, outra entrevistada afirma "minha mãe, por exemplo, detestaria, e nem cogitaria essa possibilidade, porque cresceu e se acostumou a uma realidade totalmente diferente dessa" (Rodrigues, 2014, p. 58). Quando falamos sobre costume com as tecnologias digitais, é importante ressaltar que não nos referimos apenas aos conflitos geracionais, mas também de acesso, visto que estamos discutindo o tema no território brasileiro, onde não podemos ignorar as desigualdades sociais e econômicas vigentes, uma vez que uma parcela significativa da população tem acesso negado/dificultado, seja pela impossibilidade financeira de adquirir aparelhos digitais ou residência fora da área de cobertura do sinal de internet.

## Breve reflexão sobre as relações intermediadas por tecnologias

Em razão da escassez de publicações sobre vínculo terapêutico em terapia online, expandimos nossa discussão para as mudanças nas relações interpessoais após o advento da tecnologia. Afinal, a relação terapêutica é, antes de mais nada, uma relação humana carregada de afetos. Nesse sentido, na busca por ampliar as reflexões sobre o tema e sem a pretensão de esgotá-lo, propomos pensar na associação entre relacionamentos amorosos à distância e o vínculo terapêutico à distância. Resguardadas as diferenças sexuais e da própria relação, ainda estamos falando de uma relação que envolve afetos, que envolve um tipo de amor. Também as relações amorosas foram transformadas pelo advento da tecnologia. Como lembra Turkle (2015, *apud* Carletti; Safra, 2021) e Silva, Silva e Couto (2020), os smartphones revolucionaram nossa forma de relação com os meios digitais, de tal modo que nunca nos desconectamos, isto é, não *entramos* nas redes sociais como acontecia outrora com os computadores; hoje, nossos perfis continuam ativos, mesmo que nós não estejamos. Santos (2021, p. 1) apresenta a fala de um entrevistado que, ao se referir aos aparelhos celulares, diz: "Porque, afinal, as pessoas estão mais aqui nesse veículo do que na rua, hoje em dia. E se estão na rua, estão com isso aqui, dentro deles".

Essa relação mais próxima com os *smartphones*, especialmente no período em que os encontros presenciais estão restritos, pode ter se intensificado. Houve significativo aumento de usuários e trocas de mensagens nos aplicativos Tinder, OKCupid e Hinge, da empresa Match Group (Castro, 2020; Tecchio, 2020) e incremento de 82% no namoro online global (Carmen, 2020). Silva, Silva e Couto (2020) descrevem que a busca por parceiros no Tinder se dá, muitas vezes, de acordo com as fotos escolhidas para serem expostas, categorizando o que pode ser ou não mais atraente. Acselrad e Barbosa (2017) expõem, na fala de uma entrevistada, o quanto essa estrutura de escolha de potenciais parceiros se assemelha a um cardápio, em que se escolhe o sabor de algo. Santos (2021), ao analisar perfis no aplicativo de relacionamento Tinder, disserta sobre as diversas possibilidades: há quem escolha as melhores fotos para atrair parceiros, há quem escolha as piores fotos, na intenção de atrair pessoas que se interessam para além da beleza, há quem opte por não expor fotos pessoais, no intento de demarcar apenas a realização de determinados fetiches, mantendo o anonimato. Corrêa e Amaro (2012) descrevem como as mulheres, nos ambientes virtuais, buscam chamar atenção de potenciais parceiros expondo o melhor de sua aparência, com ajuda de roupas, acessórios, maquiagens; valendo-se, também, de palavras e descrições julgadas interessantes em sites de relacionamento.

Silva, Silva e Couto (2020) encontraram mudanças significativas nos relacionamentos amorosos, provocadas pelo advento da tecnologia e intensificadas com a pandemia da covid-19, que deflagrou a possibilidade iminente de morte e nossa condição finita. Os entrevistados mostram como as formas de sociabilidade não são lineares, não são fixas e se movimentam de acordo com os arranjos culturais e o contexto. Segundo os autores, "a solidão, o medo e a angústia que atormentam a sociedade têm amenizado as barreiras colocadas entre os usuários dos aplicativos de paquera, promovendo novas aprendizagens em torno dos afetos. Os usuários, que antes buscavam no aplicativo sexo casual passaram a desejar relações afetivas e estáveis" (Silva; Silva; Couto, 2020, p. 15-16). Os autores perceberam que o contexto de isolamento físico requerido pela pandemia provocou nos usuários uma maior necessidade do cuidado consigo mesmo, especialmente no que concerne à saúde mental, requerendo, ainda "novas apropriações do tempo-espaço que apontam para um corpo estendido para além da materialidade agora forçadamente encerrada pelo vírus" (Silva; Silva; Couto, 2020, p. 16).

Fenômeno semelhante, fora do contexto pandêmico, é descrito por Corrêa e Amaro (2012), quando justificam o crescimento acelerado do namoro virtual pelo fato do ser humano se sentir cada vez mais carente, com:

> [...] medo de ficar só, busca companhia na mais atual e moderna tecnologia à disposição das relações sociais que, apesar de ser impessoal e até considerada fria, por se tratar de interações através de uma máquina, preenche o vazio emocional de muita gente. (Corrêa; Amaro, 2012, p. 201).

Haack e Falcke (2017) descrevem uma característica interessante dos relacionamentos amorosos à distância: eles constituem-se como uma "prévia" para o que poderá suceder no presencial. Isto é, a constituição do vínculo amoroso é composto por fases, desde atração física, identificação de valores e desejos e comuns e impressões geradas no primeiro encontro. Madden e Lenhart (2006, *apud* HAACK; FALCKE, 2017) expõem dados em que três a cada quatro usuários solteiros buscam um parceiro amoroso em redes sociais ou sites de relacionamentos. Pesquisa de Coleta (2008) não encontrou diferenças na satisfação com o relacionamento amoroso entre pessoas em relacionamento virtual e presencial. Sob essa perspectiva, em consonância com Silva, Silva e Couto (2020), compreende-se usuários que buscam relacionamentos sérios no contexto online, sobretudo quando há o intento de transicionar para o presencial, entretanto, não se pode negar a facilidade do contexto virtual na descartabilidade e substituição desses vínculos. Haack e Falcke (2013), em outra pesquisa, encontraram que pessoas em relacionamentos amorosos virtuais são mais infiéis que as em relacionamentos presenciais.

A procura por terapeutas pode estar se dando de modo semelhante: busca-se a/o terapeuta "ideal" nas redes sociais, onde cada vez mais terapeutas divulgam e promovem seus serviços, produzem conteúdos voltados para alcançar mais engajamento e cativar um determinado nicho de potenciais clientes; o terapeuta, nesse sentido, se coloca como produto, aguardando um *match* com novos clientes e deixando a possibilidade de troca de profissional cada vez mais facilitada, dado o largo cardápio de perfis de psicólogas(os) nas redes. Pode haver algo de superficial nisso e a relação com o terapeuta fica marcada pela mesma descartabilidade das relações amorosas, tal como descrito por Giovanetti (2010, p. 244) acerca da contemporaneidade: "O outro é um simples objeto que só é lembrado por nós, se ele tiver alguma utilidade ou satisfizer um desejo pessoal nosso". Assim, pode-se trocar de terapeuta como se troca de match no Tinder. Essa relação consumista pode dificultar a criação de um vínculo, considerando, como Sapienza (2004), que a relação terapêutica se constrói percorrendo um caminho juntos, com confiança.

A virtualização já vem desconstruindo o que antes era um empecilho fundamental: a localização do consultório da(o) profissional de Psicologia. Carletti e Safra (2021) abordam a forma como as tecnologias, com sua fluidez, cores e possibilidades, dão um novo molde aos nossos corpos, que nem sempre é tão fluido. Com isso, podemos sobre como essa fluidez se dá, especialmente na territoriedade. Pode-se fazer terapia no mesmo local em que se tem outras interações sociais, no local de trabalho, de estudo etc. Ou seja, o espaço geográfico do encontro terapêutico torna-se qualquer lugar. Belo (2020, p. 73) chama a atenção para a necessidade de rever a "fetichização da teoria e da técnica no campo psicanalítico" e a idealização do espaço geográfico sagrado do consultório. Com certo otimismo, lembra que tais mudanças já ocorreram na história da psicanálise, ressituando o enquadre no cuidado ético sustentado pelo analista. Isto é, o lugar da terapia torna-se a relação terapêutica.

Por outro lado, pode-se estar com a aba da videochamada da terapia aberta ao lado de um texto que estava lendo minutos antes do início da sessão e voltar para ele assim que desligar a chamada com a(o) psicoterapeuta. Ou ainda, acessar a aba enquanto está em sessão. De forma satirizada e, esperamos, caricatural, o canal do Porta dos Fundos (2021), no *Youtube*, ilustra uma sessão de psicoterapia online que traduz essa barreira flutuante entre o *setting* terapêutico e os elementos externos a este quando, enquanto atende, o terapeuta está com *WhatsApp Web* ativo, recebendo notificações, tirando prints quando o cliente faz alguma careta engraçada, compartilha as histórias com sua esposa, que trabalha na cadeira ao lado, faz compras online, enquanto o cliente conta de algo doloroso para ele ("Terapia a distância", 2020). O computador/smartphone, usado como meio de interação com o cliente, torna-se palco de várias outras atividades. Corroborando com Carletti e Safra (2021, p. 38) "olhares, gestos e convocações perdem-se em meio à intensidade de notificações, postagens, *stories* entre outros atrativos cheios de cor e fluidez". Aqui se mostra o oposto do zelo pelo *setting* clínico, que parece mais necessário nesse novo contexto de terapias online.

Considerando que a midiatização opera transformações significativas nas relações sociais, passamos agora à questão sobre como podem alterar a relação terapêutica, com foco no vínculo terapêutico, que tem sido apontado na literatura daseinsanalítica como aspecto essencial desse processo. Ulkovski; Silva; Ribeiro (2017) afirmam que o vínculo adquirido no atendimento pode existir tanto nos atendimentos presenciais quanto online, apesar de haver algumas questões relacionadas à confiança, no ambiente online, que podem dificultar esse estabelecimento de vínculo. Para Sfoggia *et al.* (2014), a tecnologia traz nova roupagem para velhas questões da relação terapêutica, sem transformar a essência da situação analítica. Faria (2019), analisando processos de terapia gestáltica online, encontrou indícios de formação de vínculo terapêutico. Ela descreve como mudanças no *setting* clínico:

> No *setting* virtual, não há os recursos físicos como o toque, o aperto de mão, o abraço e, no caso do chat, nem mesmo a expressão facial e visão do tronco do cliente e terapeuta é preciso usar, então, a criatividade e os recursos que as plataformas de atendimento oferecem. No presente estudo a plataforma utilizada (Skype) oferece os emojis [...] Neste contexto virtual, não abriremos a porta para receber o cliente

> e apertar-lhe a mão ou oferecer um abraço, mas abriremos sua janela de conversação e é preciso a mesma disponibilidade para buscar meios para o encontro genuíno e, para isso, a forma de utilizar os meios de comunicação (linguagens) terá ainda mais peso na constituição do vínculo terapêutico. (Faria, 2019, p. 78)

Essa é uma transformação operada pela midiatização. A ferramenta de comunicação online (mídia) modula o encontro, que acontece como imagem e vídeo pelo computador, visualizando somente o rosto e parte do torso do interlocutor. Plataformas de agenciamento disponibilizam a agenda do terapeuta para que o cliente escolha o horário e possa alterá-lo, tirando-a dos bastidores e colocando-a em cena. Os terapeutas podem ser avaliados por seus clientes, que deixam depoimentos públicos sobre sua qualidade e o "sucesso" das intervenções.

Nesse sentido, a terapia online pode promover proximidade e sustentar a criação de um vínculo terapêutico, mas pode, por outro lado, e com mais facilidade, sucumbir à lógica do consumo. As formas de se relacionar com o outro, de amar e de se cuidar estão se revolucionando. A terapia também.

## Considerações finais

Um primeiro ponto revelado por este estudo se deu quando, na busca por uma definição do que seria o vínculo afetivo terapêutico na abordagem daseinsanalítica, percebemos que os autores utilizados falam sobre a constituição de vínculo e da importância deste em um processo terapêutico, sem oferecer uma definição muito clara. Assim, os leitores precisam já saber do que se trata. Talvez seja da essência do vínculo a dificuldade de descrição precisa. Assim, dada essa indefinição na literatura, nosso esforço passou de uma definição para uma descrição, isto é, do que envolve o vínculo terapêutico.

Ao transpor a discussão da importância do vínculo terapêutico na modalidade online, sob uma perspectiva daseinsanalítica, deparamo-nos com a escassez de publicações brasileiras sobre esse tema. Com isso, nos valemos da aproximação entre a Psicanálise e a Daseinsanalyse para levantar reflexões. Encontramos que o vínculo terapêutico é afetado na modalidade online pela presença, confiança, conexão, compreensão e participação do paciente. Levantamos questionamentos acerca da universalidade da psicoterapia online, isto é, terapia online é para todo mundo? Não podemos ignorar elementos que podem interferir na formação do vínculo terapêutico, tais como conflitos geracionais e limitação de acesso, proporcionada pelas desigualdades sociais e econômicas.

O contexto pandêmico alavancou a modalidade online na prática clínica da Psicologia de forma arrebatadora. Se antes o Conselho Federal de Psicologia permitia atendimentos à distância somente para fins de pesquisa, atualmente, esta tem sido a única forma de trabalho de muitas(os) psicólogas(os).

Não foi possível, no presente estudo, responder às perguntas que nos propusemos inicialmente: como se dá o vínculo terapêutico na daseinsanalyse on-line? Desdobravam-se dessa as perguntas: há diferença na relação terapêutica online? Existe algum tipo de modificação na qualidade da relação quando, ao invés de encontrar alguém presencialmente, encontro esse alguém na tela do meu computador? Isso porque estamos diante de um fenômeno atual e nos adiantarmos a ele seria pressupor consequências que poderiam ser levianas. A nossa preocupação é de que essa mudança, que teve de ser feita imediatamente, seja continuada por uma prática psicológica irrefletida, que favoreça a superficialidade das relações humanas, favorecendo a superficialidade da relação terapêutica. Assim, compreendemos a importância de se ter mais estudos sobre a constituição do vínculo terapêutico em uma psicoterapia daseinsanalítica online, no intento de amparar, teoricamente e eticamente, profissionais e estudantes de psicologia.

## Referências


ACSELRAD, M.; BARBOSA, R. R. L. O amor nos tempos do Tinder: Uma análise dos relacionamentos amorosos na contemporaneidade a partir da compreensão de adultos e jovens adultos. *Estudos e Pesquisas em Psicologia*, v. 17, n. 1, p. 161-180, 2017.

ALMONDES, K. M.; TEODORO, M. L. M. *Terapia on-line*. São Paulo: Hogrefe, 2021.

BARRETO, C. L. B. T.; MORATO, H. T. P. *Ação clínica e os pressupostos fenomenológicos existenciais*. Universidade de São Paulo, São Paulo. 2006. Disponível em: https://bit.ly/3xZmiXK. Acesso em: 01/04/2021.

BARRETO, C. L. B. T.; MORATO, H. T. Penha. Ação clínica e os pressupostos fenomenológicos existenciais. 2006. Universidade de São Paulo, São Paulo. Disponível em: https://bit.ly/3xZmiXK. Acesso em: 01/04/2021.

BELO, F. *Clínica psicanalítica on-line - Breves apontamentos sobre atendimento virtual*. São Paulo: Zagodoni, 2020.

CALDEIRA, D. de G. S.; DUTRA, E. M. S. Caminhos Possíveis entre Ética e a Psicoterapia fenomenológica existencial. *PSI UNISC*, v. 2, n. 2, p. 35-50, 2018.

CARDINALLI, I. E. Psicoterapia focal: psicoterapia breve fenomenológica existencial. *Psicologia Revista*, v. 29, n. 1, p.

157-175, 2020. Disponível em: https://bit.ly/3lPT3kR. Acesso em: 20/03/2021.

CARLETTI, R. S.; SAFRA, G. Intimidade em tempo digitais: o esquecimento da relação face a face. *Revista da Abordagem Gestáltica: Phenomenological Studies*, v. 27, n. 1, p. 37-45, 2021.

CARMEN, G. Apps de namoro crescem na pandemia; conheça os 7 melhores. *Forbes (online)*, 11 junho 2021. Disponível em: https://forbes.com.br/forbes-tech/2021/06/apps-de-namoro--crescem-na-pandemia-conheca-os-7-melhores/

CASTRO, L. F. Tinder: um fenômeno mesmo durante o período de isolamento social. *Veja* (online). 18 dez. 2020. Disponível em: https://veja.abril.com.br/tecnologia/tinder-um-fenomeno--mesmo-durante-o-periodo-de-isolamento-social/

CFP - Conselho Federal de Psicologia. CFP simplifica cadastro de profissionais na plataforma e-Psi. Disponível em: https://site.cfp.org.br/cfp-simplifica-cadastro-de-profissionais-na-plataforma-e-psi/. Acesso em: 25/07/2021. 2020ª

CFP - Conselho Federal de Psicologia. Dispõe sobre regulamentação de serviços psicológicos prestados por meio de Tecnologia da Informação e da Comunicação durante a pandemia do COVID-19. Brasília. 2020. Disponível em: https://www.in.gov.br/en/web/dou/-/resolucao-n-4-de-26-de-marco--de-2020-250189333

CFP - Conselho Federal de Psicologia. Regulamenta a prestação de serviços psicológicos realizados por meios de tecnologias da informação e da comunicação e revoga a Resolução CFP nº 11/2012. Brasília.2018.

CFP - Conselho Federal de Psicologia. Regulamenta os serviços psicológicos realizados por meios tecnológicos de comunicação a distância, o atendimento psicoterapêutico em caráter experimental e revoga a Resolução CFP No 12/2005. Brasília. 2012.

CFP - Conselho Federal de Psicologia. Resolução CFP No 003/2000. Regulamenta o atendimento psicoterapêutico mediado por computador. Brasília. 2000.

CFP - Conselho Federal de Psicologia. Resolução CFP No 012/2005. Regulamenta o atendimento psicoterapêutico e outros serviços psicológicos mediados por computador e revoga a Resolução CFP No 003/2000. Brasília. 2005.

COLETA, A. dos S. M. D., COLETA, M. F. D.; GUIMARÃES, J. L. O amor pode ser virtual? O relacionamento amoroso pela internet. *Psicologia em Estudo*, v. 13, n. 2, p. 277-285, abr./jun. 2008.

CORRÊA, L. M. S. B.; DA SILVA AMARO, L. E. Os relacionamentos femininos e as novas formas de interação social digitalizada. *Revista Ártemis*, v. 14, n. 1, 2012.

COSTA, B. A. da. Daseinsanalyse e psicoterapia no Brasil: uma revisão integrativa da literatura. *Revista da Abordagem Gestáltica: Phenomenological Studies*, v. 23, n. 2, p. 177-188, 2017.

DUTRA, Elza. Formação do psicólogo clínico na perspectiva fenomenológico-existencial: dilemas e desafios em tempos de técnicas. *Revista da Abordagem Gestáltica: Phenomenological Studies*, v. 19, n. 2, p. 205-211, 2013. Disponível em: https://bit.ly/3y0cDR4. Acesso em: 25/03/2021.

EVANGELISTA, P. E. R. A. A Daseinsanalyse de Medard Boss: Medicina e Psicanálise mais correspondentes ao existir humano. *In* EVANGELISTA, P. E. R. A. (Org.) *Psicologia Fenomenológico-existencial - Possibilidades da atitude clínica fenomenológica.* 2 ed. Rio de Janeiro: Via Verita, pp. 141-160, 2015b.

EVANGELISTA, P. E. R. A. O lugar do terapeuta daseinsanalítico na terapia. *In* DUTRA, E. (Org.) *O desassossego humano na contemporaneidade.* Rio de Janeiro: Via Verita, p. 307-322, 2018.

EVANGELISTA, P. E. R. A. *O que pode um psicólogo fenomenológico-existencial: Questionamentos e reflexões acerca de possibilidades da prática do psicólogo fundamentadas na ontologia heideggeriana*. (Tese de doutorado). Instituto de Psicologia, Universidade de São Paulo, São Paulo, SP, Brasil. 2015a. Disponível em: https://bityli.com/rhU5q. Acesso em: 17/12/2020.

EVANGELISTA, P. E. R. A. Um breve comentário de Medard Boss sobre psicoterapia de grupo: a transferência na situação grupal. *Revista da Abordagem Gestáltica: Phenomenological Studies*, v. 19, n. 2, p. 212-219, 2013.

EVANGELISTA, P. E. R. A.; CARDOSO, C. L. Aconselhamento psicológico fenomenológico-existencial online como possibilidade de atenção psicológica durante a pandemia de COVID-19. *Perspectivas em Psicologia, Uberlândia*, v. 24, n. 2, p. 159-3, 2020.

FARIA, G. M. de. Constitución del lazo terapéutico en psicoterapia en línea: Perspectivas gestálticas. *Revista do NUFEN*, v. 11, n. 3, p. 66-92, 2019.

FEIJÓ, L. P. *et al*. Indícios de eficácia dos tratamentos psicoterápicos pela internet: revisão sistemática. *Gerais: Revista Interinstitucional de Psicologia*, v. 14, n. SPE, p. 1-25, 2021.

GIOVANETTI, J. P. O tédio existencial na sociedade contemporânea. *In* FEIJOO, A. M. L. C. *Tédio e finitude: da Filosofia à Psicologia*. Belo Horizonte: Fundação Guimarães Rosa, p. 233-261, 2010.

HAACK, K. R.; FALCKE, D. Infidelid@ de. com: Infidelidade em relacionamentos amorosos mediados e não mediados pela Internet. *Psicologia em Revista*, v. 19, n. 2, p. 305-327, 2013.

HAACK, K. R.; FALCKE, D. Rel@ cionamentos. com: diferenciando os relacionamentos amorosos mediados e não mediados pela internet. *Revista Colombiana de Psicología*, v. 26, n. 1, p. 31-44, 2017.

HJARVARD, S. Midiatização: teorizando a mídia como agente de mudança social e cultural. *Matrizes*, v. 5, n. 2, p. 53-91, 2012.

LESSA, J. M.; SÁ, R. N. de. A relação psicoterapêutica na abordagem fenomenológico-existencial. *Análise Psicológica*, v. 3, n. 24, p. 393-397, 2006.

MACHADO, P. R. R. *Intimidade como método clínico: ensaio de fundamentação de uma psicologia com bases fenomenológica e hermenêutica.* (Tese de Doutorado). Instituto de Investigação e Formação Avançada, Universidade de Évora, Évora, Portugal. 2018 Disponível em: http://hdl.handle.net/10174/26323. Acesso em: 10/03/2021.

MATTAR, C. M.; DE SÁ, R. N. Os sentidos de "análise" e "analítica" no pensamento de Heidegger e suas implicações para a psicoterapia. *Estudos e pesquisas em psicologia*, v. 8, n. 2, p. 191-203, 2008.

MORGANTI, A. C. *Compreensão de sentido em psicoterapia: o acontecimento no encontro.* (Dissertação de Mestrado). Instituto de Psicologia, Universidade de São Paulo, São Paulo, SP, Brasil. 2016. Disponível em: https://bit.ly/3fh2y9z. Acesso em: 11/04/2021.

PEREIRA, L. F. F. *Da experiência da fala de sujeitos usuários na clínica psicológica às suas possíveis repercussões.* (Dissertação de Mestrado). Universidade Católica de Pernambuco, Recife, PE, Brasil. 2006. Disponível em: https://bit.ly/3fbJB8a. Acesso em: 05/04/2021.

PEROSA, M. A. Y.; PUCCI, D. *Histórias de Supervisão: exercícios de compreensão clínica daseinsanalítica.* São Paulo: Editora Escuta, 2018.

PIETA, M. A. M. *Psicoterapia pela internet: a relação terapêutica.* (Tese de doutorado). Instituto de Psicologia, Universidade Federal do Rio Grande do Sul, Porto Alegre, RS, Brasil. 2014. Disponível em: https://www.lume.ufrgs.br/handle/10183/144025. Acesso em: 08/06/2021.

POMPEIA, J. A.; SAPIENZA, B. T. *Os dois nascimentos do homem: escritos sobre terapia e educação na era da técnica.* Rio de Janeiro: Via Verita, 2011.

PORTA dos fundos *Terapia a distância*. 6 jun. 2020. [Arquivo de vídeo]. Disponível em: https://www.youtube.com/watch?v=INxfzZ9bNUY

RODRIGUES, C. G. *Aliança terapêutica na psicoterapia breve online*. (Dissertação de Mestrado). Instituto de Psicologia, Universidade de Brasília, Brasília, DF, Brasil. 2014 Disponível em: https://repositorio.unb.br/handle/10482/16596. Acesso em: 02/06/2021.

ROEHE, M. V.; DUTRA, E. Dasein, o entendimento de Heidegger sobre o modo de ser humano. *Avances en Psicología Latinoamericana*, v. 32, n. 1, p. 105-113, 2014.

SÁ, R. N. de; BARRETO, C. L. B. T. A noção fenomenológica de existência e as práticas psicológicas clínicas. *Estudos de Psicologia*, v. 28, p. 389-394, 2011.

SÁ, R. N.; Vieira, M. S. Reflexões fenomenológico-hermenêuticas sobre a dimensão afetiva da existência e psicoterapia. *In* FEIJOO, A. M. L. C.; LESSA, M. B. M. F. (Coord.), *Daseinsanálise hoje*. Rio de Janeiro: Ifen, p. 87-112, 2019.

SANTOS, G. C.; EVANGELISTA, P. E. R. A. A prática psicológica da daseinsanalyse por Bilê Tatit Sapienza. *Psicologia em Revista*. (No Prelo).

SANTOS, S. C. dos. Tinder: uma etnografia sobre encontros, socialidades e experimentações de si. *Mana*, v. 27, 2021.

SAPIENZA, B. T. *Conversa sobre terapia*. São Paulo: Educ/Paulus, 2004.

SAPIENZA, B. T. *Do desabrigo à confiança: daseinsanalyse e terapia*. São Paulo: Editora Escuta, 2007.

SAPIENZA, B. T. *Encontro com a Daseinsanalyse: a obra de Ser e Tempo, de Heidegger, como fundamento da terapia daseinsanalítica*. São Paulo: Editora Escuta, 2015.

SFOGGIA, A. *et al*. Therapeutic relationship on the web: to face or not to face? *Trends in Psychiatry and Psychotherapy*, v. 36, p. 3-10, 2014.

SILVA, J. F. da; SILVA JUNIOR, A. O. da; COUTO, E. S. Amor, sexo e distância física. *Revista Educação Em Questão*, v. 58, n. 58, 2020.

SILVA, M.; SILVA, A. A virtualização da relação sexual em CAM4: o corpo enquanto objeto de desejo e de consume. *Revista Ártemis*, v. 24, n. 1, p. 143-155, 2017.

TECCHIO, M. Quarentena movimentada: apps como Tinder e Happn têm aumento de acessos. *CNN Brasil*, 13 maio 2020. Disponível em: https://www.cnnbrasil.com.br/business/durante-isolamento-apps-como-tinder-e-happn-registram-aumento-nas-interacoes/

TOMASI, J. M. Dor de filhas, irmãs, mães e esposas: as mulheres enlutadas na rede social do Orkut no Brasil (2004-2011). *Revista Ártemis*, v. 13, n. 1, 2012.

ULKOVSKI, E. P.; SILVA, L. P. D. da; RIBEIRO, A. B. Atendimento psicológico online: perspectivas e desafios atuais da psicoterapia. *Revista de Iniciação Científica da Universidade Vale do Rio Verde*, v. 7, n. 1, 2017.

# ATENDIMENTO PSICOLÓGICO ONLINE

6

# Psicodiagnóstico interventivo fenomenológico-existencial: relato de experiência de estágio supervisionado durante a pandemia da covid-19

*Caroline Garpelli Barbosa*
*Daniela dos Santos Campos*
*Keren Jenyfer Conti Amaral*
*Natália Tamaio de Almeida*

No início do ano de 2020, a Organização Mundial da Saúde (OMS) declarou oficialmente que estávamos em meio a uma pandemia de covid-19, doença nova, ocasionada por um tipo específico de coronavírus e que, muito rapidamente, proliferou-se pelo mundo, tirando a vida de milhares de pessoas. Essa situação exigiu uma série de medidas sanitárias para tentar conter a transmissão e disseminação do vírus, como a necessidade de isolamento e distanciamento social, bem como orientações rigorosas de higiene. A pandemia gerou muitas mudanças abruptas em nossa vida cotidiana, suspendendo por tempo indeterminado os encontros interpessoais, atividades de trabalho e projetos futuros. Nesse contexto de grandes incertezas, em que a existência parece ter se mostrado em sua condição precária e vulnerável de modo ainda mais radical, a psicologia, enquanto ciência e profissão, precisou refletir em como seguir acolhendo e cuidando do sofrimento psicológico e existencial que se intensificou durante a pandemia, como revelado por alguns estudos (Gundim *et. al.*, 2020; Lima, 2020; Schmidt *et. al.*, 2020; Silva; Mendes; Silva, 2022).

Como consequência, a modalidade de atendimento remoto, que até aquele momento vinha sendo estudada e utilizada em situações que requeriam uma série de restrições, acabou ganhando espaço com a regulamentação do Conselho Federal de Psicologia (CFP), que mediante na Resolução N° 4, de 26 de março de 2020, flexibilizou o uso dos serviços psicológicos prestados por meio de Tecnologias da Informação e da Comunicação (TICs) durante a pandemia. Apesar dessa abertura ocorrer aos profissionais já no ano de 2020, as universidades que trabalham com a formação de psicólogos precisaram aguardar um pouco mais. a fim de decidirem como os estágios práticos supervisionados de atendimento psicológico seriam realizados pelos estudantes de graduação, haja vista que tal decisão demandou debates e diretrizes não apenas do CFP como também do Ministério da Educação (MEC) e do Conselho Nacional de Educação (CNE). Em meio a esse debate, o CFP (2020) recomendou que os estágios remotos realizados no âmbito dos atendimentos clínicos e da avaliação psicológica fossem realizados apenas com pessoas com idades acima de 12 anos, o que acabou por impactar diretamente as disciplinas práticas que se voltavam exclusivamente para o atendimento do público infantil, como é o caso da experiência de estágio que aqui relataremos. Na Universidade Paulista (UNIP), onde estávamos inseridas, os alunos do quarto ano da graduação iniciam suas atividades de estágio obrigatório na disciplina de Psicodiagnóstico Interventivo, uma modalidade de atendimento voltada para o público de 4 a 12 anos de idade e que, por esse motivo, necessitou ser realizada apenas mediante o contato com os pais e/ou responsáveis pela criança.

Assim, o presente capítulo tem como objetivo discutir, por meio da apresentação de um relato de experiência de estágio supervisionado em Psicodiagnóstico Interventivo, realizado em 2021, a viabilidade dessa modalidade específica de Psicodiagnóstico em formato remoto e apenas em contato com os pais e/ou responsáveis. Tal discussão se justifica, pois, como ressaltam Marasca et. al. (2020), a avalição psicológica tradicional em formato online ainda apresenta escassez de estudos em solo nacional, sobretudo no que diz respeito à validade, fidedignidade e padronização do uso de testes psicológicos em ambiente virtual, o que dificulta sua realização. Consideramos que o Psicodiagnóstico Interventivo, na medida em que se constitui como uma ação clínica pautada em um processo de construção conjunta entre psicólogo e paciente em direção da elaboração de uma compreensão, distante, portanto, de um modelo avaliativo, apresenta-se como uma possibilidade interessante na modalidade de atendimento remoto, podendo abrir novos espaços de discussão para esse campo em um momento em que os atendimentos em ambiente virtual seguem fazendo parte da atuação de grande parte dos psicólogos brasileiros.

## Psicodiagnóstico Tradicional e Psicodiagnóstico Interventivo: percurso histórico

Quando olhamos para o campo da avaliação psicológica em seu processo de constituição e construção ao longo da história, observamos que ele, em conjunto com a orientação profissional e o aconselhamento psicológico, foi de extrema importância para que a psicologia, enquanto prática profissional, garantisse um lugar para si e construísse sua própria identidade (Schmidt, 2009). Uma das razões para que a atividade diagnóstica conferisse um lugar mais sólido aos psicólogos se deu, especialmente, em decorrência do desenvolvimento e uso dos testes psicométricos, os quais traziam o status de cientificidade a uma ciência ainda em construção. Com os testes, acreditava-se ser possível identificar, classificar e medir características gerais do comportamento humano e, assim, atender às exigências do modelo de cientificidade predominante entre o final do século XIX e início do século XX (Barbieri, 2010; Ancona-Lopez, 2012).

Apesar da grande importância da psicometria para o desenvolvimento e consolidação do psicodiagnóstico e da ampla aceitação de que o modelo epistemológico e metodológico utilizado pelas ciências da natureza poderia ser aplicado sem prejuízos ao campo das ciências humanas, iniciou-se, em paralelo, no fim do século XIX, um processo de redefinição e questionamento desse pressuposto, primeiramente, por parte da filosofia e, na sequência, por outras ciências. A defesa a favor da necessidade de criação de novos modelos epistemológicos pelas ciências humanas se fundava na afirmação de que seu objeto de estudo seria de natureza ontológica, diferente daquele das ciências duras (Assoun, 1983).

A psicologia, naturalmente, não passou ilesa a essas discussões, de modo que também precisou repensar os seus fundamentos teórico-filosóficos. Assim, apesar da conquista de sua identidade profissional ter sido um marco histórico significativo, não é possível afirmar que ela se constituiu firmada em uma unidade, pois em seu bojo também emergiram modelos sustentados por diferentes teorias e métodos, o que, por sua vez, levou ao surgimento de variados modos de investigação e de atuação profissional (Barbosa; Moretto, 2022). Em meio a esse processo de revisão, gradativamente a psicologia também foi indo além do modelo avaliativo e se constituindo como prática clínica, de modo que a atividade de diagnosticar foi deixando de ser apenas sinônimo de quantificação e objetificação de dados para ir se configurando como uma avaliação mais ampla e sistemática com vistas à identificação de psicopatologias e, em grande medida, moldada pela lógica médica de atuação (Cunha, 2000). Além disso, especialmente sob influência da psicanálise, a introdução das técnicas projetivas e a discussão sobre a importância das entrevistas psicológicas para o processo de psicodiagnóstico foram parcialmente sendo incorporadas pelo modelo médico, contribuindo para que o psicodiagnóstico fosse aos poucos assumindo também um caráter interpretativo (Yehia, 2009).

Cabe destacar, contudo, que a inserção da psicanálise no âmbito do diagnóstico psicológico não ocorreu sem controvérsias e necessidades de adaptações. Isso porque, se por um lado, seu modo de compreensão dinâmica dos fenômenos psicológicos trazia uma ampliação aos modos como as psicopatologias eram explicadas, por outro, entendia-se que o *setting* analítico, com todas as suas possibilidades de interpretação acerca das relações transferenciais, bem como das atitudes do paciente, como atrasos, silêncios, pagamentos, entre outras coisas, era incompatível com a avaliação psicológica (Ocampo; Arzeno; Piccolo, 1990; Barbieri, 2010).

Dessa forma, em meio às tentativas de integração entre a psicometria e a psicanálise, é que foi se configurando o que ficou conhecido como psicodiagnóstico tradicional, um modelo predominantemente investigativo e avaliativo voltado para "entender problemas à luz de pressupostos teóricos, identificar e avaliar aspectos específicos, seja para classificar o caso e prever seu curso possível, comunicando os resultados (*output*), na base dos quais são propostas soluções, se for o caso" (Cunha, 2000, p. 26). Para isso, era realizada uma entrevista inicial com a pessoa atendida, com vistas à formulação de hipóteses e planejamentos dos testes que seriam utilizados. Nesse sentido, o processo de psicodiagnóstico consistia em aplicar uma bateria de testes previamente selecionados, os quais possibilitariam, ao final do processo, confirmar ou refutar as hipóteses levantadas na entrevista inicial. Depois dos resultados obtidos, uma entrevista de devolutiva é realizada com o intuito de comunicar à pessoa o que se passa com ela, bem como orientá-la em relação a possíveis encaminhamentos ao que foi identificado (Barbieri, 2010).

Em relação ao modelo tradicional, podemos elencar algumas críticas que comumente lhes são dirigidas, a saber, que esse formato sustenta uma relação de poder entre psicólogo e a pessoa atendida, pois esta era colocada em posição passiva durante todo o processo, uma vez que se submetia aos procedimentos elencados pelo psicólogo que, por sua vez, encontrava-se em uma posição de detentor do saber. Além disso, trata-se de um modelo cuja ênfase está colocada na identificação dos aspectos patológicos, deixando de fora a observação dos aspectos saudáveis. Outro aspecto por vezes criticado no psicodiagnóstico tradicional é que ele, independentemente de se orientar por uma ênfase no uso de testes psicométricos ou de testes projetivos, em momento algum tem o objetivo de mobilizar qualquer tipo de intervenção terapêutica, de sorte que qualquer efeito dessa natureza é visto como involuntário. Assim, tendo em vista a postura passiva na qual as pessoas atendidas são colocadas nesse formato, limitando-as, geralmente, a serem prestadoras de informações, não é raro que elas se mostrem, muitas vezes, desmotivadas durante o processo (Yehia, 2009; 2013; Barbieri, 2010).

Como uma tentativa de superação e contraposição ao modelo tradicional de realizar psicodiagnóstico, temos a emergência do psicodiagnóstico interventivo ou colaborativo. Esse novo modelo preocupa-se em fazer com que o processo de psicodiagnóstico não seja apenas avaliativo, mas também se apresente como um espaço de possibilidade para intervenções. Com isso, o que se procura é que o psicodiagnóstico não se limite a fazer uma indicação terapêutica ao final do processo, com base naquilo que foi observado, mas que se constitua como um processo significativo para as pessoas nele envolvidas (Yehia, 2013).

Embora o psicodiagnóstico interventivo encontre representantes na abordagem psicanalítica e, também, no interior do referencial teórico-filosófico da fenomenologia existencial, seja no trabalho com crianças, adolescentes, adultos e idosos, nosso texto se centrará no modelo de psicodiagnóstico fenomenológico-existencial desenvolvido para o trabalho com crianças e pré-adolescentes, pois foi o que orientou a realização da experiência que relataremos mais adiante.

Donatelli (2013) apresenta esse modelo como um processo ativo e cooperativo, em que as questões trazidas pela pessoa que busca por atendimento são, ao mesmo tempo, investigadas, trabalhadas e acolhidas, de modo a buscar novos sentidos para aquilo que está sendo relatado e experienciado. Por isso, especialmente no que concerne ao psicodiagnóstico infantil, este é entendido como um processo que pressupõe a implicação e participação da família da criança no seio da problemática trazida. Desse modo, um dos primeiros aspectos ressaltados pela autora é a apresentação do psicodiagnóstico como uma prática que é colaborativa e horizontalizada, isto é, construída em conjunto entre psicólogo e paciente. Assim, sendo construída a várias mãos, ela se apresenta também como uma prática compartilhada, em que se pressupõe a importância de que o psicólogo partilhe com os envolvidos no processo as suas impressões e percepções, de modo que, a partir dessa troca de olhares, outros sentidos e compreensões possam emergir e serem construídos. Considera-se que, a partir do momento em que a família se percebe como participante ativa dentro do processo de construção, tendo suas percepções e colaboração valorizadas e legitimadas, isso favorece seu engajamento e envolvimento nas sessões. Ademais, entende-se que, ao ter clareza de seu papel e das percepções do psicólogo no decorrer do caminho em que ambos vão percorrendo em conjunto, isso mobiliza menos angústia em comparação à quando a família precisa aguardar até o final da avaliação para ter uma devolutiva.

Dessa forma, o que busca o psicodiagnóstico interventivo é "explicitar, trazer à luz aquilo que acontece, que faz com que a criança, a mãe, a dinâmica familiar apareçam dessa ou daquela maneira" (Yehia, 2009, p. 68), de modo a promover frestas e rupturas naquilo que, por já estar sedimentado e reificado, restringe a existência de desdobrar e descobrir outros modos de ser. A intervenção pensada a partir desse olhar, portanto, pode ser descrita como uma ação clínica que se caracteriza por ser "um espaço aberto, condição de possibilidade para a emergência de uma transformação não produzida, mas emergente em forma de reflexão, aqui entendida como quebra do estabelecido e condição necessária para novo olhar poder surgir" (Barreto; Morato, 2009, p. 50). No encontro entre psicólogo e a pessoa atendida, abre-se o que Jardim (2013) chama de *aí compartilhado,* isto é, uma clareira, uma abertura em que paciente e terapeuta são tocados pelo que desse lugar emerge e se mostra. Para que isso aconteça, é preciso que a escuta do psicólogo renuncie a qualquer tentativa de apreender a existência do paciente a partir de saberes prévios que poderiam se sobrepor e impedir o desvelamento do modo de ser da criança atendida e sua família.

Já no que concerne à estrutura e etapas desse processo, podemos sintetizá-lo em algumas etapas que envolvem, em primeiro lugar, uma entrevista inicial com os pais e/ou responsáveis com o objetivo de compreender a queixa e o que ocorre com a criança e a família. Além disso, trata-se de um momento em que é preciso apresentar a essa família o seu lugar de participação ativa durante os atendimentos. Em um segundo momento acontece a aplicação do questionário de anamnese com vistas a compreender a história de vida da criança, procedimento este que pode durar de uma a duas sessões. Com isso, é apenas ao final da segunda etapa que se inicia o contato com a criança, bem como as observações lúdicas. Essas costumam ser alternadas com sessões de devolutivas parciais aos pais e/ou responsáveis, nas quais o psicólogo compartilha suas observações sobre a criança e vai, junto com eles, pensando como elas podem estar articuladas à queixa inicial. Além disso, esses encontros de devolutivas também promovem espaço para que as angústias da família sejam acolhidas e auxiliam os pais e/ou responsáveis pela criança a pensarem como eles próprios podem ajudá-la. Assim, na medida em que os encontros vão ocorrendo e, gradativamente, vai se compreendendo como é o existir daquela família e daquela criança, o processo de mudança também pode começar a ocorrer. Isso porque, tal como afirma Jardim (2013), compreensão e ação não se distinguem, uma vez que compreender é já abrir espaços para a emergência de novos olhares e novas perspectivas sobre a própria existência, o que, por sua vez, é o que possibilita novos modos de se colocar e ser na trama da própria vida. "Para o paciente, o exercício de compreender e pensar o próprio existir em sessão já é uma 'primeira' ação que inaugura uma proximidade e uma permanência com o próprio comportamento. Essa 'primeira' ação inicia a possibilidade de outras ações cotidianas, fora do contexto de terapia" (Jardim, 2013, p. 70).

Durante o processo, outras estratégias também são utilizadas com o fim de se obter uma compreensão ampla acerca da questão que precisa ser trabalhada. Entre elas, podemos citar o uso dos testes psicológicos e a realização da visita escolar e domiciliar. Com as crianças é possível fazer uso de testes psicológicos, sejam eles psicométricos ou projetivos. Contudo, eles são utilizados apenas como instrumentos auxiliares que irão compor um cenário mais amplo dentro da compreensão que já está sendo construída durante as observações lúdicas e as devolutivas parciais. Desse modo, não somente os resultados finais dos testes serão relevantes, como também a maneira como a criança se apresenta durante a aplicação deles, bem como as vivências que emergem nesse momento (Yehia, 2013).

No caso das visitas à escola e à residência, ambas têm o objetivo de compreender algumas das circunstâncias de vida da criança e são também momentos potenciais de intervenções. Geralmente, muitas crianças que são levadas para o processo de psicodiagnóstico chegam com queixas escolares, tanto referentes a dificuldades de aprendizagem, quanto envolvendo queixas comportamentais, como entrarem em brigas, não prestarem atenção nas aulas, perderem o interesse em ir para a escola, entre tantas outras. Ao visitar a escola, o psicólogo pode observar desde aspectos físicos do local, como condições de higiene, estrutura de salas de aula, quantidade de alunos por sala, recursos materiais e pedagógicos do local, e ainda, conversar com o professor daquela criança, saber como ela se comporta em sala de aula e como está a participação dos pais e/ou responsáveis nas reuniões.

Outra possibilidade é observar a criança durante o intervalo de aula, de modo a perceber como interage com outras crianças. Assim, tendo em vista que a visita à escola abre caminhos para tantos novos olhares sobre a criança e suas relações, como também possibilita implicar outras pessoas nesse processo sobre como lidar com ela, é recomendado que, mesmo quando a queixa não diga respeito diretamente a questões escolares, que ela seja realizada (Ghiringhello; Borges, 2013; Evangelista, 2016). Algo semelhante acontece em relação ao papel da visita domiciliar, que amplia o olhar do psicólogo sobre as relações daquela família, como, por vezes, possibilita o contato com outros membros que não estão diretamente frequentando as sessões. Além disso, um dos aspectos principais da visita é a oportunidade de se observar o espaço habitado por aquela criança, ou seja, o seu lugar e as relações de sentido que ali deixam suas marcas (Lopes, 2013).

Por fim, após essas etapas, para o encerramento são realizadas duas devolutivas finais, sendo uma com os pais e/ou responsáveis e a outra com a criança. Com os pais, a última sessão consiste em avaliar em conjunto o processo, alinhavando as percepções que foram se desdobrando e apontar para alguns aspectos de possibilidades futuras que permitam à família se fortalecer, o que pode envolver encaminhamentos ou orientações no sentido de legitimar o que já veio sendo discutido durante as devolutivas parciais. Já com a criança, é utilizado um livro de história construído pelo psicólogo, material este que traz, de modo metafórico, a história da própria criança, contemplando resumidamente a sua história de vida, os pontos de conflito e dificuldades encontrados e, também, o processo do psicodiagnóstico. O objetivo do livro, que é lido e entregue à criança na última sessão, é que ele leve consigo algo que siga favorecendo seu processo de significação em relação às questões trazidas ao psicodiagnóstico (Becker, Donatelli; Santiago, 2013; Donatelli, 2013).

O modelo aqui relatado de psicodiagnóstico interventivo é o praticado há muitos anos no serviço-escola da UNIP, no qual se situará nosso relato de experiência. Em formato presencial, geralmente, os atendimentos com as famílias e os pais e/ou responsáveis são conduzidos por duplas ou trios de estagiários que estão no quarto ano da graduação em psicologia, e acontecem sob a supervisão direta do professor orientador que acompanha as sessões na mesma sala em que elas ocorrem. O estágio desses alunos em psicodiagnóstico é a primeira experiência que a maior parte deles tem de atendimento, o que lhes mobiliza uma série de dúvidas e incertezas. Exatamente por essa razão é que há a proposta de atendimento em duplas ou trios com a presença do supervisor, pois se entende que este é um modo cuidadoso de lançar os alunos a esse primeiro contato com a ação clínica e que, de acordo com seus próprios relatos, permite que se sintam mais amparados e seguros.

Tendo uma estrutura de atendimentos já consolidada nesse formato, como realizar o estágio de psicodiagnóstico interventivo no ano de 2020 e 2021, em meio ao período da pandemia da covid-19 ocasionada pelo vírus SARS-CoV-2, popularmente também chamado de coronavírus que acometeu a população mundial e fez com que tivéssemos que ficar em isolamento, trabalhar e ter aulas de modo remoto?

## Atendimento online e impactos nos estágios supervisionados

Até o ano de 2020, que marcou o início da pandemia pelo coronavírus, a modalidade de atendimento online vinha sendo difundida no país, bem como vinham sendo empreendidas discussões acerca da ampliação dessa possibilidade de atendimento devido à necessidade de se reavaliar o campo de atuação dos psicólogos frente às transformações da era digital. Entretanto, sobretudo no início dessa discussão, a prática recebeu grande oposição em decorrência de aspectos éticos, tecnológicos e terapêuticos que circundam o fazer psicológico, apontamentos que envolviam ressalvas quanto à relação terapêutica possivelmente comprometida por um empobrecimento da comunicação não-verbal, questões de confidencialidade, privacidade, sigilo profissional, infraestrutura e os papéis a serem desempenhados no manejo dessa nova modalidade (Pieta; Gomes, 2014).

No entanto, as apreensões foram diminuindo à medida que um maior número de profissionais passou a realizar a modalidade da psicoterapia online, de modo que a procura por serviços psicológicos nesses moldes foi aumentando consideravelmente desde as primeiras regulamentações, conforme demonstram os estudos temáticos na área. Tendo em vista que, sobretudo após o advento da internet, a tecnologia acabou se tornando imprescindível na sociedade, nas mais variadas situações e contextos, muitos setores e serviços que antes eram exclusivamente prestados de forma presencial flexibilizaram-se e foi possível observar uma maior abertura e flexibilização para o atendimento online também. Nesse sentido, em 2018 o Conselho Federal de Psicologia (CFP) revogou a resolução nº 11/2012 através da resolução nº011/ 2018 não se limitando ao número de até vinte sessões, conforme descrito na resolução anterior, e eliminando a restrição quanto ao atendimento psicoterapêutico, antes permitido apenas em caráter experimental, possibilitando a utilização de testes psicológicos favoráveis ao Sistema de Avaliação de Instrumentos Psicológicos (SATEPSI), com padronização e normatização específica para tal finalidade. A partir daí, com a resolução nº 011/2018, ficou regulamentada a prestação de serviço online feito por profissionais da psicologia, de maneira ética (CFP, 2018; SILVA et al, 2021).

Nesta perspectiva, esse contexto de crescimento sofreu um grande impacto nos primeiros meses de 2020, quando o mundo foi acometido pela pandemia da covid-19, impossibilitando os encontros presenciais a fim de focar na segurança física de cada indivíduo. Diante deste cenário e da necessidade da população ser isolada socialmente, o Conselho Federal de Psicologia (CFP), seguindo as diretrizes sanitárias, publicou a Resolução Nº 4, de 26 de março de 2020, dispondo sobre a regulamentação de serviços psicológicos prestados por meio de Tecnologias da Informação e da Comunicação (TICs) durante a pandemia, requisitando do profissional de psicologia o cadastro na plataforma E-Psi vinculado a seu Conselho Regional de Psicologia (CRP), devendo ter seu cadastro sempre atualizado, e não prestar atendimento por meio das TICs sem a devida autorização (CFP, 2020; SILVA *et al.*, 2021).

Ao longo dos meses de março e julho de 2020, já vivenciando a pandemia, o Ministério da Educação (MEC), o Conselho Nacional de Educação (CNE) e o Conselho Nacional de Saúde (CNS) foram produzindo documentos normatizadores e orientadores, dos quais as práticas e estágios remotos somente passaram a ser objeto de discussão a partir da Portaria MEC 544, de junho de 2020, pois antes desse período estava vetada a realização de estágio psicológico em formato remoto. Quando, contudo, foi decidido que os estudantes estagiários poderiam, em caráter temporário e emergencial, realizarem atendimentos, estes não foram autorizados com crianças menores de 12 anos, por considerar que há uma demanda por maior sistematização dessas práticas nos contextos da clínica e da avaliação psicológica. Sendo assim, foi orientado que o estágio remoto emergencial nos domínios da clínica e avaliação psicológica não fossem realizados com crianças menores de 12 anos e, por esse motivo, foi estabelecido contato apenas com a pessoa responsável pela criança atendida. Entretanto, para os demais contextos foi orientado quanto a necessidade do estágio atender à prerrogativa prevista pela Resolução 11 de 2018 do CFP, que estabelece que o trabalho remoto com crianças deva ocorrer havendo o consentimento expresso de ao menos um dos responsáveis legais e mediante avaliação de viabilidade técnica por parte da psicóloga e psicólogo para a realização desse tipo de serviço (CFP, 2020).

Destarte, é notório que a trama vivenciada mundialmente dificultou e impôs a necessidade de adequação das práticas psicológicas em geral, tendo sido necessário reajustar os moldes utilizados em atendimentos, tal como o do Psicodiagnóstico Interventivo proposto pela clínica-escola onde estávamos inseridas. Deste modo, o contato com essa modalidade de atendimentos exclusivamente virtuais nos chegou como um "choque" de informações e uma especial quebra de paradigmas, principalmente por sermos estudantes do quarto ano de Psicologia, que caminhavam para o tão desejado primeiro estágio prático na clínica supervisionada em Psicodiagnóstico Interventivo Infantil. Ou seja, estávamos diante de um cenário extremamente desafiador e que gerou uma imensidão de dúvidas e questionamentos, principalmente quanto à eficácia deste novo método, sobretudo por se tratar de uma ação clínica que, pelo menos até aquele momento, passou a ter outro formato. Assim, não mais conheceríamos a criança, mas passaríamos a apenas ter contato com os pais e/ou responsáveis.

Diante do panorama inesperado e desconhecido, as emoções foram se intensificando e nos vimos rodeadas de incertezas e inseguranças, que naturalmente estão presentes em uma primeira prática clínica, mas que foram amplificadas pelo cenário pandêmico e pela necessidade de se adequar a uma nova realidade social. Foi necessário que focássemos, juntamente à supervisão de estágio, na adaptação de estratégias de ensino e de prática do Psicodiagnóstico sem renunciarmos aos princípios éticos e, ao mesmo tempo, buscando contribuir para decisões que permitissem conciliar o necessário compromisso com a qualidade da formação e as restrições impostas por esse momento de pandemia.

A proposta, então, foi que as atividades fossem realizadas de modo síncrono, com a participação de estudantes e professores em tempo real, e também as assíncronas, com todos obtendo acesso ao mesmo ambiente de aprendizagem, ainda que online. As supervisões de casos atendidos passaram a ser feitas por videoconferências em tempo real, e foram criados acessos e e-mails institucionais que nos permitissem a troca dos documentos necessários e das orientações devidas por meio das plataformas de reuniões virtuais. Os professores e supervisores tiveram que se fazer muito presentes nesse meio digital, bem como os estagiários também tiveram que se adaptar à comunicação com os responsáveis legais pelas plataformas.

Além das adaptações realizadas para a realização dos atendimentos, também foi necessário que alunos e, principalmente, os docentes ampliassem o domínio das metodologias ativas que utilizam tecnologias de informação e comunicação para conteúdos disciplinares, construindo materiais apropriados ao ensino remoto, planejando instrumentos de avaliação nessa modalidade, preenchendo prontuários e evolução dos casos de maneira online, acompanhando o desenvolvimento dos alunos, supervisionando-os de modo remoto em suas intervenções e atendimentos e considerando, ainda, os aspectos éticos inerentes à corresponsabilização dos estudantes e pacientes na conscientização da responsabilidade em proteger a privacidade e o sigilo profissional.

Nesse sentido, houve a necessidade de incrementar essas orientações aos pacientes e/ou responsáveis sobre buscar lugares reservados e o uso de fones de ouvido para a realização dos atendimentos remotos; contudo, nem todos contavam com espaços livres de interrupções, e esses aspectos foram sendo abordados e negociados de maneira colaborativa e sensível, dentro das possibilidades de cada participante e dos moldes do Psicodiagnóstico Interventivo.

De certo modo, a modalidade de atendimento à distância constituiu a forma mais viável de dar continuidade e garantir o apoio psicológico na dinâmica do serviço-escola durante a vigência da situação de crise da saúde pública, mesmo com alterações abruptas voltadas à redução significativa de elementos na comunicação não-verbal, à instabilidade dos equipamentos tecnológicos, à dificuldade em se comunicar de forma precisa e de construir um bom vínculo terapêutico. Aos poucos, esses elementos foram se ajustando, e um aspecto primordial para isso foi a construção conjunta e a prática colaborativa que se manteve presente ao longo do processo na tríade supervisores-alunos-pais e/ou responsáveis.

Em outras palavras, pudemos observar que todos os profissionais de psicologia se viram compelidos a aderir a essa configuração de atendimento sem a possibilidade de escolha, do mesmo modo que todo corpo docente, comunidade acadêmica, alunos e pacientes tiveram que se reajustar e se reinventar nos atendimentos on-line, o que propiciou impactos relevantes ao âmbito experiencial da clínica-escola. Contudo, há de se observar que as limitações desse tipo de atendimento não impediram o alcance de um resultado satisfatório, amplo e compreensivo, uma vez que foi possível, de maneira respeitosa e colaborativa, seguir os moldes do Psicodiagnóstico Interventivo.

Com isso, passamos a ponderar sobre a possibilidade de se realizar o Psicodiagnóstico Interventivo na modalidade remota com apenas os pais e/ou responsáveis. Contudo, a questão que emergiu foi: *o que estávamos realizando poderia ainda ser chamado de Psicodiagnóstico Interventivo?* Mediante tal reflexão, o que foi emergindo era que, a despeito do nome que nossa prática pudesse ter naquele momento, uma ação clínica era necessária, haja vista o grande número de pessoas que aguardavam por atendimentos naquele momento. Muitas, inclusive, ligavam na clínica-escola questionando quando seriam chamadas, de modo que era necessário adentrar esse novo oceano de possibilidades desconhecidas. Assim, lembrando-nos do convite que faz Heidegger (2001/1954) ao dizer que apenas se sabe o que é nadar quando se salta na correnteza, compreendemos que esse salto seria não apenas inevitável, como também um modo de manter nosso compromisso de cuidado com a comunidade que atendemos.

Partindo do princípio fundamental do psicodiagnóstico interventivo, a saber, que se trata de uma prática compartilhada que permite a compreensão de vivências e partilha de percepções, podendo emergir desse encontro uma nova compreensão, procuramos acessar a história de vida da criança e de sua mãe com informações essenciais para a efetivação do processo. Para isso, procuramos compreender as vivências da mãe, bem como alinhavar os dados da queixa com os da anamnese, formular hipóteses com a responsável para que ela mesma contribuísse com elementos que as ampliassem, apresentar novas possibilidades de pensar o fenômeno em questão e propiciar a construção de uma intervenção terapêutica conjunta.

## Relato de experiência

Ao considerarmos que os atendimentos psicológicos dos estágios nas clínicas-escolas nessa modalidade foram regulamentados pelo Conselho Federal de Psicologia em decorrência da demanda social vivenciada, tornando-se uma alternativa viável durante os primeiros anos de pandemia de covid-19 para a população em fila de espera que aguardava por atendimento psicológico, buscamos um caso que havia se registrado como possível queixa para Psicodiagnóstico Interventivo Infantil ainda antes do cenário de atendimento online — portanto, um paciente que se encontrava na fila de atendimento desde 2019.

Iniciamos o processo no início de 2021, com a mãe de uma criança de 9 anos de idade, que até então era estudante do 4º ano do ensino fundamental. No discurso de sua responsável, a criança em questão vinha apresentando sintomas de ansiedade, como medo de realizar ações corriqueiras — por exemplo, descer as escadas de seu prédio para jogar o lixo no térreo sozinho —, ciúmes excessivos e superproteção com ela, principalmente após o início do período pandêmico. No caso atendido, estabelecemos o contato remoto apenas com a mãe do paciente.

Em razão disso, o início do processo foi atravessado por dúvidas, sobretudo no que diz respeito a se ele seria suficiente para cumprir com a proposta do Psicodiagnóstico Interventivo Infantil. Essas dúvidas se faziam presentes não apenas nas estagiárias, como também chegaram a ser colocadas pela própria mãe. Apesar das incertezas, entendemos a importância de acolher e tranquilizá-la diante de seus anseios sobre como o processo poderia ajudar na demanda de seu filho. Por isso, reforçamos sobre a participação colaborativa entre terapeutas-estagiárias e mãe do paciente, a importância do compromisso com as sessões para que pudéssemos construir algo significativo, e asseguramos nosso comprometimento com o processo, explicando que, ainda que não tivéssemos contato com a criança, as entrevistas, questionamentos, clarificações e apontamentos tão amplamente utilizados na modalidade presencial poderiam também, com facilidade, serem utilizados e mantidos nessa nova formatação de atendimento em Psicodiagnóstico Interventivo.

Na primeira sessão, a qual foi feita por meio de uma chamada de vídeo, a mãe teve seu primeiro contato com o trio de estagiárias e pontuou seus anseios. Em contrapartida, percebemos que, mesmo sinalizando um certo desconforto com o atendimento online, e reafirmando sua preferência pelo atendimento presencial, a mãe se mostrou aberta ao processo e disposta a vivenciar a experiência, fato que facilitou todo o decorrer do trabalho com ela. A responsável pela criança informou que a procura por atendimento na clínica-escola aconteceu pela primeira vez em 2019, mas que em 2021, ano em que fora chamada para dar início às sessões, ainda mantinha interesse no atendimento e avaliação de seu filho por conta de uma demanda diferente.

Nesse primeiro contato, ela relatou que havia se separado do pai da criança quando o filho tinha apenas dois anos de idade, e por isso acreditava que a separação não tivesse gerado nenhum prejuízo ao filho. No entanto, conta que o término de um relacionamento amoroso que teve posteriormente, de cinco anos de duração, afetou o filho por este ter presenciado o sofrimento dela após o fim da relação e por ele ter deixado de ver o filho do padrasto, com quem tinha boa relação. Avalia que o filho demonstrava comportamentos bastante maduros para sua idade, como consolá-la e incentivá-la a superar o rompimento.

Após viver por alguns meses com o pai e a família paterna em outra cidade durante o início da pandemia, algo acordado a fim de que o menino tivesse mais pessoas para interagir no período de isolamento, a criança voltou para a casa da mãe, mas, desde então, havia começado a apresentar medo em situações corriqueiras, como acender sozinho a lâmpada de casa, por exemplo, e uma intensa ansiedade toda vez que ficava longe da mãe.

Diante do que fora relatado, chama a nossa atenção o quanto a criança havia passado por muitas mudanças durante toda a sua vida e em curtos períodos de tempo. Além disso, destaca-se o modo como ela se refere ao filho, parecendo muitas vezes estar falando sobre um amigo e, inclusive, dizendo-nos que compartilhava com ele alguns aspectos de sua vida particular. Durante o processo, essa atitude dela com ele foi ficando mais clara e, inclusive, vivenciado até mesmo para com as estagiárias-terapeutas, quando teceu um comentário sobre a sessão de atendimento, dizendo: "Ah, quando estiver calor vocês vêm tomar uma breja comigo" (sic), o que nos apontou uma possível dificuldade em compreender os limites de uma relação terapêutica. Paralelamente, parecia que algo semelhante acontecia em sua relação com o filho, uma vez que enfatizou que a relação com ele era muito similar à de uma amizade, em que procurava falar uma linguagem juvenil para estabelecer confiança entre eles. Segundo a mãe, ela agia desta maneira, pois não gostaria que o filho escondesse coisas de sua vida e/ou mantivesse segredos, e ela acreditava que, se a criança entendesse que eram amigos, poderia compartilhar qualquer assunto com ela. As colocações da mãe, no entanto, direcionavam para a falta de limites na relação com a criança, pois, em muitos momentos, inclusive, o filho demonstrava ter ciúmes da mãe quando ela estava na companhia de outras pessoas e cobrava satisfações.

Ainda durante os atendimentos, observamos que a progenitora muitas vezes trazia suas questões, vivências e percepções para além do filho como foco das sessões, algo que também pôde ser explorado nos atendimentos e contribuiu para o desenvolvimento do caso, como o exemplo da sua relação com suas próprias figuras maternas (sua mãe e sua avó). Ao falar sobre o tema, a mãe da criança sempre dizia o quanto considerava difícil saber quem era sua mãe. Essas falas, embora não fossem explicitamente sobre sua relação com a criança, mostravam para nós, aos poucos, como ela entendia a prática do cuidado, como ela mesma via a sua mãe como "irmã", em suas próprias palavras, e o quanto tudo isso se apresentava na relação com seu filho.

Assim, mediante o que foi se desvelando nos encontros, ela foi podendo pensar o quanto ela também estava implicada nas demandas da criança e agora também ia se tornando capaz de ver as necessidades dele de cuidado. Trouxemos a reflexão sobre como seria, para seu filho, ter passado desde tão cedo por tantas mudanças em sua vida, inclusive nas muitas oscilações no relacionamento com a própria mãe, como quando moravam sozinhos, depois, posteriormente, passaram a moram com mais pessoas e, depois, em um último momento, passaram a sequer viverem na mesma casa (período em que a criança ficou com a família em outra cidade). Também foram promovidos questionamentos que a ajudassem a pensar sobre seu papel na relação e de que forma poderia até mesmo auxiliar que o filho vivenciasse aquela demanda.

Com isso, aos poucos foi se criando um espaço em que, ao poder narrar a sua história, ela viu o quanto esta não é apenas sua, mas sim uma história que, nesse momento, está entrelaçada à história do seu filho. Dando sentido ao que acontecia, amarrando os fios e refletindo em conjunto com as estagiárias, ela então foi ampliando suas reflexões, pensando sobre pertencer a uma geração de pais que, por querer criar de maneira diferente, com menos "comando e controle" em comparação com a educação que receberam, por vezes se veem sem orientação em relação a como equilibrar a autonomia e limite aos filhos. Ao também conhecer a história da própria mãe do paciente e escutar que ela não vinha de um modelo familiar "tradicional" — citação utilizada pela mãe já na entrevista de anamnese e outras diversas vezes ao longo das sete sessões realizadas — sentimos a necessidade de aprofundamento nesse ponto, intimamente ligado também à maneira como a responsável se relacionava com a criança.

A partir da compreensão da mãe em seus diversos modos de ser — sendo filha, mãe, neta-filha —, fomos compreendendo, em conjunto com ela, o quanto transitar entre esses vários lugares era difícil. Com isso, as queixas que ela trouxe sobre o ciúme excessivo de seu filho, bem como os medos sem causas aparentes que ele manifestava, foram trazendo à luz a possível insegurança da criança em relação ao seu lugar de filho na relação com a mãe, como se esse lugar pudesse lhe ser tirado a qualquer momento, ou como se não estivesse claro que esse lugar se configurasse como um espaço seguro para ele enquanto criança. Esse cenário nos levou a questionar o quanto o menino estava conseguindo se sentir protegido e encontrando um espaço de familiaridade para poder crescer e, assim, conquistar a possibilidade de confiança pessoal (Cytrynowicz, 2018).

Conforme ela foi percebendo o quanto suas próprias atitudes estavam implicadas no modo como o filho se colocava com ela, novas ações também puderam emergir, pois como mostra Jardim (2013), compreender é já uma primeira ação, pois, no espaço partilhado aberto pelo encontro entre psicólogo e paciente, sentidos até então velados podem emergir a partir do momento em que há uma quebra nas significações que até então se encontravam estagnadas e reificadas. Daí a importância de um processo de psicodiagnóstico ser interventivo e se configurar como ação psicológica, pois é no encontro e esforço conjunto entre o profissional psicólogo e a pessoa atendida, que outros sentidos podem ser construídos e novas perspectivas sobre os fenômenos podem ser descobertas.

Por isso, um dos momentos mais relevantes dos atendimentos foi quando colocamos para a mãe uma nova reflexão sobre de que forma ela poderia se enxergar e se colocar na relação com o filho sem, necessariamente, separar a "mãe parceira" da "mãe que impõe limites", pontuando que não seria necessário ser uma ou outra, e que uma posição não excluiria a outra: o caminho seria construir as duas de maneira concomitante.

Com isso, foi possível observar, no sexto e penúltimo encontro online com a mãe, uma virada: a responsável aparentou começar a compreender que poderia ter uma relação de parceria com seu filho, como tanto priorizava e desejava, porém, posicionando-se, isto é, assumindo o seu lugar de mãe e colocando a criança em seu lugar de filho, construindo, assim, limites entre ambos. De acordo com Cytrynowicz (2018), embora o limite seja comumente concebido como uma linha de demarcação e de estabelecimento de fronteiras, ele também pode ser compreendido como um local a partir de algo ou de onde algo se dá. No interior dessa visão, portanto, colocar limites, dizer não e demarcar os espaços pode, ao mesmo tempo, abrir e libertar outras possibilidades de ser para as crianças. Qualquer criança necessita de ambos: limite e liberdade, pois, ao ter referências mais claras a partir das quais ela pode se orientar e caminhar, ela também se sentirá mais segura para se arriscar. Em nossa troca com a responsável, trouxemos o olhar de que as crianças precisam de uma referência que lhes oriente, dê proteção e coloque limites, o que também constitui uma forma essencial de cuidado que liberta a criança para ser e existir ao seu modo e, assim, poder lançar-se ao que vem ao encontro.

Ao fim do processo, a devolutiva final se configurou como uma etapa que naturalmente se desdobrou desse processo que ocorreu de maneira respeitosa e colaborativa. A mãe relatou uma série de mudanças em suas atitudes e, por conseguinte, trazia o quanto seu filho se encontrava mais tranquilo, com menos medo e menos ciumento em relação a ela. Entendemos que, ainda que tenhamos enfrentado os obstáculos mencionados, como não conhecermos a criança e não podermos fazer sessões lúdicas com ela, bem como estivéssemos impedidas, devido ao período de isolamento social, de fazermos a visita domiciliar e escolar, mudanças significativas aconteceram.

Um grande aliado do processo para que isso acontecesse, certamente foi a abertura e disponibilidade da mãe, que era muito comunicativa e detalhava de modo minucioso tudo o que aconteciam entre ela e o filho, trazendo sempre uma vasta gama de detalhes que enriqueceram e facilitaram a compreensão conjunta da situação atual daquela criança. Essa postura da responsável em relação à criança foi fundamental para que o caminho percorrido fosse tão significativo e mobilizador de tantas possibilidades de abertura nesse processo, uma vez que o impedimento de contato com a criança e da realização de intervenções mobilizaram muitas incertezas quanto a viabilidade ou não do psicodiagnóstico interventivo.

Conhecer e imaginar o mundo infantil sem estabelecer uma conexão e contato com a criança parece, à primeira vista, algo inimaginável e até impossível. Porém, haja vista que o psicodiagnóstico interventivo se constrói como uma proposta de colaboração conjunta com os pais e/ou responsáveis, tendo estes como protagonistas e corresponsáveis pela construção das compreensões e hipóteses durante todo o processo, sobressai ainda mais a importância do envolvimento deles quando atuamos nesse formato remoto. Nos encontros, pudemos contar com uma mãe que se mostrou verdadeiramente interessada, disposta a testar o novo formato de atendimento, resignada com as condições disponíveis para isso e aceitando as condições vividas diante do cenário pandêmico. Essa postura fez com que trouxesse, de maneira genuína, aberta e sem receio de julgamentos, os relatos de seu dia a dia com o filho e de sua dinâmica familiar, o que foi considerado por nós como o grande diferencial para a construção de intervenções pertinentes e positivas durante todo o processo. Pode-se dizer que, já desde a primeira sessão, um vínculo sólido foi estabelecido entre as três estagiárias e a mãe da criança, revelado e endossado pela demonstração de tranquilidade e de satisfação da responsável em todos os encontros conosco, especialmente na sessão de devolutiva, quando nos deu também um retorno sobre como o processo havia sido significativo para ela.

Foi imensamente satisfatório para nós encarar, logo em nossa primeira experiência de estágio prático, um processo como esse em que, diante de tantas possibilidades e dificuldades naquele período pandêmico, permitiu-nos abordar os temas de maneira cuidadosa e assumindo a postura serena e tranquila necessária a todo terapeuta fenomenológico. Nossa atitude, desde início foi de respeitar o tempo da pessoa atendida, sem apressar compreensões e verificando sempre se nossas colocações faziam sentido para ela, de modo que não nos cabia um olhar teórico ou a insistência em algum assunto ou reflexão se isso não fizesse sentido para a responsável ou não ressoasse com algo que ela vinha experienciando com o filho.

Ao fim dos encontros, a experiência que antes era atravessada pela sensação de insegurança e incerteza foi abrindo espaço para o sentimento de maior segurança, pois parte do receio dos estagiários que iniciaram os atendimentos durante a pandemia era saírem da universidade sem a vivência dos atendimentos. Consideramos que, além do processo ter sido pessoalmente significativo para nós, ele também evidenciou o quanto a construção de uma intervenção terapêutica de maneira conjunta com o paciente é necessária para a realização do psicodiagnóstico interventivo, seja no ambiente virtual, seja no modelo presencial.

## Considerações finais

Ao fim desse percurso, podemos retornar às nossas questões centrais sobre a viabilidade ou não de se realizar o psicodiagnóstico interventivo em formato remoto, assim como se o que fizemos foi, de fato, um processo de psicodiagnóstico. Com essa experiência, aliada a de outros estagiários do mesmo grupo de supervisão, podemos dizer que, em nosso contexto, a resposta foi afirmativa. Se partirmos do princípio de que o psicodiagnóstico interventivo se caracteriza justamente por trazer em seu bojo a possibilidade de intervenção e por colocar especialmente os pais e/ou responsáveis no lugar de colaboradores no desenvolvimento das compreensões e hipóteses que vão sendo construídas, consideramos que não nos distanciamos do modelo original de psicodiagnóstico interventivo. Por outro lado, não podemos desconsiderar o fato de que um psicodiagnóstico, mesmo o interventivo, resguarda algumas dimensões específicas que não pudemos abarcar, como a realização da hora lúdica com as crianças, a possibilidade de aplicação de testes psicológicos, bem como as visitas à escola e à residência das crianças. Então, certamente houve perdas e limites nesse formato, porém, que não impediram a efetivação de uma ação clínica. Desse ponto de vista, talvez não tenhamos como afirmar com certeza se o que fizemos foi um psicodiagnóstico interventivo ou até mesmo uma orientação de pais. Mas algo que certamente podemos responder de maneira afirmativa é que nossa ação se assentou em uma prática de cuidado. Como exposto ao longo de nossa apresentação, a proposta do Psicodiagnóstico Interventivo é diferente de uma Avaliação Psicológica Tradicional, de modo que sua viabilidade no formato remoto não exclui a necessidade de que este campo siga desenvolvendo pesquisas que avancem no processo de adaptação e padronização dos testes psicológicos para esse contexto específico. De todo modo, algo que o cenário pandêmico ensinou com muita clareza é a necessidade de que a Psicologia precisa estar aberta para atender às novas demandas que lhe chegam e que, por isso, deve encontrar caminhos para que não se omita em sua tarefa ética de, ao mesmo tempo, zelar pelo seu exercício profissional e pelo desenvolvimento de novos conhecimentos, bem como em seu compromisso de promover saúde às pessoas e comunidades e, assim, atuar com responsabilidade social.

## Referências


ANCONA-LOPEZ, M. Contexto geral do diagnóstico psicológico. *In* TRINCA, W. (Eds.). *Diagnóstico Psicológico: a prática clínica.* São Paulo: EPU, p. 1-13, 2012.

ASSOUN, P. L. *Introdução à epistemologia freudiana.* Rio de Janeiro: Imago, 1983.

BARBIERI, V. Psicodiagnóstico tradicional e interventivo: confronto de paradigmas? *Psicologia: Teoria e Pesquisa*, v. 26, p. 505-513, 2010.

BARRETO, C. L. B. T.; MORATO, H. P. T. A ação clínica e a perspectiva fenomenológica existencial. *In* Morato, H. *et al.* (Org.). *Aconselhamento psicológico numa perspectiva fenomenológica existencial*: uma introdução. Rio de Janeiro: Guanabara Koogan, p. 41-51, 2009

BECKER, E.; DONATELLI, M.; SANTIAGO, M. Metáfora e devolução: o livro de história no processo de psicodiagnóstico interventivo. *In* ANCONA-LOPEZ, S. (Org.). *Psicodiagnóstico interventivo: evolução de uma prática*. São Paulo: Editora Cortez, p. 179-198, 2013

CFP - Conselho Federal de Psicologia. Dispõe sobre regulamentação de serviços psicológicos prestados por meio de Tecnologia da Informação e da Comunicação durante a pandemia do COVID-19. Brasília. 2020. Disponível em: https://www.in.gov.br/en/web/dou/-/resolucao-n-4-de-26-de-marco-de-2020-250189333

CFP - Conselho Federal de Psicologia. Regulamenta a prestação de serviços psicológicos realizados por meios de tecnologias da informação e da comunicação e revoga a Resolução CFP nº 11/2012. Brasília.2018.

CUNHA, J. A. (2000). Fundamentos do psicodiagnóstico. *In* CUNHA, J. A. *et al.* (Eds.). *Psicodiagnóstico V.* 5 ed. Porto Alegre: Artes Médicas Sul, p. 23-31, 2000.

CYTRYNOWICZ, M. B. *Criança e infância: Fundamentos Existenciais - Clínica e Orientações*. Rio de Janeiro: Chiado editora, 2018.

DONATELLI, M. F. Psicodiagnóstico Interventivo Fenomenológico Existencial. *In* ANCONA-LOPEZ S. (Ed.). *Psicodiagnóstico Interventivo: Evolução de uma Prática*. São Paulo: Editora Cortez, p. 45-64, 2-13.

EVANGELISTA, P. O psicodiagnóstico interventivo fenomenológico-existencial grupal como possibilidade de ação clínica do psicólogo. *Revista da Abordagem Gestáltica: Phenomenological Studies*, v. 22, n. 2, p. 219-224, 2016.

GHIRINGHELLO, L.; BORGES, S. L. P. Interlocuções entre a clínica psicológica e a escola no psicodiagnóstico interventivo. *In* ANCONA-LOPEZ, S., (Ed.). *Psicodiagnóstico interventivo: evolução de uma prática*. São Paulo: Editora Cortez, p. 127-142, 2013.

GUNDIM, V. A. *et al*. Saúde mental de estudantes universitários durante a pandemia de COVID-19. *Revista Baiana de Enfermagem*, v. 35, 2021.

HEIDEGGER, M. O que quer dizer pensar? (1954) *In* HEIDEGGER, M. *Ensaios e conferências*. (Trad. E. C. LEÃO; G. FOGEL; M. S. C. SCHUBACK). 2 ed. Petrópolis: Vozes, p. 111-124, 2001.

JARDIM, L. E. F. Compreensão e ação na clínica fenomenológica existencial. In EVANGELISTA, P. E. R. A. (Ed.). *Psicologia Fenomenológico-existencial: possibilidades da atitude clínica fenomenológica*. Rio de Janeiro: Via Verita, p. 45-76, 2013.

LIMA, R. C. Distanciamento e isolamento sociais pela Covid-19 no Brasil: impactos na saúde mental. *Physis: Revista de Saúde Coletiva*, v. 30, 2020.

LOPES, L. C. P. Visita domiciliar: a dimensão psicológica do espaço habitado. *In* ANCONA-LOPEZ, S. (Org.). *Psicodiagnóstico interventivo: evolução de uma prática*. São Paulo: Editora Cortez, p. 143-162, 2013.

MARASCA, A. R. *et al*. Avaliação psicológica online: considerações a partir da pandemia do novo coronavírus (COVID-19) para a prática e o ensino no contexto a distância. *Estudos de Psicologia*, v. 37, 2020.

MORETTO, C.; BARBOSA, C. G. *A psicologia no cuidado do sofrimento humano: novas perspectivas de atuação*. Curitiba: Appris, 2022.

OCAMPO, M. L. S.; ARZENO, M. E. G.; PICCOLO, E. G. *O processo psicodiagnóstico e as técnicas projetivas*. São Paulo: Martins Fontes, 1990.

PIETA, M. A. M; GOMES, W. B. Psicoterapia pela Internet: viável ou inviável? *Psicologia: Ciência e Profissão*, v. 34, p. 18-31, 2014.

SCHMIDT, B. *et al*. Saúde mental e intervenções psicológicas diante da pandemia do novo coronavírus (COVID-19). *Estudos de Psicologia*, v. 37, 2020.

SCHMIDT, M. L. S. O nome, a taxonomia, e o campo do Aconselhamento Psicológico. *In* MORATO, H. T. P.; BARRETO, C. L. B. T.; NUNES, A. P. (Coords.). *Aconselhamento Psicológico numa perspectiva fenomenológica existencial: uma introdução*. Rio de Janeiro: Guanabara Koogan, p. 1-21, 2009.

SILVA, L. de C.; MENDES, D. F.; SILVA, L. de A. M. Impactos psicológicos ocasionados pelo isolamento em consequência da pandemia da Covid-19: uma revisão da literatura. *Research, Society and Development*, v. 11, n. 9, p. e3011931531-e3011931531, 2022.

SILVA, M. de O. *et al*. Avaliação e atendimento psicológico na pandemia Covid-19 no Brasil: uma revisão sistemática. *Research, Society and Development*, v. 10, n. 12, p. e338101220435-e338101220435, 2021.

YEHIA, G. Y. Entre psicodiagnóstico e aconselhamento psicológico. *In* MORATO, H *et al*. (Orgs.). *Aconselhamento psicológico numa perspectiva fenomenológica existencial:* uma introdução. Rio de Janeiro: Guanabara Koogan, p. 65-74, 2009.

YEHIA, G. Y. Psicodiagnóstico Fenomenológico Existencial: Focalizando os Aspectos Saudáveis. *In* ANCONA-LOPEZ, S. (Org.). *Psicodiagnóstico Interventivo: Evolução de Uma Prática*. São Paulo: Editora Cortez, p. 23-44, 2013.

7

# Pandemia e sofrimentos existenciais de uma comunidade universitária: uma compreensão gestáltica de relato de pesquisa

*Claudia Lins Cardoso*
*Ana Burian Wanderley Rodrigues*
*Ana Luiza Ferreira Bohrer*
*Lucas Dias Queiroz Batista de Prado*
*Ornella Raymundo Villalva*
*Paulo Eduardo Rodrigues Alves Evangelista*

No contexto da pandemia de Coronavírus, especialmente aquele de 2020, em seu início, foi caracterizado, sobretudo, pelas incertezas, ameaças, perdas, distanciamento, interrupções de projetos de vida e sofrimentos diversos diante daquela realidade drástica que assolou o planeta. As nossas formas de ser, de estar e de nos relacionar com e no mundo foram modificadas drástica e repentinamente diante das medidas de proteção, de prevenção e de contenção do vírus. Assim, as mudanças impostas nesse campo pandêmico tocaram e afetaram as pessoas de forma singular, despertando ressonâncias subjetivas em variados graus, fazendo emergir uma diversidade de sentimentos e de emoções. Estes, ao serem vivenciados sem suporte, provocaram e/ou intensificaram sofrimentos existenciais em muitas pessoas, revelando a necessidade de busca por apoio psicológico. Na comunidade da Universidade Federal de Minas Gerais (UFMG), isso ficou evidente nos atendimentos do Aconselhamento Psicológico Online, projeto de extensão que, durante os cinco primeiros meses da pandemia no Brasil — de março a julho de 2020 —, ofereceu suporte psicológico para seus alunos, professores e técnicos administrativos.

Nesse sentido, a Pesquisa sobre o Aconselhamento Psicológico Online (PAPO)[1] foi proposta com o objetivo geral de conhecer para, posteriormente, publicizar o Aconselhamento Psicológico Online (APO), isto é, por ferramentas de comunicação via internet, à comunidade do ponto de vista dos que prestam o serviço e dos que o recebem. O presente texto apresenta os resultados da análise fenomenológica do sofrimento existencial de alunos, professores e servidores que participaram do serviço, a partir dos 154 relatórios de atendimentos durante a interrupção das atividades acadêmicas presenciais em razão da pandemia de Covid. Tais relatos, escritos pelos plantonistas responsáveis por cada atendimento, foram lidos, analisados e categorizados em unidades vivenciais específicas pela equipe de pesquisa. É importante destacar que a compreensão dos relatórios se deu a partir da visão dos plantonistas acerca do que foi dito no atendimento, e não do que a pessoa atendida disse em si, tendo como referencial teórico a Gestalt-terapia.

Tendo isso em vista, neste capítulo serão apresentadas algumas das categorias vivenciais apreendidas durante

[1] O projeto de pesquisa "Aconselhamento Psicológico por ferramentas de comunicação online para a comunidade UFMG" foi aprovado no Comitê de Ética em Pesquisa da UFMG (CEP/UFMG), CAAE: 36394020.6.0000.5149.

a pesquisa, a saber: *vivências do eu, afetividade, morte, espaço e tempo.*

## Vivências do Eu

Ao longo da nossa existência, tudo que acontece, de alguma forma, nos acontece. Todas as situações que vivemos têm um impacto em nós e estão relacionadas ao Eu. Nesse sentido, a Gestalt-terapia propõe que é na fronteira de contato que "eu' e 'não-eu" se encontram, e ao mesmo tempo, se diferenciam, ou seja, é através da nossa fronteira de contato que conseguimos nos abrir para o outro, para o não-eu, e ser tocados e afetados pelo mundo à nossa volta, além de também tocar e afetar o meio no qual estamos inseridos. E é a partir desse encontro entre o eu e o não-eu, que os acontecimentos ganham sentidos singulares para cada indivíduo, sejam eles bons ou ruins, felizes ou tristes, e que o contato acontece.

Na Gestalt-terapia, o conceito de *self* tem um sentido mais amplo do que "si mesmo" ou "eu mesmo". Para Perls, Hefferline e Goodman (1997), ele é:

> o sistema de contatos em qualquer momento. Como tal, o *self* é flexivelmente variado, porque varia com as necessidades orgânicas dominantes e os estímulos ambientais prementes; é o sistema de respostas; [...] O *self* é a fronteira-de-contato em funcionamento; sua atividade é formar figuras e fundos. (Perls; Hefferline; Goodman, 1997, p. 49)

Dessa forma, o *self* é responsável por estabelecer o contato entre o organismo e o mundo, já que é através dele que a fronteira de contato funciona, de modo que seja possível dar sentido para esse encontro. Ele possui três funções, também chamadas de estruturas, através das quais características específicas das experiências do *self* são organizadas. As funções id, ego e personalidade ajudam a descrever de maneira mais fenomenológica as diferentes dimensões daquilo que ocorre nos encontros da fronteira de contato, e serão melhor explicadas mais adiante (Cardoso, 2019).

O *self* não pode ser reduzido ao sujeito, ao indivíduo ou ao Eu por ser uma experiência pertencente ao campo, e não somente ao organismo em questão. O campo criado pela pandemia de covid-19 possibilitou o surgimento de experiências, comportamentos, sentimentos e sentidos para todos nós. Mas as mudanças e transformações impostas pelo contexto do isolamento social nos tocaram e afetaram de maneiras singulares e, através do Aconselhamento Psicológico Online, foi possível desvelar o sentido que muitas dessas vivências tiveram para cada uma das pessoas atendidas.

Na categoria *Vivências do Eu*, são apresentadas as unidades vivenciais que descrevem a relação da pessoa atendida com ela mesma, ou seja, a relação do eu consigo mesmo. São elas: *vivências de autocuidado, somatização do sofrimento, sofrimento decorrente de uma autopercepção depreciativa, dificuldade em fazer escolhas, sentimentos e pensamentos de autoextermínio, despersonalização* e *dificuldade em relação ao controle.*

### *Vivências de autocuidado*

As transformações impostas pela quarentena exigiram novos modos de funcionamento e, para muitos, esse novo modo de ser adquiriu dimensões que podem ser consideradas como positivas. No APO, as vivências identificadas como relativas ao autocuidado abarcam as experiências que descrevem formas positivas do organismo de lidar com o campo formado pelo contexto da pandemia. Assim, as *vivências de autocuidado* revelaram os movimentos que muitas pessoas fizeram no sentido de cuidar de si mesmas, apesar do cenário difícil apresentado com o surgimento do coronavírus.

Nesse contexto, a presença de ajustamentos criativos chamou a atenção, tendo sido este o tema central de diversos atendimentos marcados pelas vivências de autocuidado. Para a Gestalt-terapia, os ajustamentos criativos descrevem a "natureza do contato que o indivíduo mantém na fronteira do campo organismo/ambiente, visando a sua autorregulação sob condições diversas" (Mendonça, 2007, p. 20). Em outras palavras, são formas positivas e criativas de lidar com sofrimentos e situações difíceis, que mantêm o nosso equilíbrio organísmico. Assim, ajustar-se criativamente é possuir a habilidade de se apropriar das próprias experiências, pessoalizando-as e subjetivando-as (Cardella, 2014).

Exemplos de ajustamentos criativos foram encontrados nos relatos das pessoas atendidas no APO, na medida em que elas apresentavam aos plantonistas estratégias utilizadas para lidar com os momentos aflitivos causados pela pandemia. Dentre as mais comuns, podemos citar as atividades físicas, muito requisitadas por aqueles que se reconheciam como ansiosos ou como aprisionados em função da quarentena. Entre os que estavam sofrendo com a ansiedade, outro recurso bastante utilizado foi deixar as redes sociais de lado, para se afastar das notícias catastróficas vinculadas à pandemia. Essas estratégias podem ser consideradas como ajustamentos criativos na medida em que foram soluções criativas desenvolvidas por cada indivíduo com o objetivo de manter um equilíbrio, a fim de enfrentar a situação vivida com menos sofrimento.

Dessa forma, os ajustamentos criativos identificados mostraram a capacidade das pessoas atendidas de buscarem os recursos pessoais disponíveis para enfrentar a mudança abrupta no campo provocada pela pandemia. Isso favoreceu o fortalecimento do autossuporte, na medida em que o desprendimento de antigas formas de lidar com o sofrimento possibilitou o reconhecimento de outras formas de ser. Nos atendimentos em que o fortalecimento do autossuporte foi presente, as pessoas passaram a prestar atenção em si mesmas, ampliando o seu autoconhecimento, o que faz parte da caminhada para o autoapoio, como afirma Andrade (2014):

> [...] por intermédio do desprendimento criativo, a pessoa tem a chance de abandonar suas muletas que não servem mais, ou seja, suspender antigos sentimentos, pensamentos ou ações disfuncionais e acreditar que existem outras possibilidades. [...] Para alcançar o objetivo de andar com as próprias pernas de modo autêntico, a pessoa necessita conhecer a si mesma, acreditar em seu potencial e se apossar do que é seu [...]. (ANDRADE, 2014, p. 150)

Além dos ajustamentos criativos e do fortalecimento do autossuporte, outra vivência de autocuidado foi a presentificação da experiência. Nos relatórios em que foi identificada, a atenção da pessoa ao que acontecia com ela no seu momento presente pode ser compreendida como uma forma de melhorar a qualidade da sua conexão consigo mesma. A habilidade de se reconhecer no momento presente, principalmente em situações de crise e de sofrimento, também é um ajustamento criativo, na medida em que "ajustar-se criativamente implica imprimir sua marca nos acontecimentos da vida, 'pessoalizando-a', tornando-a própria, atualizando as potencialidades singulares, presentificando-as na interação com o mundo" (CARDELLA, 2014, p. 113).

Assim, é possível afirmar que, através de ajustamentos criativos, muitas pessoas foram capazes de cuidar de si mesmas, apesar do momento difícil que viviam. No entanto, como veremos a seguir, nem todos se ajustaram de maneira positiva, o que acabou gerando a expressão de diversos sofrimentos no corpo.

### *Somatização do Sofrimento*

Esta categoria refere-se às experiências corporais decorrentes dos diversos tipos de sofrimento apresentados por aqueles que buscaram o APO. Foram reconhecidas vivências como: *tricotilomania; insônia, pesadelos e outros distúrbios do sono; somatização pela tensão de conflitos* (incluindo sensações de fraqueza, dores de cabeça e dores no corpo); e a *somatização da ansiedade* (como por exemplo, a falta de ar, agitação e o desespero).

O que se percebe nos relatos dessa categoria é uma forte ativação da função id do *self*. De acordo com Cardoso (2019), "a função id se refere às necessidades, instintos, desejos, aspectos corporais e sensações que são percebidos como vindos 'de dentro da pele'. Ela diz respeito ao nosso *background* sensório-motor, pré-reflexivo" (p. 97). A somatização do sofrimento pode ser considerada como a atuação da função id do *self* diante de situações difíceis, de modo que é o corpo, através das sensações físicas, que dá o primeiro sinal de que o indivíduo está passando por alguma crise. É a partir dela que conseguimos perceber o mundo à nossa volta e dar sentido para as situações da vida:

> o id é o fundo determinado que se dissolve em suas possibilidades, incluindo as excitações orgânicas e as situações passadas inacabadas que se tornam

> conscientes, o ambiente percebido de maneira vaga e os sentimentos incipientes que conectam o organismo e o ambiente. (Perls; Hefferline; Goodman, 1997, p. 184)

Isso fica mais claro na constatação de que, em diversos relatórios que apresentaram somatização do sofrimento, as queixas iniciais dos clientes foram os sintomas físicos, os incômodos corporais. Apenas com o decorrer do atendimento, com o desvelar da vivência implícita nesses sintomas, é que o sofrimento se tornava figura.

Os sintomas causados pela ansiedade merecem destaque. De acordo com Pinto (2015, p.100): "o enfrentamento da ansiedade a cada nova configuração de si e do mundo se dá com base em um autossuporte adequado, reforçado por um continente suporte ambiental, uma vez que ninguém vive sozinho ou independente do outro e do campo". Dessa forma, os sintomas identificados como relacionados à ansiedade, como a falta de ar, o desespero e a agitação, estavam relacionados à dificuldade da pessoa em lidar com a situação vivida, seja por falta de capacidade ou de recursos.

Assim, a partir dessa categoria, é possível perceber a importância do corpo na dinâmica do campo: "o corpo é experiência vivida no campo, compreensão que se aproxima da ideia fenomenológica de corporeidade" (Alvim, 2016, p. 28). Portanto, ele não poderia deixar de ser afetado pelo contexto criado pela pandemia.

### *Sofrimento decorrente de uma autopercepção depreciativa*

Nesta categoria, foram apreendidas vivências de: *desqualificação de si, pensamentos autodepreciativos e desmerecedores, excesso de autocrítica, sentimento de incapacidade, dificuldade em reconhecer aspectos de si, insatisfação com o próprio corpo, autocobrança por coerência de postura na vida, autopercepção polarizada, insatisfação com dificuldade em aceitar pensamentos divergentes e tendência de autossabotagem.*

Tais vivências podem ser compreendidas a partir da função personalidade do *self*, que é a responsável pela nossa autoimagem. De acordo com Cardoso (2019, p. 98), "a função personalidade envolve a representação que a pessoa faz de si, sua autoimagem, o quadro de referências para suas atitudes, podendo ser expressas pela resposta à pergunta 'quem sou eu?'". Dessa forma, é a partir desta função que o indivíduo é capaz de reconhecer a si mesmo, como responsável pelos próprios sentimentos e atitudes.

Nos relatórios em que essa categoria estava presente, foi possível perceber um prejuízo da função personalidade do *self*, de modo que era difícil para os clientes fazerem uma representação de si coerente com a situação vivida. Muitos se encontravam impossibilitados de reconhecer aspectos positivos de si mesmos, e atribuíram os feitos e conquistas recentes à sorte, e não às próprias capacidades. Mesmo com elogios externos, as autocríticas prevaleciam, muitas vezes de forma severa, considerando o contexto no qual estavam sendo feitas. Nesses casos, a baixa autoestima era relatada como figura nos atendimentos.

Além disso, muitas vezes, não só a capacidade de ver pontos positivos em si estava prejudicada, mas também a dificuldade em se reconhecer nas situações vividas. As experiências de não se identificar com as coisas que estava fazendo ou de não saber o que gostaria de fazer com a própria vida foram muito significativas em alguns relatos, e indicaram um comprometimento da função personalidade.

### *Dificuldade em fazer escolhas*

Nesta categoria, foram apreendidas questões relacionadas às tomadas de decisão daqueles atendidos no APO. As vivências identificadas nos relatórios foram: *dificuldade em tomar decisões, insegurança em relação às próprias escolhas* e *questionamentos em relação às próprias escolhas.*

A nossa capacidade de fazer escolhas ou de rejeitá-las pode ser caracterizada pela função ego do *self.* De acordo com Perls, Hefferline e Goodman (1997, p. 184): "O Ego é a identificação progressiva com as possibilidades e as alienações destas, a limitação e a intensificação do contato em andamento, incluindo o comportamento motor, a agressão, a orientação e a manipulação". Através do que foi assimilado pelos outros dois modos de funcionamento do *self* (id e personalidade), o indivíduo é capaz de fazer as deliberações em seu mundo próprio, a partir da função ego. Assim, percebe-se que as pessoas com dificuldades em fazer escolhas apresentavam uma função ego enfraquecida, de modo que era difícil reconhecer quais aspectos do campo elas queriam assimilar, e quais aspectos deveriam ser rejeitados.

Quando pensamos no ato de escolher, é importante destacar o fato de que toda escolha implica, necessariamente, em uma renúncia. É possível perceber que as pessoas que enfrentaram a dificuldade de tomar uma decisão estavam preocupadas com a perda daquilo que não seria escolhido. Diante da impossibilidade de aceitar essa renúncia, muitos acabavam não fazendo escolha alguma, sem se darem conta de que se abster de escolher também é uma escolha.

Outro aspecto importante relacionado à dificuldade de fazer escolhas é a temporalidade envolvida no ato de tomar uma decisão. Em muitos relatos, foi possível perceber como o deliberar estava conectado com a noção da pessoa acerca do próprio futuro. Entre aquelas que refletiam sobre escolhas de vida já feitas, os questionamentos estavam ligados à maneira como elas viam o seu passado, assim como uma visão de um presente que poderia ser diferente se a escolha tivesse sido outra. Além disso, a pandemia deixou ainda mais escancarada para todos a incerteza do futuro, o que impactou a nossa capacidade de escolher. Muitas referências que compunham o fundo de vivências assimiladas por cada pessoa foram invalidadas pelas mudanças nesse campo existencial devido à pandemia, o que foi fonte de sofrimentos diversos.

### *Sentimentos e pensamentos de autoextermínio*

As vivências reveladas pelos sentimentos e pensamentos de autoextermínio encontradas nos relatórios do APO incluíam *ideações suicidas* e *experiências de automutilação*. Nesses casos, os pensamentos e vontade de se machucar e de se expor à covid para dar fim à vida apareceram como uma possibilidade de descanso, de desistir das dificuldades vividas.

De acordo com Fukumitsu (2017), os comportamentos e pensamentos autodestrutivos emergem a partir da cristalização de ajustamentos disfuncionais da pessoa diante de problemas e situações difíceis. Quando o meio em que a pessoa está inserida apresenta conflitos e vivências que ela não pode suportar, os comportamentos disfuncionais representam uma maneira de alívio imediato. Esse tipo de experiência pode ser considerado como a forma que a pessoa encontrou para dar vazão aos seus sentimentos de tristeza, angústia, desespero e falta de sentido, entre outros "[...] podemos pensar que o comportamento autolesivo pode ser visto como 'válvula de escape' ou escoamento para que a pessoa expresse seus sentimentos inóspitos, como tristeza, raiva e decepção" (Fukumitsu, 2017, p. 85). Nesse sentido, pode-se afirmar que os comportamentos e pensamentos ligados às experiências autodestrutivas representam a necessidade da pessoa de receber acolhimento e escuta diante do seu sofrimento. No Aconselhamento Psicológico Online, as pessoas puderam encontrar este cuidado, além de explorar, juntamente com os plantonistas responsáveis, outras possibilidades, perspectivas e formas de ajustamentos para enfrentar as dificuldades da vida.

### *Dificuldade em relação ao controle e despersonalização*

Estas, embora sejam categorias separadas e diferentes, serão apresentadas aqui em conjunto por revelarem, em alguma medida, uma mesma tonalidade. Na primeira, são encontradas experiências de busca por controle e dificuldade de controlar impulsos; na segunda, destacam-se as vivências de pensamentos delirantes e intrusivos. Como a necessidade e a busca de controle eram, em alguns casos, justamente em relação a esses pensamentos, fez sentido que ambas as categorias fossem descritas concomitantemente. Ressaltamos serem essas categorias referentes à qualidade da experiência e do sofrimento, os quais, na compreensão gestáltica, são processuais (e não estruturais), sem a pretensão de aludir a qualquer classificação psicopatológica.

Francesetti (2021) descreve três qualidades do sofrimento, as quais também podem ser entendidas como três modos de funcionamento, já que as condições do meio em que a pessoa está inserida podem fazer surgir, em diferentes momentos, funcionamentos distintos. São eles: neurótico, o *borderline* e o psicótico. A análise fenomenológica das categorias aqui mencionadas revela que os sofrimentos descritos nos relatórios se referem ao funcionamento psicótico. Para o referido autor, neste "as defesas são arcaicas, o exame da realidade está comprometido e o eu não tem limites definidos" (Francesetti, p. 75).

Quando mencionamos pensamentos intrusivos e delirantes, podemos relacioná-los com um modo de funcionamento psicótico, na medida em que eles traduzem uma leitura da pessoa que está desconectada com a realidade. Como nesse tipo de experiência a pessoa não tem um eu constituído, não há limites entre o meio e o próprio organismo, a sensação de insegurança provoca ansiedade. Cardoso (2019, p. 101), sobre o funcionamento psicótico, afirma: "Nesse cenário, o delírio e a alucinação emergem como ajustamentos criativos, ao proporcionarem um senso de realidade (ainda que fragmentado) e a possibilidade de narrativa da sua experiência que livram a pessoa do desespero de uma completa desorientação existencial".

O reconhecimento de pensamentos intrusivos e delirantes nos relatórios do APO traduziu essa possibilidade de as pessoas esclarecerem e colocarem em palavras o que estavam vivendo. Os atendimentos se constituíram em um encontro singular, no qual aqueles que estavam sofrendo com esse tipo de funcionamento (ajustamento psicótico) e experienciando uma fragilidade emocional intensa puderam se abrir e compartilhar com outros (no caso, os plantonistas) a sua experiência, apesar dessa ausência de autoapoio.

O controle, nesse contexto, aparece como uma forma de impedir o sofrimento de vir à tona, na medida em que os clientes tentavam controlar tais pensamentos, a fim de tentar afastá-los. Em contraponto, naqueles relatórios nos quais o controle não estava relacionado com a emergência de tais pensamentos, ele era o aspecto necessário para que a pessoa conseguisse atingir os seus objetivos. No entanto, a pandemia explicitou a nossa impossibilidade de controlar diversas dimensões da vida, o que causou intenso sofrimento para muitos.

## Afetividade

Nesta categoria, referimo-nos à afetividade conforme concebida por Cardoso (2021):

> o conjunto de fios que nos conectam às coisas do mundo, sejam elas palpáveis ou impalpáveis. Esses fios, que podem nos atar como laços ou como nós, têm cores diferentes e consistências distintas, nos mantendo vinculados às coisas do nosso mundo próprio. E eles estão carregados das tonalidades afetivas que dão o sentido dessa relação que estabelecemos e que nos movem em direção a ou na direção oposta de; despertam nosso desejo de aproximação ou de afastamento. (Cardoso, 2021, p. 145)

Portanto, ela se refere ao modo como as pessoas são tocadas por aquilo que acontece com elas, seja nas relações que estabelecem em seus processos de vir-a-ser e o que, a partir dessa interação e troca entre organismo/meio, é despertado em cada uma. Dessa forma, torna-se impossível pensar em afetividade sem considerar as relações nas quais elas emergem, pois estas se constituem como o chão, como pano de fundo de onde elas se originam.

De acordo com a filosofia dialógica de Buber, o homem é um ser-em-relação, ou seja, é inerentemente de relação e é apenas a partir dela que ele se determina enquanto ser, enquanto pessoa humana (Buber, 1979). Em coerência com esta perspectiva, Giovanetti (não publicado), ao discorrer sobre a afetividade, pontua que esta possui um impacto determinante na estruturação do psiquismo humano, sendo um dos eixos que o sustentam. Entretanto, para que esses eixos possam se articular e a nossa interioridade psicológica possa se formar, é imprescindível que o homem se relacione com a sua realidade, com seu meio, com o mundo, com as demais pessoas que nele habitam e, também, com um importante aspecto da vivência humana: o da transcendência.

Nesse sentido, considerando a importância dos afetos na estruturação e no funcionamento do nosso psiquismo, bem como na forma pela qual nós nos reconhecemos e nos colocamos no mundo, Giovanetti (não publicado) ressalta ser primordial compreender o lugar que os afetos ocupam na nossa existência, visto que é a partir da afetividade que se torna possível sentir e vivenciar a vida de modo singular e, desta forma, qualificar os modos de existência de cada um. Então, afirma que "o afetivo é o registro em termos de repercussão subjetiva da nossa maneira de sentir o mundo. Assim, a nossa vida afetiva será estruturada a partir dessa ressonância e de suas qualidades" (Giovanetti, não publicado, p. 5), sendo caracterizada, portanto, pelo grau de ressonância subjetiva que é despertado em cada um nas suas interações com o mundo e com as outras pessoas.

Diante do exposto, e considerando a forma pela qual concebemos a afetividade nesta pesquisa, na presente categoria foram agrupadas duas subcategorias: *sofrimentos emocionais* e *culpa*. Tal escolha se justifica na medida em que estas, na perspectiva gestáltica, dizem respeito às ressonâncias subjetivas — emoções, sentimentos, sensações, afetações — repercutidas em cada um a partir da relação que estabelece consigo, com o outro e com o mundo no seu processo de vir-a-ser, na interação organismo-ambiente.

Perls, Hefferline e Goodman (1997) definem contato como o encontro com o novo, como a troca entre o organismo e o ambiente que promove mudança. Nesse sentido, ele ocorre na fronteira do campo organismo/ambiente, isto é, na fronteira de contato. Entretanto, para que o processo de contato seja nutritivo e permita a realização do movimento de assimilação das novidades presente no campo organismo/ambiente, bem como o atravessamento da experiência, possibilitando crescimento e desenvolvimento, torna-se primordial que esse se estabeleça com uma boa qualidade (Frazão, 2015). Além disso, é necessário também que a pessoa disponha de suporte suficiente, seja este um autoapoio ou um apoio ambiental. Sem dispor dessas condições mínimas, sem a disponibilidade de um auto e de um heterossuporte fortalecidos, a experiência não poderá ser atravessada e, consequentemente, assimilada e integrada ao *self*, permanecendo como uma situação inacabada, como uma Gestalt aberta.

Coerente com esta perspectiva, Francesetti (2021) defende que, para experimentar e experienciar uma novidade que nos é exposta no nosso campo, precisamos também nos permitir ser transformados por ela, estar abertos à mudança. É somente a partir dessa abertura que podemos assimilar essa novidade, transformando-a em experiência nítida, com forma clara, uma Gestalt completa, como parte integrada do *self*. Diante desse movimento, "a experiência torna-se passada: ou seja, é atravessada, não está mais aqui e agora e pode ser recordada (ou seja, recolocada no coração) sem que ela volte a estar presente (ou seja, sem ser um *flashback*)" (Francesetti, 2021, p. 62-63).

Isso posto, concebemos o sofrimento como uma forma específica de ser afetado por aquilo que nos acontece, pelas situações difíceis com as quais nos deparamos no nosso processo de vir-a-ser, pelos encontros e desencontros que vivenciamos e pelas ausências experienciadas; ele se constitui, pois, como um fenômeno relacional, isto é, que acontece no entre, surgindo diante da dor infligida ao nos depararmos com a falta de uma presença amorosa e significativa que rompe com o nosso equilíbrio organísmico. Com isso, nos ajustamos de modo a construir recursos e defesas funcionais que, ao preencherem os vazios e nos protegerem da dor, podem se cristalizar, tornando-se obsoletos e disfuncionais. Nesse movimento, o sofrimento, que inicialmente buscou-se com tanto afinco evitar, acaba se perpetuando (Cardella, 2017; Cardoso, 2019).

O cenário pandêmico propiciou a irrupção e intensificação de sofrimentos na fronteira de contato das pessoas que, em grande medida, foram vivenciadas sem suporte. Assim, na subcategoria referente aos *sofrimentos emocionais*, apresentamos as principais unidades vivenciais que descrevem as experiências de sofrimento das pessoas na pandemia. São elas: *ansiedade, solidão, desânimo, depressão* e *medo.*

### Ansiedade

A unidade vivencial mais recorrente foi a *ansiedade*, aparecendo como queixa motivadora para a busca do serviço em 27% dos relatórios dos atendimentos do APO. Para a Gestalt-terapia, a ansiedade pode ser definida como uma excitação vivida sem suporte e constitui-se como algo inerente ao ser humano, surgindo sempre que uma sensação de ameaça ao ser é vivenciada. Ela é sempre voltada para o futuro e não tem um objeto específico e definido, o que a caracteriza como uma ausência, ou seja, como uma vaga ameaça à existência (Pinto, 2021). Assim, diante desta concepção e ao olharmos para o campo imposto pela pandemia, torna-se compreensível o motivo de tamanha recorrência dos sofrimentos ansiosos nos atendimentos.

Andrade (2014), ao discorrer sobre auto e heterossuporte, ressalta o quão primordial é o suporte para o estabelecimento de contatos. A autora afirma que a sua falta corrobora fortemente para o desencadear de sentimentos e comportamentos que podem ser considerados disfuncionais, como a ansiedade, a insegurança e a baixa autoestima, principalmente quando esses se cristalizam e passam a limitar e a restringir o horizonte de possibilidades da pessoa.

Nesse sentido, Cardoso (2019) aponta que, diante do novo, do desconhecido, o sentimento de insegurança e a falta de confiança da pessoa em suas habilidades para enfrentá-lo podem ser experimentados como algo potencialmente ameaçador e gerador de ansiedade. Assim, explicita também a importância de um fundo suportivo para que a experiência possa espontânea e criativamente emergir, o que possibilitaria um campo organismo/meio saudável, isto é, que busca caminhos rumo ao seu crescimento. Coerente com essas perspectivas, Pinto (2017, p. 100) ressalta que "o enfrentamento da ansiedade a cada nova configuração de si e do mundo se dá com base em um autossuporte adequado, reforçado por um continente suporte ambiental, uma vez que ninguém vive sozinho ou independente do outro e do campo".

Essa concepção de ansiedade pode ser ilustrada inequivocamente no campo pandêmico. Este foi e ainda está sendo experienciado por nós como profundamente ameaçador. Somado a isso, é preciso considerar também as crises econômica e social no país, bem como a diversidade de informações e de orientações, muitas vezes divergentes, difundidas entre a população pela mídia e por muitas outras fontes. Desse modo, ao se depararem com essa nova realidade, sem o suporte necessário para o seu enfrentamento — tanto o ambiental quanto o autossuporte —, muitas pessoas experienciaram o despertar e/ou o intensificar dos sentimentos de ansiedade.

Apesar da ansiedade ser um sofrimento vivido em grande parte das pessoas atendidas pelo APO, as situações e motivos que contribuíram para o seu despertar foram diversos, dentre os quais citamos: preocupação com a saúde dos familiares e a falta de cuidado destes em relação à pandemia, já que esse descuido implicaria na possibilidade real e iminente de morte, de perda dessas pessoas queridas; questões relacionadas à produtividade; sentimentos de menos-valia e de autocobrança exacerbada; dificuldade de adaptação com ao Ensino Remoto Emergencial[2] (ERE), o que pareceu intensificar ainda mais a cobrança acadêmica desmedida que muitos daqueles que foram atendidos no APO mostraram consigo mesmos; impossibilidade de prosseguir com a rotina e com a produtividade pré-pandemia; sentimentos de ansiedade despertados pelas interrupções de planos e de projetos de forma geral, ou seja, tanto relacionados a aspectos acadêmicos — como interrupção das aulas, do projeto de intercâmbio e de estágios — e profissionais quanto aos demais aspectos da vida das pessoas, tal qual o amoroso. Essas apareceram como causadoras de ansiedade, principalmente por jogar luz nas incertezas inerentes ao futuro e na consequente falta de controle sobre ele. Ao serem suspendidos de forma tão abrupta e radical, em um cenário que se mostrou como

[2] Regime provisório de ensino adotado pela UFMG no período de pandemia que visava desenvolver as atividades acadêmicas curriculares com mediação pedagógica estruturada nas tecnologias digitais de informação e comunicação, possibilitando a interação entre o estudante, o docente e o conhecimento.

intensamente ameaçador e sem vislumbre de melhora até aquele momento, o futuro se mostrou para muitos como sem sentido, como uma continuação do caos que estava sendo vivido, sem perspectivas de mudanças positivas, como um caminho sem esperanças, fadado a catástrofes, o que será melhor descrito posteriormente.

Portanto, pôde-se compreender que as mudanças impostas pela pandemia foram experienciadas por muitos como uma antecipação pessimista vivida sem suporte, não apenas como ameaças à própria existência, mas também a dos familiares e pessoas queridas, dos costumes e crenças que a sustentam, bem como da forma habitual de viver, estar e fazer morada no mundo até o momento. Ao se defrontar com esse novo e incerto contexto pandêmico, grande parte das pessoas não confiava nem nos seus próprios recursos nem nos do meio para lidar com as situações emergentes. Desse modo, pensamentos e fantasias de um porvir pessimista foram ganhando cada vez mais espaço, dando lugar a sofridas vivências ansiogênicas.

## Solidão

Andrade (2006), ao falar sobre solidão na contemporaneidade, ressalta que o homem, sendo um ser relacional, não comporta o estado total de isolamento. Nesse sentido, afirma que "somente a presença ativa do outro ser humano pode dar sentido ao vazio da solidão" (p. 87). Assim, a vivência da solidão pelas pessoas atendidas no APO parece ter sido despertada e/ou intensificada principalmente pela necessidade imposta da quarentena e do isolamento social como medida de prevenção/contenção do novo coronavírus. Nas descrições onde essa intensificação apareceu, muitas pessoas já apresentavam vivências de solidão anterior à pandemia relacionada a uma dificuldade nos relacionamentos interpessoais, seja por conta de timidez, de dificuldade de se expressar ou de estar incomodando o outro. Desse modo, a relação e o contato com o outro e com o meio tornaram-se, quase predominantemente, virtuais, mediados pelo online, principalmente por aqueles que passaram a trabalhar, a estudar e a realizar as suas atividades cotidianas em casa. Some-se a isso o fato de que muitas pessoas que moravam distantes de sua cidade natal ficaram impossibilitadas de retornar para suas casas ou a de familiares por variados motivos que perpassavam, de alguma maneira, a situação pandêmica.

Situação semelhante também ocorreu com muitos alunos da comunidade acadêmica da UFMG, inclusive os intercambistas, tanto os brasileiros que se encontravam estudando no exterior, quanto os estrangeiros que estavam estudando na UFMG. Por estarem em um país estrangeiro, em plena pandemia de coronavírus, com decretos de *lockdown* e consequente impossibilidade tanto de continuar com suas rotinas presenciais de estudos, quanto de poder conhecer as novidades que o ambiente tem a oferecer, foram obrigados a permanecer aprisionados nos quartos ou nas casas onde se hospedavam durante o período de intercâmbio. Além de não poderem prosseguir com suas atividades presenciais, as quais teoricamente os possibilitariam entrar em contato de forma plena com um ambiente repleto de excitações e de novidades, muitos desses alunos não puderam retornar para o Brasil ou ao seu país de origem. Isso se deu tanto pelo fechamento das fronteiras entre os países — pois muitos estudantes conseguiram voltar para o Brasil, mesmo que com dificuldades —, mas também pelo sentido que esse retorno precoce tinha para muitos desses estudantes: o impedimento da concretização do projeto de intercâmbio, de um projeto de vida que muito fora idealizado por eles e que, para muitos, constituía-se como uma oportunidade única (Rodrigues *et al.*, 2021). Assim, pode-se dizer que as consequências decorrentes da pandemia acarretaram uma perda do sentido do processo de intercâmbio para muitos estudantes, pois o que era para ser uma experiência rica em contatos, encontros vivos e genuínos com o outro/mundo, enquanto um campo novo e instigante, foi substituído pelo isolamento, pela restrição do ir e vir, bem como pela impossibilidade e perigo do encontro, dando lugar, muitas vezes, ao vazio e, consequentemente, ao sentimento de solidão.

Na contemporaneidade, a primordialidade das ferramentas tecnológicas e do online é evidente e inegável. Com a pandemia, os meios virtuais se mostraram ainda mais imprescindíveis, possibilitando-nos trabalhar, estudar, nos comunicar e nos manter "próximos" das pessoas que nos são queridas, colocando-se como estratégia para atenuar o sofrimento despertado ante o isolamento social (Pimentel *et al.*, 2020). Entretanto, apesar de dispormos dos recursos online e das redes sociais como alternativa aos contatos presenciais e ao prosseguimento das nossas relações, foi possível notar que muitas pessoas não conseguiram se adaptar ao virtual como a única forma de se relacionar com o(s) outro(s). Assim, muitas vivências de solidão remeteram também à dificuldade e/ou à insatisfação em manter a comunicação com os familiares, amigos e pessoas queridas por redes sociais. Diante disso, ao se encontrarem restritas ao online, elas se sentiram ainda mais solitárias.

Isso pode ser compreendido de acordo com Alvim (2014), ao ressaltar que a Gestalt-terapia concebe a existência como situação de interação, campo de experiência e presença. Coerente com essa perspectiva, D'Acri (2014) aponta a interdependência entre o organismo/meio, uma vez que nenhum organismo é autossuficiente e necessita interagir com o meio para satisfazer suas necessidades. Dessa forma, podemos compreender as vivências sobre solidão no sentido de que, mesmo dispondo das formas de comunicação oferecidas pelas tecnologias virtuais, estas, em grande medida, não foram capazes de suprir de maneira plena e total — e em alguns casos nem de maneira parcial — a necessidade inerentemente humana de estar-com, de estar-junto, de estabelecer contato, de sentir a presença viva do outro e de nos relacionarmos com este outro e com o mundo ao nosso redor. Com isso, a ausência do outro foi experimentada como sofrimento de diversas maneiras, dentre as quais, o sentimento de solidão.

### Desânimo

As adaptações à mudança drástica na rotina, à privação das atividades presenciais diárias e ao aumento das atividades online foram descritas nos relatórios do APO expressando dificuldade e sentimento de desânimo referentes à continuidade dos afazeres cotidianos. Esta pode ser identificada não apenas em relação à produtividade das tarefas e atividades relacionadas ao estudo e/ou ao trabalho, mas também àquelas que antes se constituíam como fonte de prazer, tais como assistir séries, ler livros, praticar exercícios, dentre outros.

Segundo Perls, Hefferline e Goodman (1997, p. 44-45), "o contato não pode aceitar a novidade de forma passiva ou meramente se ajustar a ela, porque a novidade tem que ser assimilada". Sendo assim, compreendeu-se que o sentimento de desânimo despertado em grande parte das pessoas atendidas tenha sua origem, possivelmente, em uma dificuldade no processo de assimilar as novas formas de ser e de estar no mundo impostas pela pandemia e pela necessidade do isolamento social. A inviabilidade em seguir com suas rotinas da forma pela qual estavam acostumados, e sem conseguir assimilar e se adaptar ao novo contexto, despertou uma intensa falta de vontade e de energia, tornando impraticável e custosa a realização tanto de tarefas mais complexas quanto de atividades cotidianas mais simples. Nesse sentido, percebeu-se também que a constatação desse sentimento de desânimo pelos clientes os afetou de diversas formas, despertando, em alguns casos, sentimentos de falta de controle, pesar e frustração, principalmente ao compararem suas rotinas ativas e produtivas antes da pandemia e do isolamento social. Some-se a isso o fato de as pessoas negligenciarem a profunda mudança no campo com o advento da pandemia e tentarem continuar a ser e a estar no mundo como costumavam fazer antes de seu surgimento. Isso denota a dificuldade delas em considerar o campo como um todo (a circunstância da pandemia em termos mundiais e suas consequências na existência pessoal), priorizando as partes (ou seja, os resultados e planos desejados, mesmo diante da impossibilidade de alcançá-los).

### Depressão

A *depressão* também foi um sofrimento recorrente na análise dos relatórios. É importante destacar que as vivências de depressão apareceram tanto como um diagnóstico já trazido pelos clientes atendidos, com a apresentação de um histórico de vivências e tratamentos anteriores, quanto como uma leitura dos pesquisadores da compreensão da experiência descrita pelos plantonistas acerca das vivências relatadas pelos próprios clientes nos atendimentos. No primeiro caso, muitos foram os relatos de intensificação dos sintomas depressivos durante a pandemia, a qual, com todas as suas imposições e consequências, constituiu-se como potencializadora de um sofrimento já existente. Portanto, ressalta-se que esta categoria não se refere a um diagnóstico psicopatológico atribuído aos clientes, mas à compreensão da qualidade da experiência (Francesetti, 2021).

De acordo com Távora (2017), a depressão é um estado afetivo de tristeza e melancolia que tem origem multifatorial e que emerge em um contexto interpessoal e sociocultural. Assim, envolve fatores orgânicos, fisiológicos, hormonais, sociais e psicológicos que afetam e podem comprometer aspectos físicos, do humor e do pensamento, alterando, desse modo, a forma com que a pessoa percebe, vê, sente, vivencia e se coloca no mundo. Em coerência com esta perspectiva, Nogueira (2017) aponta que o sofrimento depressivo pode ser concebido como uma das maneiras de o organismo lidar com as pressões que emergem e são vivenciadas no campo. Dessa forma, de acordo com a autora, "a depressão é um ajustamento criativo disfuncional que vem carregado de crenças e mitos pessoais e familiares que, de alguma forma, foram moldando tal jeito de lidar com as situações do campo" (Nogueira, 2017, p. 243).

A partir de uma compreensão de campo da Gestalt-terapia, Francesetti (2015) afirma que o denominador comum subjacente a todas as experiências depressivas é a ausência de esperança na tentativa infrutífera de alcançar o outro, como uma falta de conexão com o outro ou com o meio na fronteira de contato. Assim, apesar de considerarmos a importância dos fatores orgânicos e fisiológicos no desdobramento da depressão, fundamentamos a nossa compreensão sobre ela como um sofrimento relacional, do campo, que emerge na fronteira de contato entre organismo e o ambiente, ou seja, entre a pessoa e o mundo. Isso foi evidenciado na análise dos relatórios na medida em que as queixas relacionadas a essa unidade vivencial eram sustentadas por um fundo relacional, sedimentado a partir de situações e ausências na vida das pessoas que, por falta de suporte e apoio, não puderam ser assimiladas e atravessadas.

Nesse sentido, foram evidenciados sofrimentos depressivos suscitados pela experiência da falta ou pela possibilidade da falta da presença de um outro significativo; pelo sentimento de insatisfação e cansaço diante da vida em seus mais diversos âmbitos, como no amoroso/afetivo, no acadêmico e/ou profissional, despertando também sensações de desperdício/perda de tempo e falta se sentido; pela interrupção de atividades e projetos no cenário de pandemia, bem como pelas incertezas acentuadas inerentes a esse e, por fim, pela dificuldade em manter uma produtividade elevada no contexto pandêmico. Esses sofrimentos caracterizaram-se, sobretudo, por intensos e constantes sentimentos de tristeza e cansaço, despertando, também, vontade de não sair da cama e de não realizar tanto atividades básicas de sobrevivência e autocuidado — como comer e tomar banho — quanto demais tarefas do dia a dia — estudar e trabalhar.

### Medo

Este foi um sofrimento muito recorrente pelas pessoas atendidas no APO e inserido na categoria da afetividade, cujas unidades vivenciais foram medo de: *morrer; ter crise de ansiedade; não realizar o seu projeto de vida; de voltar a ser invadido por pensamentos intrusivos* e *medo não especificado.* Em grande parte dos relatórios analisados, o medo mostrou-se fortemente interligado a outros sofrimentos, como ansiedade, ataques de pânico e depressão. No tocante aos primeiros, o medo de morrer apareceu frequentemente como um dos principais sentimentos que os caracterizavam. Nesses casos, pôde-se observar também sentimentos de medo diante da possibilidade de ter novamente crises de ansiedade, seja por não dispor mais de medicações que as atenuam, como também por não possuir hetero ou autossuporte.

Na perspectiva gestáltica, o medo é voltado para conteúdos bem definidos do ambiente, ou seja, surge quando há contato com algo presente no campo do qual pode-se remover ou fugir, constituindo-se como uma afetação ativa que estimula e impulsiona a ação (Pinto, 2021). Desse modo, o medo de experienciar uma crise de ansiedade novamente pode ser compreendido na medida em que a pessoa, ao já ter vivido tamanho sofrimento em outro momento e conseguir reconhecer prováveis gatilhos no ambiente, teme a possibilidade de ter, mais uma vez, que o experimentar.

Antes da pandemia, estávamos envoltos por uma rotina que, muitas vezes, encobria diversas questões existenciais que podem desencadear sentimentos como angústia, ansiedade e medo, tais como: quem somos, o que queremos e qual o sentido da vida. Nesse sentido, a certeza de que, independentemente de qualquer coisa, temos um tempo limitado para descobrirmo-nos no mundo, já que somos seres finitos, somos seres para a morte, foi evidenciada de forma intensa. Assim, o campo pandêmico escancarou tais indagações, colocando em evidência nossas vulnerabilidades e a nossa finitude, mostrando, também, a fragilidade dos nossos valores e convicções, que podem passar a se apresentar como meras ilusões (Cardoso, 2020). Diante de todo esse cenário, o sentimento de medo pareceu tomar conta cada vez mais, tornando-se profundamente presente como figura no campo vivencial de todos nós.

Tendo isso em vista, relatos envolvendo pensamentos que perpassavam o descortinar das mais diversas questões estiveram presentes nas descrições dos atendimentos realizados. A quebra de um modo habitual de perceber, viver e se colocar no mundo propiciou ponderações acerca das incertezas e das infinitas possibilidades que caracterizam o nosso vir-a-ser. Entretanto, esse desvelar de reflexões, muitas vezes, foi vivido sem nenhum suporte na forma de antecipações catastróficas e pensamentos intrusivos, o que acabou por despertar sentimentos de medo, como o de não conseguir realizar o seu projeto de vida.

As vivências relacionadas ao medo de morrer foram as mais frequentes e eram em grande medida associadas a um intenso sofrimento de ansiedade, que incluía crises e ataques de pânico. Nelas, o pensamento da possibilidade da morte — tanto a própria quanto a de familiares e pessoas queridas —, cada vez mais real e presentificada diante do Coronavírus, mobilizou algumas pessoas de modo a levá-las a refletir no sentido (ou falta de sentido) de suas vidas. Ademais, pôde-se compreender que o medo da morte não foi despertado e/ou intensificado apenas como consequência de uma possível contaminação pelo coronavírus; foi apreendido também um medo de morrer de forma geral, seja por qualquer outra doença ou acidente.

*Culpa*

Como mencionado, dentro da categoria *Afetividade*, além dos *sofrimentos emocionais*, temos outra subcategoria: a *culpa*. Optamos por separá-las pois, apesar da culpa ser algo que nos afeta e que gera ressonâncias subjetivas, ela não se constitui necessariamente como um sofrimento; este pode ser experienciado com ou sem culpa, já que se constitui como uma maneira de responder à forma negativa que o mundo nos toca e nos causa dor.

O sentimento de culpa está ligado a uma ação cometida pela própria pessoa; ele surge quando se pressupõe ter cometido um ato passível de punição, que seja sustentada por uma lei ou uma regra interna vigente. Em outras palavras, ele é despertado diante da experiência de estar fazendo algo ruim e danoso para alguém e, por isso, espera-se uma punição como forma de se redimir pelo erro (Robine, 2006; Yontef, 1998). De acordo com Yontef (1998), o sentimento de culpa pode sustentar-se tanto a partir de um sentido maduro e assimilado de si próprio, chamado por ele de "autêntico", quanto de "padrões introjetados", responsáveis por promover reações inautênticas ou não-organísmicas.

Nas descrições dos relatórios, encontramos as seguintes unidades vivenciais relacionadas ao sentimento de culpa: *pela experiência não vivida; por vivenciar uma tristeza; por dependência financeira; dificuldade de lidar com a culpa* e *arrependimento com situações do passado.* Estas evidenciaram que a experiência de se sentir culpado constituiu para algumas pessoas um choque entre os pensamentos/atitudes e os pensamentos/valores culturais já estabelecidos e introjetados, tais como: o que é bom ou ruim; o que é ou não desejado; como é esperado que se pense e se aja, isto é, as expectativas que o outro/mundo de como se deve ser no mundo, assim como a forma que se deve sentir e se afetar diante das situações. Nesse sentido, para a Gestalt-terapia:

> A introjeção, pois, é o mecanismo neurótico pelo qual incorporamos em nós mesmos normas, atitudes, modos de agir e pensar que não são verdadeiramente nossos. Na introjeção colocamos a barreira entre nós e o resto do mundo tão dentro de nós mesmos que pouco sobra de nós". (Perls, 1977, p. 48)

Nessa perspectiva, percebeu-se em alguns relatos referentes à culpa a presença do mecanismo de introjeção, que pode ser exemplificada em situações que a culpa surgia diante do "estar triste", como se este estado afetivo, mesmo sendo despertado em um momento difícil e sofrido da vida, fosse algo incabível para a sociedade e, por isso, suscetível a retaliação. Assim, foram descritos movimentos de negação do sentimento de tristeza a partir da constante afirmação de um "estar bem", como se a tristeza, ao expressar uma vulnerabilidade e indicar que algo não está bem, fosse um sentimento proibido, que deve ser escondido e negado.

Além disso, a culpa despertada diante da possibilidade de não estar suprindo as expectativas de pessoas próximas — família, amigos, colegas e professores — ou da sociedade de forma geral também foi evidenciada, apontando novamente para um movimento de introjeção; não há mais distinção clara entre "o que querem e esperam de mim" e "o que eu quero e espero de mim", está tudo misturado. Desse modo, observou-se que o arrependimento e o desejo de modificar situações passadas e/ou fazer escolhas diferentes no futuro acompanharam a culpa vivenciada por algumas pessoas, assim como uma autocobrança acentuada.

## Morte

O medo da morte é universal e acompanha o homem desde os seus primórdios. Para Kovács (1992), ter consciência dela faz com que o ser humano repense seus modos de estar no mundo. Antes da pandemia, era comum ao ser humano manter sua vida no estado de abandono de si mesmo, sendo a morte negada ou nem mesmo mencionada no cotidiano. De modo geral, a consciência de sua existência era meramente desconsiderada. Porém, conforme apontado por

Yalom (1984), não se alcança uma mudança na maneira de existir (descuido) somente com a contemplação da morte e suportando a dor. Ele menciona que existem certas condições inalteráveis e irremediáveis, como se fossem "experiências urgentes", que impactam na existência cotidiana do ser humano para levá-lo a algo superior. Nesse sentido, a pandemia de covid-19 pode ser considerada uma "experiência urgente", de alto impacto, produzindo inúmeras mudanças significativas na sociedade.

Coerente com a Gestalt-terapia, Fukumitsu (2008, p. 21) compreende "a morte como uma situação inacabada e o processo de luto como o processo de fechamento de *gestalten*", realçando a qualidade da relação entre o organismo e o objeto perdido. Para ela, a morte de uma pessoa gera uma ausência e uma diversidade de sentimentos que provocam a sensação de estar perdido e fazem os medos emergirem, tornando necessária a organização dessas vivências e o processo de superação a partir de um heterossuporte para auxiliar na elaboração do processo de luto, com tudo o que está implícito nele.

Ao aprofundar os estudos sobre a morte, Oliveira-Cardoso *et al.* (2020) descrevem a percepção da pandemia como inesperada, assustadora e invisível. Um pequeno vírus pode invadir qualquer espaço com facilidade, mesmo com todos os protocolos de cuidado e, diante dele, o medo e a possibilidade de contrair a doença são altos. Os mesmos autores ressaltam o fato de a pandemia promover mortes sem permitir tempo para despedidas, com a suspensão dos rituais fúnebres, os quais se constituem como momentos importantes de passagem pelo luto. Mesmo diante da perda, os familiares enlutados dificilmente receberam o suporte necessário, devido aos estigmas associados à doença, gerando, assim, uma experiência de desamparo, ansiedade persecutória, vivências de dor intensa na ausência de estrutura necessária para a elaboração da perda, entre outras. Coerente com essa perspectiva, Bandín (2020) relata estarmos diante de experiências de dor intensa com ausência de um cenário que forneça a assistência necessária para a elaboração da perda, chamando, assim, a existência de "dores suspensas".

### *Medo da Morte*

As vivências relacionadas à morte, extraídas dos relatos da pesquisa, desdobram-se em dois aspectos importantes. O primeiro é o *medo da morte*, ligado à possibilidade de contrair a doença e de morrer nas condições que a pandemia causou: uma morte solitária, dolorosa e rápida. Na análise dos relatórios encontramos as vivências de: *angústia em relação à morte; medo da contaminação por ser da área da saúde; de infectar seus entes queridos; medo da morte de familiares.* Assim, o campo de apoio e de contenção que havia em algum momento passou a ser ameaçador, no qual os indivíduos passaram a buscar meios de lidar com o medo da morte. Este tem um lado vital que, segundo Kovács (1992), nos protege, permite que continuemos nossas obras, nos salva de riscos destrutivos e autodestrutivos. Mas esse mesmo medo pode ser mortal, na medida em que se torna tão potente e restritivo que, simplesmente, a pessoa deixa de viver para não morrer.

### *Luto*

O segundo aspecto é a vivência do *luto*. Diante dele se abrem dores ainda não elaboradas do passado que são revividas no presente, como por exemplo: experiência de isolamento diante do luto; dificuldade em vivenciar a perda; dificuldade de adaptação à nova rotina diante da morte de um ente querido; dor pela morte de parentes e sofrimento pela ausência de figuras parentais importantes na vida do ser humano. Em vários relatos, foi apreendido também o medo de perder mais entes queridos. É evidente que diante de uma condição adversa e dolorosa, *Gestalten* inacabadas relacionadas às perdas de pessoas significativas do passado são reabertas, aumentando o medo da morte e o sofrimento pela partida rápida e dolorosa de entes queridos.

A morte leva a uma despedida, na qual o processo é doloroso e necessário. No entanto, a pandemia trouxe mortes rápidas e sem tempo para finalizar um fechamento, dificultando o processo de luto e mantendo a vivência dos sofrimentos decorrentes (BANDÍN, 2020) sem a contenção necessária para a elaboração e assimilação da perda. Portanto, se considerarmos a Gestalt-terapia como aquela que promove a integração criativa da experiência (Perls; Hefferline; Goodman, 1997), torna-se necessário, durante o acompanhamento terapêutico, identificar uma figura forte, uma vez que é em si curativa e importante para a sua assimilação. Devido a isso, ter um campo estável e acolhedor como suporte para a emergência do sofrimento, possibilita integração e crescimento para o ser humano. Então a morte pode ser um impulso para um ajuste criativo na existência do ser humano ou se cristalizar como um sofrimento perpétuo devido ao medo de passar pela dor. A isso Polster e Polster (2001) chamam de experiências presas no passado ou no futuro e geram uma perturbação da *awareness*, o que acaba por ofuscar as possibilidades existenciais da pessoa.

## Espaço

Conforme afirma Augras (1987, p. 41), "o espaço é o corpo do homem, não sendo limitado a suas fronteiras somáticas, mas incluindo as extensões explícitas", de modo que o nosso espaço vital abarca além do nosso corpo. Coerente com essa perspectiva, a Gestalt-terapia compreende o ser humano em constante interação com seu ambiente, não apenas físico, mas também social, compondo um campo no qual interagem diversos fatores, sempre em um determinado momento sócio-histórico. Assim, falar do homem é falar sobre o campo que o compreende, que é a sua existência em constante acontecimento. A noção de campo é fundamental para esta abordagem, pois todo indivíduo é compreendido enquanto parte de um campo organismo/ambiente, no qual a fronteira entre ele e o mundo se estabelece e onde acontece o contato entre o indivíduo e seu mundo próprio (Perls; Hefferline; Goodman, 1980; Robine, 2006).

Como apontam Rodrigues *et al.* (2021), o espaço próprio, o espaço vital, foi profundamente afetado pelas modificações e restrições decorrentes da pandemia do covid-19. Os autores compreendem espaço vital enquanto uma extensão do corpo, do organismo em si, espaço este que abarca possibilidades e as atitudes possíveis essenciais para o processo de mudança e de crescimento. Nesse sentido, a pandemia e a decorrente quarentena/isolamento social impactaram em alterações dos elementos do campo compartilhados por todos, em maior ou menor grau, e cada um experienciou e viveu tais alterações a partir da singularidade que lhe constitui, o que foi evidenciado também nos relatórios de atendimento do APO.

No que concerne aos espaços compartilhados, houve uma crescente restrição de acesso e de locomoção por lugares antes cotidianos, pois o perigo iminente do contágio por um vírus mortal e (naquele momento) desconhecido, tornou muitos espaços cotidianos ameaçadores. Ainda, mesmo que acessíveis, tais lugares estavam regidos por novas regras de interação derivadas das orientações sanitárias adequadas ao momento. Assim, o trabalho, o estudo e o lazer passaram a ser realizados quase exclusivamente através das plataformas online, ou seja, à distância.

As interações interpessoais, a partir de então muito intermediadas por eletrônicos nos vários âmbitos da vida, demonstraram certas praticidades possíveis apenas à instantaneidade da internet. Não havendo necessidade de se mover entre espaços ou de frequentá-los, muitos identificaram benefícios práticos nessa nova configuração, como não ter que gastar tempo e dinheiro com deslocamento. No entanto, o habitar espaços não se restringe a uma mera questão de praticidade, pois é habitando o mundo, é sendo-no-mundo, que nos fazemos existência (SLOTERDIJK, 2016). Ou seja, os lugares que as pessoas atendidas anteriormente frequentavam ou pelos quais transitavam eram também componentes significativos do seu campo, compondo uma parte significativa de seu próprio ser e de seu modo de ser-no-mundo.

Tantas modificações ou bloqueios no campo demandaram novos ajustamentos criativos. Entretanto, tais espaços muitas vezes ofereciam apoio de diversas naturezas à pessoa, de tal modo que o reajustar-se ocorreu empobrecido de heterossuportes em processos frequentemente permeados por angústia e sofrimento. Durante a análise fenomenológica dos relatórios, as seguintes unidades vivenciais relativas à espacialidade foram apreendidas: *dificuldades com a rotina imposta pela pandemia* e uma série de unidades vivenciais voltadas a *questões relativas à convivência no espaço — necessidade de delimitar espaço pessoal, dificuldade de convivência com o/a namorado/a* e *dificuldades de adaptação à nova situação de convivência.*

*Dificuldades com a rotina imposta pela pandemia*

Muitas pessoas experienciaram graus variados de sofrimento causado pelo encerramento por tempo indeterminado de certos aspectos de suas vidas, vinculados aos lugares em que realizavam suas atividades. Festas, saídas para bares, encontros entre amigos em locais públicos e muitas atividades esportivas, foram parcial ou completamente interrompidos durante esse período, de modo que a falta desses âmbitos da vida foi relatada com frequência.

Movimentar-se para qualquer lugar via transporte público tornou-se fonte de tensão diante da possibilidade de contágio constante, de modo que muitos clientes do APO buscavam evitar ao máximo ter de se deslocar por medo, ansiedade e preocupação quando não podiam deixar de tomar o ônibus ou metrô, por exemplo. Trabalhadores da área da saúde, além de experienciarem os impactos compartilhados da pandemia, viram-se sofrendo estigma e preconceito por seu trabalho por estarem diretamente expostos ao vírus. Outros ficaram desempregados, pois seus trabalhos não poderiam ser transferidos para modalidades virtuais, online, demandando dessas pessoas readaptações massivas de vida na busca por sobreviver ao difícil momento.

Já na experiência do ensino remoto, atividades como reuniões de estágio ou pós-graduação, trabalhos em grupo, encontros com colegas de sala, "conversas de corredor" com professores, além das várias tarefas de estudos propriamente ditas, foram circunscritas ao online ou interrompidas. Enquanto alguns se esforçaram para permanecerem ativos e produtivos academicamente, readaptando-se o máximo possível às contingências, outros haviam acabado de iniciar seus cursos; sequer haviam experimentado a realidade da universidade ainda e foram forçados a esperar por sua retomada em um futuro incerto. Foram descritas a frustração de não poder viver a faculdade e as dificuldades em se manterem produtivos, apesar das várias mudanças no campo que impactavam diretamente a motivação para estudo e a qualidade prática de estudar.

### *Questões relativas à convivência no espaço*

Augras (1986) destaca que a restrição do espaço vital impacta em possibilidades existenciais reduzidas, podendo ser fonte de muito sofrimento. Observou-se uma proximidade constante com familiares/pessoas próximas, cuja convivência contínua e constante invasão do espaço próprio das pessoas atendidas foi fonte de sofrimento de diversas formas. Nesse sentido, houve uma hiperconvivência expressa em vivências tais como as *dificuldades ou impossibilidade em delimitar um espaço pessoal em relação aos demais membros do convív*io, fossem familiares, companheiros(as) amorosos(as) ou colegas de moradia. Diante do compartilhamento constante dos mesmos ambientes domésticos com as mesmas pessoas, muitos vivenciaram uma invasão regular de seu próprio espaço, ficando inviáveis os momentos de solidão — fossem eles voltados para o estudo, lazer, trabalho ou autocuidado. Para muitos estudantes, por exemplo, a pandemia também significou a volta para a casa dos pais, retornando também para um contexto doméstico do qual não mais faziam parte, impactando em perda de independência e de liberdade em gerir a própria vida.

Para certos casais, isolados juntos, houve grande *dificuldade de convivência com o/a namorado/a*. Alguns deles, apesar de já morarem na mesma casa e conviverem cotidianamente, nunca haviam experienciado tanto tempo próximos em um mesmo espaço. Com isso, tiveram que buscar novas formas de distribuir as tarefas domésticas, compartilhar os espaços comuns e de lidar um com o outro. Em algumas situações, apesar dos desafios, a novidade foi assimilada de modo a aproximar o casal, desenvolvendo e aprofundando a intimidade entre eles. Em outras, a proximidade extensiva propiciou intenções de término das relações.

Por outro lado, o convívio intenso também se deu em situações de convivência variadas, como repúblicas estudantis e moradias compartilhadas (entre amigos, conhecidos ou desconhecidos). Um tema comum de divergências foi a discordância quanto às maneiras adequadas de seguir o isolamento social: certas pessoas seguiram as recomendações sanitárias à risca — evitando contato com pessoas fora da casa, realizando cuidados de higiene intensos — enquanto outros sequer acreditavam que a covid deveria ser levada a sério, negligenciando as recomendações de distanciamento social. Tais problemáticas também surgiram nas moradias de universitários, porém, por vezes a falta de familiaridade que os membros da casa tinham entre si interferiu em seu convívio ao terem dificuldades em se expressarem um para o outro diante da insegurança de não terem seus receios acolhidos por alguém com quem moravam mas ainda não eram tão próximos.

## Tempo

Nos períodos iniciais, a pandemia de Covid provocou alterações não apenas nas vivências de espaço, mas também nas de tempo. Para a Gestalt-terapia, a compreensão da dimensão temporal do existir é fundamental, pois somos feitos de tempo e espaço. Mas o futuro, como havia sido estruturado e planejado, foi suspenso, colocado em espera, quando não foi totalmente impossibilitado/esfacelado, com muitos projetos e planos interrompidos, desvelando para muitos o caráter ontologicamente incerto e imprevisível do vir-a-ser.

Pinto (2021) assinala uma importante distinção acerca do tempo: o cronológico, que compreende o tempo compartilhado, aquele expresso nos calendários e relógios, simbolizado pela divindade grega Cronos; e o vivido, o qual se refere ao tempo próprio, único, experienciado subjetivamente de modo singular por cada um, representado pelo deus Kairós. Coerente com esta perspectiva, para a Gestalt-terapia, a vivência da temporalidade não se dá de maneira linear ou causal, sendo esta concepção substituída por uma noção fluida de campo, em que passado, presente e futuro constantemente se atualizam). Por sua vez, Keen (1979) ressalta tal diferença, ao contrastar a sequência de eventos de acordo com o tempo de um relógio e o tempo vivido, em que o futuro pode preceder o passado, ao ser antecipado antes de algo ser recordado.

Durante a pandemia, o manejo entre o tempo compartilhado e o próprio, uma tarefa complexa com a qual todos têm de se haver, sem respostas certas, teve seu equilíbrio desfeito. A paralisação das atividades de estudo, de labor, de lazer, das interações sociais diversas e a dificuldade de acessar novidades no ambiente proporcionaram em muitas pessoas atendidas a experiência de suspensão do tempo vivido, conforme descrito nos relatórios do APO. Nestes, constam relatos de ruptura das experiências cotidianas que geraram sofrimentos intensos e diversos e abriu espaço para que o olhar dos clientes se voltasse para a incerteza do futuro, para sua própria indeterminação fundamental, seu próprio ser-para-a-morte e para a finitude à qual está sujeita a existência.

Neste sentido, a vivência do tempo tornou-se figura e, muitas vezes, fonte de sofrimento para as pessoas atendidas, pois muitos evitaram contatar plenamente a situação presente (a fim de evitar a dor provocada pelo contexto) e então se voltaram para o passado ou para o futuro, tentando buscar sentido para a sua dor (Costa; Lopes; Samaridi, 2017). Tais vivências foram divididas em duas categorias amplas, cuja distinção foi a articulação do sofrimento com o futuro ou com o passado: *sofrimentos decorrentes de uma projeção de futuro* e *sofrimentos decorrentes de situações inacabadas (Gestalten abertas)*. Cada uma delas engloba uma série de outras demandas psicológicas mais específicas, as quais compartilham entre si um cerne temporalmente direcionado, conforme apresentado a seguir.

### *Sofrimento decorrente de uma projeção de futuro*

Esta categoria se refere às vivências de tempo, cujo sentido do sofrimento orientou-se em direção futuro e abarca as vivências: *dificuldade diante da incerteza da vida, culpa diante da incerteza do futuro, falta de perspectiva para o futuro, pessimismo em relação ao futuro, preocupação em relação ao futuro, incerteza em relação ao futuro, preocupação em não alcançar os objetivos idealizados* e *antecipação de cenários catastróficos*.

No contexto pandêmico, com o crescente número de mortos e intensas restrições sanitárias, as pessoas estavam enfrentando uma profunda experiência de finitude, em níveis variados de consciência, quanto ao seu próprio ser-para-a-morte (Rodrigues *et al.*, 2021). A experiência de ter várias atividades cotidianas suspensas favoreceu justamente a reflexão das pessoas atendidas sobre sua própria temporalidade, sua própria forma de experienciar o tempo. Porém, em muitas situações, tal movimento se estruturou com poucos suportes ambientais habituais, propiciando sofrimentos vivenciados e expressados de maneiras múltiplas.

A suspensão imposta em grande parte da vida cotidiana foi experienciada por muitos como uma situação prolongada de espera. Pinto (2021) aponta esta como dimensão ontológica essencial ao viver saudável do tempo, pois envolve o permitir acontecer e dar lugar para "uma volta ao passado, o contato com uma lembrança que confirma [...] e abre espaço para um movimento no sentido de autenticidade e autoatualização" (Pinto, 2021, p.154). Isso ficou evidente nos registros dos atendimentos, os quais revelaram que muitas pessoas, desacostumadas com o ato de esperar, com rotinas cheias de atividade e movimento incessante, tiveram de interromper seu ritmo habitual por tempo indeterminado. Para outros, o momento de chegada na faculdade foi impedido pelo isolamento; jovens prestes a entrar em um novo mundo, muitos dos quais pela primeira vez se responsabilizariam por organizar seu próprio tempo, tiveram essa experiência impossibilitada pelo retorno para a casa dos pais, por exemplo, ao se reorganizarem longe da realidade universitária sustentando essa experiência. Muitos planos, sonhos e aspirações tiveram de ser postergados para um momento indeterminado, incerto do futuro: um intercâmbio sempre desejado, uma viagem há muito programada, ter maior independência em relação à família, viver a experiência completa de uma graduação ou uma pós-graduação, dentre outros.

Na análise dos relatórios foi apreendido um enrijecimento do ajustar-se criativamente ao experienciar o futuro como catastrófico, sofrendo por antecipações pessimistas quanto ao "amanhã", com dificuldade em reconhecer algo de positivo no que ainda estava por vir. O futuro, então, quando experienciado enquanto figura pelos clientes nos relatos dos atendimentos, tornou-se fonte de diversas vivências: pessimismo, preocupação, culpa e falta de perspectiva em relação ao futuro ou mesmo uma preocupação em não atingir ou alcançar os objetivos que idealizaram para si mesmos. Estes, por si só, não são em si fontes de sofrimentos ou de todo incomuns à vida, porém, nessa conjuntura pandêmica, o caráter imprevisível e indeterminado do vir-a-ser se intensificaram: não se sabia se os planos e sonhos interrompidos poderiam ser retomados um dia, não se sabia se as relações construídas ou em construção (amizades, amores, companheirismos diversos) resistiriam à distância física, temia-se pelo bem-estar de si e dos entes queridos. E tudo isso foi fonte de muito sofrimento.

### *Sofrimentos decorrentes de situações inacabadas (Gestalten abertas)*

A perda ou ausência de múltiplos elementos no mundo próprio da pessoa, que antes da pandemia lhe ofereciam heterossuporte, também apontou para o desvelamento de *Gestalten* abertas (ou situações inacabadas), previamente suportáveis devido ao apoio proporcionado pelo ambiente. Uma série de questões pendentes provenientes de diversas situações e eventos de vida pregressa vieram à tona durante o momento de isolamento. Desse modo, essa categoria se refere aos sofrimentos orientados ao passado, cujas vivências são: *lembrança de vivências negativas do passado, incertezas em relação a acontecimentos do passado, sensação de tempo de vida desperdiçado, medo de reviver situações do passado* e *presentificação de situações traumáticas do passado.*

Para algumas pessoas, o momento promoveu a emergência de memórias negativas ou traumáticas, de modo que o passado era experienciado no presente como promotor de diversos sofrimentos, tais como: incerteza; dificuldades diante do não-saber como ou porque certos acontecimentos e eventos se deram; arrependimento e a sensação de ter desperdiçado a própria vida, ao perceber a passagem do tempo em contraste com a percepção de não ter realizado os próprios sonhos e desejos.

As situações inacabadas do passado (*Gestalten* abertas), ao mobilizarem a pessoa constantemente para sua resolução/fechamento, restringem a energia que viabiliza o contato com as possibilidades presentes no campo, propiciando modos de contato inflexíveis e vinculados a ajustamentos criativos não mais plenamente adaptativos ao aqui-e-agora (Perls; Hefferline; Goodman, 1997). Diante das grandes mudanças impostas ao campo pela pandemia, os antigos modos de contatar o ambiente se viram impossibilitados, as fronteiras de contato se modificaram profundamente e cada um teve de se ajustar criativamente com os recursos de que dispunha. O contexto empobrecido de suportes provenientes do ambiente impactou no aumento da "pressão" sobre o autossuporte de cada um, de modo que o autossuporte das pessoas atendidas foi sobrecarregado pelas novas demandas do momento (Rodrigues et al, 2021). Assim, os ajustamentos criativos dos sistemas de contato capazes de tornar uma situação inacabada suportável — seja qual fosse o ajustamento criativo — perderam o sentido, de modo que as pessoas atendidas tiveram de buscar novas formas de enfrentar as suas questões ainda em aberto.

## Considerações finais

Os resultados de pesquisa evidenciaram os modos diversos de afetação e sofrimento vivenciados pelas pessoas da comunidade acadêmica da UFMG durante o período inicial da pandemia, revelando na maioria das pessoas atendidas pelo APO intenso sofrimento existencial e vulnerabilidade.

Esse período de demasiadas mudanças para todos desvelou o caráter ontológico da incerteza, da finitude e ser-para-morte, dos modos próprios de sofrer aquilo que acontece à pessoa e o próprio relacionar-se afetivamente com os vários âmbitos do existir, um processo expresso pelos resultados apresentados.

Diante do recorte de público, comunidade acadêmica da UFMG, ressalta-se a necessidade de pesquisas posteriores, à luz da Gestalt-terapia, observando a proximidade ou distanciamento das vivências identificadas com outros resultados durante esse mesmo período inicial de quarentena, de modo a melhor compreender como se desenvolveram os sofrimentos existenciais das pessoas nessa época. Também são necessários novos estudos a respeito dos modos de sofrer experienciados em diferentes momentos da pandemia, de modo a entender como evoluiu o sofrimento das pessoas em relação ao contexto pandêmico, assim como apreender de que maneiras se aprendeu a ajustar-se criativamente.

Nesse sentido, cabe ressaltar a importância do APO em acolher tais sofrimentos existenciais, permitindo que fossem expressos e vivenciados em um ambiente suportivo, mesmo que através de dispositivos digitais. O serviço demonstrou ser potente ferramenta terapêutica ao responder rapidamente às demandas psicológicas expressas pela comunidade, mobilizando-se para ofertar escuta e auxílio através dos atendimentos online, único formato possível de atuação em tal momento adverso.

## Referências

ALVIM, M. B. *Awareness*: experiência e saber da experiência. *In* FRAZÃO, L. M; FUKUMITSU, K. O. (Orgs.). *Gestalt-Terapia*: conceitos fundamentais. São Paulo: Summus, 2014.

ALVIM, M. B. O lugar do corpo e da corporeidade na Gestalt-terapia. *In* FRAZÃO, L. M; FUKUMITSU, K. O. (Org.). *Modalidades de intervenção clínica em Gestalt-terapia*. São Paulo: Summus, p. 27-55, 2016.

ANDRADE, C. C. A solidão da contemporaneidade. *Revista da Abordagem Gestáltica: Phenomenological Studies*, v. XII, n. 1, pp. 83-91, jun. 2006. Disponível em: https://www.redalyc.org/pdf/3577/357735503007.pdf. Acesso em: 19 jun. 2022.

ANDRADE, C. C. Autossuporte e heterossuporte. *In* FRAZÃO, L. M; FUKUMITSU, K. O. (Org.). *Gestalt-Terapia*: conceitos fundamentais. São Paulo: Summus, p. 147-162, 2014.

AUGRAS, M. *O ser da compreensão: fenomenologia da situação de psicodiagnóstico*. 3. ed. Petrópolis: Vozes, 1993.

BANDÍN, C. V. Only the living can witness the passing of death: Mourning in times of pandemic. *The Humanistic Psychologist*, v. 48, n. 4, p. 357, 2020.

BUBER, M. *Eu e Tu*. São Paulo: Moares, 1979.

CARDELLA, B. H. P. Ajustamento criativo e hierarquia de valores ou necessidades. *In* FRAZÃO, L. M; FUKUMITSU, K. O. (Orgs.). *Gestalt-Terapia*: conceitos fundamentais. São Paulo: Summus, p. 104-130, 2014.

CARDELLA, B. H. P. *De volta para casa*. Amparo: Gráfica Foca, 2017.

CARDOSO, C. L. Sobre as dores de existir: uma introdução à psicopatologia em Gestalt-terapia. *In* CARDOSO, C. L.; GIOVANETTI, J. P. (Orgs.). *Sofrimento Humano e cuidado terapêutico*. Belo Horizonte: Artesã Editora, p. 75-110, 2019.

CARDOSO, C. L. O Plantão Psicológico em tempos de pandemia. *In* ABG - Associação Brasileira de Gestalt-terapia e Abordagem Gestáltica (Org.). FUKUMITSU, K. O. (Org.). *Vozes em letras*: Olhares da Gestalt-terapia para a situação de pandemia. Curitiba: Editora CRV, 2020.

CARDOSO, C. L. Plantão Psicológico na Universidade em tempos de pandemia: Contribuições da Gestalt-terapia. *In* CARDOSO, C. L.; GIOVANETTI, J. P.; EVANGELISTA, P. E. R. A. (Orgs.). *Cuidados em tempo de distanciamento social.* Belo Horizonte: Artesã Editora, p. 131-158, 2021.

COSTA, V. E. S.; M. LOPES, M. R. P. R.; SAMARIDI, I. *A vivência do aqui-e-agora na relação terapêutica na abordagem gestáltica. Fragmentos de Cultura,* 2017. p. 303-312.

D'ACRI, G. Contato: funções, fase e ciclo do contato. *In* FRAZÃO, L. M; FUKUMITSU, K. O. (Orgs.). *Gestalt-Terapia*: conceitos fundamentais. São Paulo: Summus, 2014.

FRANCESETTI, G. *Fundamentos da psicopatologia fenomenológico-gestáltica*: uma introdução leve. Belo Horizonte: Artesã, 2021.

FRANCESETTI, G. Phenomenology and a Gestalt Therapy approach to depressive experiences. *In* SPAGNUOLO-LOBB, M.; FRANCESETTI, G. *Absence is the bridge between us: Gestalt-Therapy perspective on depressive experiences.* Siracusa: Istituto di Gestalt HCC Italy, 2015.

FUKUMITSU, K. O. Morte e processo de luto: Lições para o recomeço de uma vida. *In* ODDONE, H. B.; FUKUMITSU, K. O. (Orgs.). *Morte, suicídio e luto: Estudos gestálticos.* São Paulo: Livro Pleno, 2008, pp. 19-29.

FRAZÃO, L. M. Compreensão clínica em Gestalt-terapia: pensamento diagnóstico processual e ajustamentos criativos funcionais e disfuncionais. *In* FRAZÃO, L. M; FUKUMITSU, K. O. (Orgs.). *A clínica, a relação terapêutica e o manejo em Gestalt-terapia,* São Paulo: Summus, 2015.

FUKUMITSU, K. O. Facetas da autodestruição: suicídio, adoecimento autoimune e automutilação. *In* FRAZÃO, L. M; FUKUMITSU, K. O. (Orgs.). *Quadros clínicos disfuncionais e Gestalt-terapia.* São Paulo: Summus, p. 75-91, 2017.

GIOVANETTI, J. P. *Afetividade e existência*. Manuscrito não publicado.

KEEN, E. *Introdução à Psicologia Fenomenológica*. Rio de Janeiro: Interamericana, 1979.

KOVÁCS, M. *Morte e desenvolvimento humano*. São Paulo: Casa do Psicólogo 1992.

MENDONÇA, M. M. Ajustamento criativo. *In* D'ACRI, G.; LIMA, P.; OGLER, S. (Orgs.). *Dicionário de Gestalt-Terapia*: "Gestaltês". São Paulo. Ed. Summus, p. 20-22, 2007.

NOGUEIRA, C. R. Depressão maior. *In* FRAZÃO, L. M; FUKUMITSU, K. O. (Orgs.). *Quadros clínicos disfuncionais e Gestalt-terapia*. São Paulo: Summus, 2017.

OLIVEIRA-CARDOSO, É. A. de *et al*. The effect of suppressing funeral rituals during the COVID-19 pandemic on bereaved families. *Revista latino-americana de enfermagem*, v. 28, 2020.

PEREIRA, G. G. *Martin Buber e o sentido da educação*. Goiânia: Editora IFG, 2016.

PERLS, F. *A abordagem gestáltica e testemunha ocular da terapia*. Rio de Janeiro: 1977.

PERLS, F.; HEFFERLINE, R.; GOODMAN, P. *Gestalt-terapia*. São Paulo: Summus, 1997.

PIMENTEL, A. do S. G. *et al*. Orientações da Psicologia brasileira em relação a prevenção da Covid19. *Rev. NUFEN*, v. 12, n. 2, p. 102-117, ago. 2020. Disponível em: <http://pepsic.bvsalud.org/scielo.php?script=sci_arttext&pid=S2175-25912020000200007&lng=pt&nrm=iso>. Acesso em: 19 jun. 2022.

PINTO, E. B. A ansiedade e seus transtornos na visão de um Gestalt-terapeuta. *In* FRAZÃO, L. M; FUKUMITSU, K. O. (Org.). *Quadros clínicos disfuncionais e Gestalt-terapia*. São Paulo: Summus, p. 93-115, 2017.

PINTO, E. B. A. *Dialogar com a ansiedade: uma vereda para o cuidado*. São Paulo: Summus, 2021.

POLSTER, E.; POLSTER, M. *Gestalt-terapia integrada*. São Paulo: Summus, 2001.

ROBINE, J-M. *O self desdobrado: perspectiva de campo em Gestalt-terapia*. São Paulo: Summus, 2006.

RODRIGUES, A. B. W. *et al.* Pesquisa sobre aconselhamento psicológico online. *In* ESPÍNDULA, J. A. G.; ANTÚNEZ, A. E. A. (Orgs.). *Psicologia fenomenológica e saúde mental durante a pandemia COVID-19*: experiências e pesquisas. São Paulo: Instituto de Psicologia da Universidade de São Paulo, 2021. p. 195-214

SLOTERDIJK, P. *Esferas I: bolhas*. São Paulo: Estação Liberdade, 2016.

TÁVORA, C. P. Depressão na contemporaneidade: ajustamentos depressivos, experiência depressiva patológica e campo depressivo. *In* FRAZÃO, L. M; FUKUMITSU, K. O. (Orgs.). *Quadros clínicos disfuncionais e Gestalt-terapia*. São Paulo: Summus, 2017.

YALOM, I. *Psicoterapia Existencial*. Barcelona: Editorial Herder, 1984.

YONTEF, G. M. *Processo, diálogo e awareness*. São Paulo: Summus, 1998.

# Universidade, covid e vida cotidiana: relato de pesquisa à luz da Gestalt-terapia

*Claudia Lins Cardoso*
*Ana Luiza Ferreira Bohrer*
*Gabriela Resende Lopes*
*Paula Bertú Valverde*
*Paulo Eduardo Rodrigues Alves Evangelista*

A pandemia do Coronavírus alterou de modo significativo as formas de ser e de estar das pessoas no mundo: planos foram interrompidos; projetos de vida tiveram que ser reformulados; houve a necessidade de isolamento social, visto que a interação presencial com o outro passou a significar risco iminente de contaminação, sendo, em grande medida, substituída pelas comunicações online; mudanças abruptas na rotina; possibilidade da morte e da perda de pessoas queridas cada vez mais presentificada; dentre outros. Assim, pode-se dizer que a relação das pessoas com o próprio ritmo também foi drástica e repentinamente modificada. Tais alterações e suas consequências acarretaram diversas mudanças e restrições no campo e nas fronteiras de contato de cada um, despertando sofrimentos intensos e vulnerabilidade existencial.

Na análise dos relatórios de atendimentos do Aconselhamento Psicológico Online (APO), foram identificadas unidades vivenciais relacionadas a esse novo cenário, que demonstraram como o impacto causado pela pandemia afetou a comunidade acadêmica de formas diversas. Dessa maneira, para lidar com essa nova realidade ameaçadora, repleta de perdas e rupturas, novos ajustamentos criativos da pessoa em seu mundo próprio tornaram-se cada vez mais necessários e urgentes.

A Pesquisa sobre o Aconselhamento Psicológico Online (PAPO), dessa forma, se trata de uma pesquisa fenomenológica que visa conhecer e divulgar os sofrimentos existenciais da comunidade universitária da Universidade Federal de Minas Gerais (UFMG) apreendidos da análise fenomenológica dos relatórios de atendimentos ocorridos entre os meses de março e julho em 2020. Assim, discorreremos neste capítulo acerca das categorias vivenciais apreendidas durante a pesquisa relativas aos impactos da pandemia na vida cotidiana das pessoas atendidas no Aconselhamento Psicológico Online, a saber: *sofrimentos decorrentes da pandemia, rotina na pandemia, vivências relacionadas aos estudos e dificuldades na vida profissional* e *ajustamentos criativos.*

## Sofrimentos decorrentes da pandemia

Os sofrimentos vivenciados pelos clientes do APO em relação à pandemia do coronavírus foram diversos e mobilizaram de forma particular cada uma das pessoas que buscou pelo atendimento. Com a chegada do vírus, todas foram submetidas a mudanças bruscas relacionadas à forma de ser e estar no mundo e, por mais que existam aspectos comuns nas dores e dificuldades enfrentadas, o olhar da

Gestalt-terapia convida cliente e terapeuta a se aproximarem com curiosidade, atenção e delicadeza para conhecer, investigar e cuidar dos fenômenos que surgem no processo de desvelar-se. Como destacado por Cardella (2015, p.57), "é importante que [...] o paciente alcance abertura e sustentação na instabilidade e na precariedade da condição humana, e restaure ou inaugure a condição de peregrino e caminhante, engajado na incessante obra de ser si mesmo, cocriando o mundo e o próprio destino".

O *medo de contrair covid-19, de adoecer* ou até mesmo *o medo de falecer em decorrência do vírus* foram apreendidos na pesquisa como categorias de unidades vivenciais cercadas por muita angústia, enquanto uma antecipação catastrófica do que ainda estava por vir. Na perspectiva gestáltica, de acordo com Pinto (2021, p. 44), "o medo aparece quando há contato com um objeto que pode ser removido ou do qual se pode fugir", implicando em uma consciência e concretude daquilo de que se tem medo. O autor marca a diferença entre este e a ansiedade, compreendida como excitamento vivido sem suporte, como um contato empobrecido, no qual a percepção da interação de si com o ambiente está comprometida, caracterizando-se, portanto, como uma sensação de ameaça vaga à existência.

Segundo Lewin (1973, p. 29 *apud* RODRIGUES, 2021, p. 120), o conceito de campo é o espaço vital psicológico "que indica a totalidade de fatos que determinam o comportamento do indivíduo num certo momento". Dessa forma, é fundamental considerarmos o campo no qual essas vivências se fundaram: muitos relataram receio ao ter que sair de casa, mesmo que apenas para ir até a garagem, de forma que o exterior se tornava perigoso, envolto por uma atmosfera ameaçadora, na qual o inimigo era invisível, inodoro e imperceptível. Alguns precisaram manter as atividades presenciais, de forma que o contato com o mundo externo e com as possibilidades de contaminação seguiram sendo uma realidade e, mesmo dentre aqueles que só saíram para realização de atividades básicas, como ir ao supermercado ou à farmácia, o temor de se contaminar no trajeto se fazia presente como companheiro fiel durante o percurso. Foi possível reconhecer nesse processo tensões resultantes do conflito entre as necessidades que o indivíduo buscava satisfazer e um campo responsável por forças externas que se opunham à realização plena daqueles objetivos, criando barreiras que trouxeram à tona as antecipações catastróficas, a ansiedade e a angústia.

Em relação ao *medo de falecer pelo contágio*, os relatórios demonstraram que os clientes do APO pertencentes, de alguma forma, aos grupos de risco se mostraram ainda mais preocupados com a possibilidade de serem contaminados, uma vez que os efeitos do vírus no organismo poderiam ser ainda mais graves. Surgiu, também como antecipação de futuros catastróficos, a angústia diante da possibilidade de morrer sozinho durante internação na UTI, realidade que sabemos ter, infelizmente, se concretizado para tantas vítimas da doença e que foi tão noticiada nas mídias sociais e canais informativos. O medo de falecer sozinho no hospital, rodeado por máquinas e longe da presença de qualquer rosto familiar e oferta de cuidado é um exemplo da solidão que Cardella (2020, p. 108) diz revelar o saber da companhia, sendo um dos chamados da existência que nos desperta para algumas dimensões do viver. A solidão evoca o abandono do cuidado e da exclusão de qualquer noção de pertencimento. Ela é a ausência que chama pela compaixão, pela companhia e pela solidariedade.

Outra preocupação frequente identificada durante a leitura dos relatórios diz respeito ao *temor da contaminação de entes queridos*. Alguns clientes relataram estar cansados de tentar orientar pais e familiares acerca da importância de seguir os cuidados básicos no enfrentamento ao vírus, como seguir o isolamento social, usar máscara ao sair de casa, higienizar bem as mãos e evitar circular por locais lotados. Apesar do cansaço, existia a persistência na tentativa de preservar a saúde dos seus e a preocupação com parentes em situações de vulnerabilidade, que compunham a linha de frente ou que estavam dentro dos grupos de risco. A angústia ao pensar que a covid-19 poderia chegar dentro das próprias casas aponta para a possibilidade da contaminação dos familiares e o medo de perdê-los.

No que se refere à contaminação e às consequências relacionadas à interrupção de atividades, os clientes também viveram diversas outras *aflições relacionadas diretamente à pandemia*. O isolamento social se tornou a rotina de muitos, e mesmo os que não puderam ficar apenas em casa também passaram a evitar o contato com outros parentes fora do próprio núcleo familiar. Durante o APO, também foram atendidas pessoas que estavam em processos de intercâmbio fora do Brasil no momento da eclosão do coronavírus. Dessa forma, foi comum apreender unidades vivenciais relacionadas a *saudades da família*, das pessoas queridas com quem pudessem compartilhar e em quem se apoiar durante o período difícil que parecia se prolongar cada vez mais. Segundo Perls, Hefferline e Goodman (1997, p. 25), "o crescimento surge da metabolização do desconhecido, que é assimilado do ambiente, tornando-o conhecido, o que se transforma em um aspecto do *self*". Entretanto, absorver, tornar conhecido, metabolizar e integrar as vivências relacionadas ao coronavírus, principalmente nos primeiros meses, não foi um processo enfrentado facilmente por todos que procuraram pelo APO.

Cardoso (2014, p. 147) descreve o suporte como o conjunto de recursos que foram desenvolvidos por toda vida pela pessoa que permitem colocá-los a serviço de si mesmo ou do outro. Muitas pessoas não puderam contar com o heterossuporte de familiares ou entes queridos, precisando fortalecer o autossuporte e buscar ajustamentos criativos que fornecessem algum tipo de apoio para enfrentamento da situação vivida. Nos relatos sobre os sentimentos despertados referentes à pandemia, podemos destacar as seguintes unidades vivenciais: *angústia*, *aflição*, *preocupação*, *apreensão* e *desmotivação em relação aos próprios objetivos de vida diante da incerteza do futuro* que a pandemia escancarou para tantos.

Os relatórios de atendimento trazem, de diversas formas, uma série de *limitações diante da pandemia* que foram sentidas pelos clientes. O espaço se restringiu, planos foram interrompidos e cancelados, a liberdade de ir e vir foi afetada pelos protocolos, pelo medo e por tantos locais que suspenderam o funcionamento de suas atividades. O desejo de fazer algo a respeito, sendo capaz de ajudar de uma forma mais ampla, ou a simples vontade de retomar a vida no seu passo normal, pela *saudade da rotina pré-pandemia* foram vivências identificadas durante o estudo dos relatórios de atendimento. Estes revelam também como a sensação de impotência e da falta de controle fizeram parte do processo de enfrentamento da pandemia em grande proporção, uma vez que ela desvelou a noção de que algo de fato poderia estar sob controle, fazendo com que tantos precisassem se conformar, aceitar ou apenas aguardar pelo fim do coronavírus. De acordo com Rodrigues (2021, p. 200), "o que aconteceu com a pandemia não foi apenas uma parada no tempo cronológico, mas uma parada no tempo vivido que se projetou no futuro, que foi em grande parte estruturado e estabelecido para ter estabilidade". Isso trouxe um grande sofrimento para os clientes que se encontraram desmotivados em relação aos próprios sonhos e temendo o futuro pelo seu caráter imprevisível. Dessa forma, pode-se dizer que a pandemia afetou a noção de controle que possuíamos sobre o futuro e o fluxo da vida. Foi comum encontrar nos relatos pessoas vivendo um momento de desmoronamento das suas perspectivas de mudanças, uma vez que processos seletivos foram interrompidos, oportunidades de trabalho foram perdidas e não havia um horizonte próximo marcando o fim dessa instabilidade.

Ao mesmo tempo que foi possível testemunhar os planos e projetos futuros sendo interrompidos pelo coronavírus, também foi comum o movimento contrário: o olhar para trás, para o que havia sido perdido ou interrompido e se relacionar afetivamente com esse conteúdo. Em relação à fixação no passado e nas possibilidades não mais disponíveis, Costa (2004, p. 134) destaca que o interesse é em "como essas retenções e protensões se manifestam na experiência do paciente aqui e agora, pois o passado significativo é o que aparece repetido no agora. Afinal, o passado que tem significância é aquele retido no presente".

A análise fenomenológica dos relatórios evidencia que, por parte dos que procuraram pelo APO, foram comuns a *saudade da rotina pré-pandemia, do senso de normalidade* que já não se fazia mais presente, *da possibilidade de se movimentar livremente pelos espaços* e de *seguir uma rotina com atividades que fortaleciam o corpo e a mente.* Esses motivos foram suficientes para alguns clientes relatarem a vontade de que as coisas voltassem a ser como antes, quando a vida seguia um fluxo conhecido e existia a possibilidade de planejar viagens, encontros, momentos de lazer e descontração, assim como o retorno das obrigações rotineiras que também traziam uma noção de orientação em relação a si e ao mundo. A interrupção das atividades e o fechamento dos espaços de convivência, aliados à incerteza acerca do retorno destas, trouxe como consequência uma série de insatisfações em relação à produtividade e à perda de tempo que estavam vivendo no modelo da quarentena. Essas vivências serão discutidas mais adiante.

A *falta de controle* causada pelo contexto pandêmico, uma queixa frequente nos relatórios analisados, dialogou diretamente com os planos futuros, as lembranças do passado, e também se referiu às emoções, sentimentos e dores dos clientes. Os relatórios apontam que algumas pessoas chegavam ao atendimento buscando formas de controlar o que estava sendo vivido e experimentado, tentando encontrar maneiras de silenciar a própria angústia ou calar a ansiedade. É interessante refletirmos como, numa época em que tudo estava tão contido, limitado e com fronteiras fixas, muitos tentavam desesperadamente fazer o movimento semelhante em relação às próprias vivências, tristezas e frustrações. Por inúmeras vezes, o trabalho dos plantonistas foi focado em dar voz a tudo que inquietantemente se calava, dando ênfase na presença no aqui e agora, buscando compreender as dores e o vivido, na tentativa de que pudessem ser ouvidos, acolhidos e, posteriormente, transformados juntamente ao cliente em uma força ou ajustamento.

## Dificuldades com a rotina na pandemia

Além da privação de diversas fontes de suporte, com o início da pandemia, a crença em lugares onde nos sentíamos seguros também foi abalada: a nossa rotina, a forma de vivenciar o mundo, as redes de contato e o comum precisaram mudar. Todos tiveram que mudar, adaptar-se aos novos protocolos de segurança e às formas possíveis de ser e de estar no mundo. Esse processo trouxe dores e sofrimentos vivenciados de diversas formas, os quais exigiram ajustamentos criativos na tentativa de adaptação às novas imposições do meio.

Uma das primeiras medidas de segurança adotadas como forma de enfrentamento da pandemia foi o distanciamento social. Para reduzir a circulação de pessoas e as possibilidades de contágio, quem poderia ficar em casa, realizando as atividades diárias de forma remota foi fortemente incentivado a fazê-lo. Essa foi a realidade vivenciada pelos alunos e funcionários da UFMG: as aulas presenciais foram canceladas, o ensino remoto foi a estratégia adotada e as aulas, estágios internos e vivências acadêmicas passaram a acontecer remotamente. Nesse sentido, o que ocorreu foi um encurtamento do espaço vital e da fronteira de contato, das possibilidades de troca, assimilação e de crescimento das pessoas que, em decorrência do vírus, adotaram o isolamento social, abandonaram as atividades presenciais e diminuíram a circulação por espaços públicos.

Perls, Hefferline e Goodman (1977, p. 47) definem segurança como a confiança que possuímos em um apoio resultante de experiências passadas que puderam ser assimiladas, realizando o crescimento e fluindo para o nosso fundo, sustentando as novas figuras que nos tornamos. Durante a pandemia, as trocas, antes vivenciadas no próprio espaço, amplo, rico em cores, tonalidades e locais, de repente se tornaram restritas ao ambiente virtual. Tudo se misturou: a casa se tornou simultaneamente a única possibilidade para o lazer, o descanso e o trabalho. Dessa forma, a falta de delimitaçao entre os diferentes espaços e contextos fez emergir também uma *sensação de pouca utilidade com a quebra da rotina*, uma vez que a estruturação das tarefas e ambientes foi extremamente prejudicada durante o isolamento social. Faltaram limites e fronteiras, as demandas se sobrepuseram e muitos clientes encontraram dificuldades em se ajustar criativamente frente a esse novo cenário tantas vezes restrito do distanciamento. Nos relatos dos atendimentos do APO, foram evidenciadas queixas a respeito do *cansaço com a rotina* e com a sobrecarga causadas pelas atividades domésticas, além da dificuldade em se manter produtivo em relação às atividades acadêmicas e profissionais.

## Vivências relacionadas aos estudos

À medida que a necessidade de se manter em isolamento social como modo de contenção da pandemia foi se prolongando, além das preocupações com a saúde física e mental e com as relações interpessoais, começou também a emergir a necessidade de ajustamento e flexibilização da rotina para o novo contexto, exigindo uma conexão com o tempo presente que era fonte de muita angústia.

Através da análise dos relatórios, foi possível identificar dificuldades com a rotina relacionadas aos estudos, agrupadas em três grandes categorias, referentes às experiências da comunidade acadêmica com sua adaptação, reorganização e impressão acerca de seu rendimento e eficácia no ambiente universitário. São elas: *cobranças por produtividade, dificuldades relacionadas ao Ensino Remoto Emergencial* e *dificuldades relacionadas à vida acadêmica.*

Nessas categorias, fica em evidência que, mesmo no contexto referido, as pessoas insistiam em manter como prioridade a necessidade de produzir academicamente, manter em dia os estudos e o trabalho, como fazia sentido para elas no campo estabelecido anteriormente à pandemia. Sendo assim, foi perceptível a falta de reconhecimento dos limites e exigências daquela situação, junto com uma exacerbada autocobrança por produtividade acadêmica em muitas das descrições analisadas (Cardoso, 2020).

Essa rigidez do *self* em relação à fluidez da figura-fundo traz um conflito entre as dominâncias espontâneas do corpo, denominadas por Perls, Hefferline e Goodman (1997) como avaliações que estimam a hierarquia de importância das necessidades da pessoa em cada momento, que pedem autorregulação organísmica para lidar criativamente com o novo cenário, mas que, de forma cristalizada, também pedem pela produtividade que outrora era prioridade. Esse "não acordo" entre as urgências aparece bastante nas unidades vivenciais expressas na categoria *Cobrança por produtividade*, sendo as dificuldades mais frequentes aquelas relacionadas à alta *autocobrança por ser produtivo academicamente*, referindo-se à quantidade e à qualidade de horas de estudo e de dedicação a assuntos da faculdade, como disciplinas, estágios e projetos; à *dificuldade para estudar e se concentrar*, muitas vezes ligada à falta de motivação e necessidade de presentificação no momento; ao *sentimento de improdutividade e à sobrecarga*, relacionada tanto ao excesso de obrigações referentes à faculdade, trabalho e serviços de casa, quanto ao eixo emocional.

Dessa forma, muitas vezes, apesar da queixa principal trazida no atendimento ser relativa aos estudos, conforme os plantonistas iam desenvolvendo a sessão, algumas vivências como preocupação com os pais, preocupação com a covid, frustração com o projeto de intercâmbio, ansiedade, insegurança, incerteza, falta de motivação, comparação com outros e dificuldade de adaptação com a rotina imposta pela pandemia também apareceram como sofrimentos existenciais presentes e influentes na motivação diária, evidenciando a ambiguidade e a correlação entre as necessidades.

Outro sentimento que aparece vinculado a essa cobrança por produtividade em grande parte dos relatos é a culpa, sentimento de reação negativa ao *self* que acompanha a experiência de ter feito algo indevido (Yontef, 1998). Muito presente na nova rotina dos estudantes, ela remete a uma autorresponsabilização por não estar cumprindo com as próprias metas acadêmicas, desconsiderando ou minimizando outros motivos como sobrecarga, desgaste emocional, preocupações externas, entre outros.

Podemos dizer que essa culpa e cobrança também apontam para uma dificuldade de desaceleração do ritmo cotidiano e de voltar o cuidado para si, frente à necessidade de estar no presente e de respeitar seus próprios limites em tempos turbulentos. Houve uma cobrança própria por uma adaptação rápida, que diminuísse ao máximo o "tempo perdido", que, teoricamente, levaria à retomada da produtividade habitual o quanto antes. Em consonância, observamos nos relatos que existia um olhar de comparação de si mesmo com o outro de forma ilusória, no qual o outro estava sempre se mantendo extremamente produtivo, enquanto a própria pessoa ficava para trás. Essa percepção também contribuiu com o ressentimento em relação a essas expectativas introjetadas pela velocidade e voracidade do século, de constante produção e efetividade, que acabam se tornando autoimpostas (Yontef, 1998).

Nesse sentido, também identificamos nos relatos dos atendimentos uma grande polaridade na forma de lidar e perceber a realidade no âmbito da vida acadêmica, no qual, se a pessoa não está produzindo, ela não está fazendo nada, está sendo uma pessoa inútil. Em Gestalt-terapia, a polaridade é conceituada como uma forma dual de percepção das situações e opções, entre opostos e sem meio termo, sendo esta, no geral, restrita e frágil, e intimamente ligada ao histórico do indivíduo (ZINKER, 2007). Dessa forma, o "ser útil" se torna intimamente relacionado a produzir academicamente, cumprindo horas suficientes de estudo, entregando conteúdo dentro dos prazos, entrando em estágios e trabalhos remunerados. Para essas pessoas, as outras atividades cotidianas que fogem a isso são consideradas distrações e procrastinação, o que torna tarefas essenciais como descansar, cuidar de si mesmo e se divertir, fontes de ansiedade e culpa, e sinônimos de incapacidade e insuficiência, o que desacelera o processo de enfrentamento e adaptação saudável ao momento vivido.

Também em contribuição para o desafiador cenário de adaptações requeridas pela pandemia, foi apresentado para a comunidade acadêmica o novo modelo de aprendizado e interação com o qual eles manteriam contato durante a pandemia, em substituição ao campus universitário: o Ensino Remoto Emergencial (ERE). Planejado com o objetivo de atender às necessidades de ensino e aprendizagem em adequação ao isolamento social e distanciamento necessário, o ERE disponibilizou plataformas com grupos e salas virtuais para que as aulas e os encontros pudessem ser retomados em segurança, de forma a minimizar os prejuízos acadêmicos advindos da pandemia. Esse modelo trouxe consigo mais desdobramentos do que ainda podemos mensurar, impactando alunos e profissionais de forma a exigir uma reorganização da rotina, na qual cada um deveria gerir seu próprio tempo em um mesmo espaço, sem divisões próprias entre lazer, descanso e trabalho, tornando o limite entre a produtividade e a pausa ainda mais difíceis.

A comunidade universitária precisou enfrentar a quebra de expectativas em relação ao ano letivo, no qual a experiência do campus da faculdade, o encontro com os colegas e a interação com os professores passaram a acontecer através de uma tela no espaço de casa. Tudo isso aconteceu, muitas vezes, em ambientes não propícios às atividades acadêmicas, por não serem adaptados e apresentarem interferências, tais como, barulho, falta de privacidade, conexão fraca, e até mesmo a falta de compreensão da família quanto à importância daqueles momentos de estudo.

Nos relatórios, além das dificuldades de adaptação com o ambiente virtual, também foi citado como desafio o entendimento e o acompanhamento das aulas, as quais tiveram sua dinâmica completamente alterada, de forma que às vezes não se tornava muito didático, como por exemplo, nas aulas de música. Em meio a toda essa turbulência do ajustamento, alguns alunos ainda se sentiram pressionados para manterem um bom ritmo e desempenho nas disciplinas, mesmo lidando com tantas adversidades.

Na última categoria, as vivências identificadas nos relatórios se referiam às *preocupações e insatisfação quanto à vida acadêmica*. Em especial, alunos de graduação e de pós-graduação se sentiram frustrados e inseguros com a limitação de possibilidades de estágios e de experiências durante a pandemia, bem como com as cobranças externas acerca de sua produtividade. Muitos relataram dificuldade para produzir e autocobrança, ligadas ao sentimento de fracasso e medo, de não cumprir os prazos, realizar as tarefas e até medo de não conseguir concluir o curso de graduação ou de pós-graduação.

Foi possível identificar nos relatos das três categorias como era presente o sentimento de sobrecarga, seja de tarefas e obrigações, ou mesmo emocional. Diferentes áreas da vida foram direcionadas para o mesmo ambiente e passaram a exigir que as pessoas lidassem com elas juntas, de forma equilibrada. O trabalho e estudo foram para casa, as pessoas que moravam juntas estavam todas dentro do mesmo local o tempo todo e o espaço pessoal diminuiu consideravelmente. A pressão para "dar conta" e o excesso de preocupações era grande, e faltava a compreensão dos atendidos com eles mesmos, a situação que vinham enfrentando e uma reflexão mais profunda sobre os limites e potencialidades do momento.

Na perspectiva da Gestalt-terapia, corpo e mente são uma totalidade, indissociáveis e que não se sobrepõem. O corpo físico e a dimensão vivida do corpo dialogam, o que fez com que inquietudes abafadas dos acadêmicos se manifestassem corporalmente como ansiedade (compreendida como excitação sem suporte, de acordo com Pinto, 2021), dificuldade de concentração, entre outros já citados (Alvim, 2016). Nesse sentido, o trabalho dos plantonistas no APO foi o de abrir um espaço de escuta especializada que permitisse a elaboração das pessoas em relação ao que elas estavam vivenciando e que favorecesse um olhar reflexivo e cuidadoso para si mesmas no momento, aproximando-se mais de quais eram seus verdadeiros anseios e necessidades e se afastando de exigências externas descabidas.

## Dificuldades relacionadas à vida profissional

A pandemia de covid-19, de muitas formas, como já explicitado, trouxe mudanças que nos afetaram em nossos principais aspectos vivenciais: na relação com o tempo, com o espaço, com nós mesmos e com os outros (Cardoso, 2020). A falta de controle sobre a vida e o futuro foi escancarada para as pessoas, trazendo como figura preocupações e receios que antes não possuíam tanta visibilidade. Neste tópico, destacamos as vivências relacionadas às *dificuldades relacionadas à vida profissional*, dividida nas subcategorias: *vivências relacionadas à vida profissional* e *autocobranças na vida profissional*.

### *Vivências relacionadas à vida profissional e autocobranças na vida profissional*

Em nossa sociedade, o trabalho é valorizado de forma intensa, integrando-o a grande parte da nossa rotina, não apenas como uma ocupação, mas como experiência repleta de significados e sentidos particulares. Dessa forma, ele se mantém imprescindível, não apenas como forma de sustento, mas também como forma de identificação, pertencimento e reconhecimento de si, fazendo com que sua perda provoque dificuldades financeiras e existenciais (Peixoto, 2021). Dado este panorama, a limitação das possibilidades de trabalho devido à covid-19 mobilizou a população de formas práticas e pessoais. Pôde-se observar nos relatórios que as descrições de perda de emprego, corte de bolsas, paralisação do trabalho e desemprego apareceram em conjunto com sentimentos de insegurança, angústia, vulnerabilidade, incerteza e medo do futuro.

Dessa forma, decisões e ações que antes eram tomadas de maneira espontânea, descompromissada e pertencente a um processo contínuo de descobrir-se, passaram a ser vividas de forma antecipada e cristalizada no futuro, criando um cenário de constante preocupação e anseio por respostas rápidas e claras. O distanciamento do presente e a consequente projeção no tempo foram realizadas na tentativa de tomar o controle da situação e de garantir maior segurança e estabilidade. Essa atitude apontou para uma tentativa de recobrar o equilíbrio do organismo que foi rompido, a partir da autorregulação que busca a resolução do conflito inacabado e que se relaciona com os sentimentos citados acima (Lima, 2014; Perls; Hefferline; Goodman, 1997).

Como sustentado por Tavares (2007), estar no presente e não se cristalizar no futuro ou no passado é um constante desafio, exigindo intensa atenção e reflexão. Em situações emergenciais, como a vivida no período aqui descrito, muitas *gestalten* estavam abertas, e o equilíbrio do organismo foi rompido, o que tornou a presentificação mais difícil e, muitas vezes, angustiante. Assim, o ajustamento criativo pôde seguir na direção de se manter no futuro, ansiando por alívio e soluções para a condição, e no passado, questionando decisões tomadas anteriormente e que poderiam ter levado a desfechos diferentes. Esses mecanismos foram descritos nos relatórios principalmente relacionados à vivência *Preocupação com a situação financeira*, que apareceu com a maior frequência da categoria, trazendo consigo preocupações com os próximos passos a serem tomados. Em relação ao sentimento de ansiedade, houve uma cristalização no futuro em meio a busca de respostas certas para a resolução dos problemas, impossibilitando a presentificação da experiência que levaria a um ajustamento criativo. Já nas descrições acerca da *insegurança com o próprio trabalho*, emergiram preocupações acerca da instabilidade do campo, tanto no momento presente, quanto no futuro, com indagações e incertezas acerca da escolha da própria área de trabalho e de possíveis dificuldades que poderiam enfrentar.

Juntamente a esta nova vivência da temporalidade, a consciência da falta de controle diante da imprevisibilidade da vida também fez emergirem diversas questões existenciais, sendo algumas delas também identificadas na análise dos relatórios como *Preocupação com a vida profissiona*l e *Insatisfação com a vida profissional.* Essa incerteza, evidenciada com a chegada da pandemia, incitou inseguranças que fizeram a comunidade acadêmica se questionar sobre suas escolhas profissionais já consolidadas, percebidas como ameaçadas. A falta de segurança instaurada pela covid-19 evidenciou outras "falhas" nos planejamentos aparentemente seguros das pessoas, despertando dúvidas quanto à certeza que tinham sobre as escolhas de curso, de profissão, quanto ao baixo retorno financeiro da área, entre outros.

Além desses aspectos, também foram identificadas unidades vivenciais relacionadas à autocobrança, como constam nas subcategorias *culpa por não atingir as próprias expectativas* e *necessidade de se sentir útil para a sociedade no exercício de seu curso*, muito relacionadas à categoria *Cobrança por maior produtividade*, citada anteriormente no capítulo. Nesses relatórios, prevalecem sentimentos de insuficiência, perfeccionismo nas atividades, expectativas elevadas em relação a si e não merecimento de suas próprias conquistas.

## Ajustamentos criativos

Com a pandemia do coronavírus, fomos forçados a mudar drasticamente todos os aspectos da nossa vida de modo a seguir com as medidas de proteção, de prevenção e de contenção do vírus. Para lidar com esse novo campo, caracterizado, sobretudo, por restrições, isolamento, perdas e incertezas, a necessidade de ajustamentos criativos da pessoa em seu mundo próprio mostrou-se urgente e indispensável. Assim, a partir das análises dos relatórios, foi possível perceber a presença de novos *ajustamentos criativos* das pessoas atendidas no APO durante a pandemia, que apareceram nas seguintes unidades vivenciais apreendidas: *reconhecimento e aceitação dos limites impostos pela pandemia, estabelecimento de estratégias de enfrentamento durante a pandemia e adaptação em relação ao isolamento social.*

Cardoso (2017), ao falar sobre saúde, afirma que esta está intimamente relacionada com a capacidade da pessoa de responder de forma criativa e autêntica às suas próprias demandas e às do ambiente. Essa se dá a partir de um movimento contínuo de reconhecer e legitimar aquilo que por ela é experienciado no mundo, tanto em relação às suas possibilidades no aqui e agora quanto às suas limitações. Desse modo, afirma que a saúde "é muito mais ampla que a mera ausência de sintomas ou de doenças, pois requer a capacidade de estar em relação consigo mesmo, com o outro e com o mundo, de ser empático e de investir afetivamente nos laços inter-humanos" (Cardoso, 2019, p. 4).

Nesse sentido, Cardella (2014) define o ajustamento criativo como a nossa capacidade de "pessoalização", subjetivação e apropriação do que nos acontece no campo organismo/meio, das nossas experiências ao nos depararmos com o diferente, com o novo, com a alteridade. Para a autora:

> Ajustar-se criativamente é viver a vida como fluxo, na interação com os outros e os acontecimentos, apropriando-se e criando recursos, assumindo a responsabilidade e a cocriação do próprio destino — pois, se não podemos determinar integralmente *o que* nos acontece, somos livres para escolher e responsáveis por *como* vamos viver as experiências, ofertando a elas ou não um sentido. (Cardella, 2014, p. 114)

Para que o processo de se ajustar criativamente seja possível, é preciso, primeiramente, reconhecer e aceitar os limites que foram impostos no campo, assim como as possibilidades reais disponíveis. Tendo isso em vista, diante das inúmeras restrições e impossibilidades, observou-se em alguns relatos um movimento de reconhecer e de identificar aquilo que era tido como ideal — do que, de onde e de que forma se gostaria de estar fazendo algo — daquilo que realmente era possível naquele momento. Essa apropriação parece ter possibilitado a muitas pessoas um novo olhar sobre a nova realidade imposta, impulsionando-as a criar, dentro de suas limitações/possibilidades e das limitações/possibilidades do campo, novas maneiras e recursos para vivenciar e dar sentido às suas experiências atuais.

Dentre as estratégias que se apresentaram como ajustamentos criativos, pode-se evidenciar a reformulação da rotina com a inserção de atividades prazerosas, como: práticas de exercícios físicos variados, tal qual yoga e dança; passear pela cidade, mesmo que para observá-la apenas de dentro do carro; práticas culinárias diversas; manter o contato com pessoas queridas, mesmo que por meios virtuais, entre outras. Além dessa reorganização, percebeu-se também que ter uma rotina em si ajudou muitas pessoas a atravessarem esse primeiro momento de pandemia, mesmo que essa não envolvesse mais os mesmos afazeres e ocupações de antes. Isso aponta que o que estava em questão era o próprio sentir-se produtivo ao fazer algo que tenha sentido, para poder experienciar, assim, que a vida, de uma forma ou de outra, continua, mesmo diante de um cenário tão limitador, ameaçador e difícil.

## Considerações finais

Os resultados da pesquisa evidenciaram que a pandemia do coronavírus, com todas as suas exigências e restrições, causou intensas mudanças nas formas de ser e de estar no mundo de cada pessoa que buscou atendimento no APO, propiciando o despertar de uma diversidade de sofrimentos e de vulnerabilidades existenciais. Diante das unidades vivenciais que foram apresentadas neste capítulo, tornou-se claro que as alterações abruptas na vida cotidiana de cada um se constituíram como um dos pilares para o emergir desses sofrimentos.

Inseridas nesse novo contexto, as pessoas precisaram lidar com sofrimentos, preocupações, angústias, necessidade de retomada da rotina, autocobranças, culpa, solidão e até mesmo com novas criações e emergência de aspectos de si, a partir de suas próprias potencialidades, a fim de atravessar os novos desafios apresentados. Cada um fez uso de suas defesas disponíveis, construídas ao longo da vida para lidar com as próprias dificuldades, o que, em face ao desconhecido, nem sempre foi suficiente para aplacar seu sofrimento.

Assim, o que se evidenciou foi a constante tentativa de manter um ritmo de produção e interações equivalente ao que era possível no cenário pré-pandemia, apesar da conjuntura instituída, sobretudo em relação à produtividade nos estudos e no trabalho. Isso demonstrou a dificuldade das pessoas atendidas pelo APO em reconhecer os limites e exigências do campo que estavam vivenciando e, consequentemente, das suas reais possibilidades no momento, o que acabou causando muito sofrimento. Houve um distanciamento de si e da realidade que as cercavam no aqui-e-agora, de modo que, ou vivia-se no passado, naquilo que era possível e que fazia sentido em um campo que a pandemia não aparecia nem como possibilidade, ou no futuro, que se apresentava a cada dia como mais incerto e ameaçador, sem uma perspectiva rápida de mudança.

Apesar disso, mesmo com todas essas dificuldades, foi possível notar em muitos relatos um movimento de ajustar-se criativamente diante da emergência das adversidades e limitações na pandemia, possibilitando às pessoas lidarem com as situações que se apresentavam, reconhecendo as reais possibilidades e limitações, com os recursos que elas dispunham no momento. A busca pelos atendimentos oferecidos pelo APO foi um desses movimentos, dessas tentativas de encontrar um heterossuporte e formas de lidar com um novo cenário.

Nesse processo, muitos membros da comunidade universitária voltaram a buscar pelos atendimentos mais de uma vez.

Encarar a possibilidade iminente da morte, a imprevisibilidade da própria existência e da falta de controle perante a vida pode ser desesperador e exige uma boa dose de suporte, o próprio e o externo, para atravessar os desafios que toda mudança exige. Entendemos que o APO pôde fazer-se suporte como luz e calmaria em meio à pandemia ao fugir da regra e abrir a possibilidade de um novo espaço que permitia o respirar, o olhar para si — e não para o contexto mundial — e o reconectar com seu próprio existir no agora, e com suas próprias necessidades latentes. Constitui-se momento de ser presença, sem a pretensão de curar dores e eliminar angústias, mas de acolhê-las, buscando a compreensão do que desejavam compartilhar.

## Referências


ALVIM, M. B. O lugar do corpo e da corporeidade em Gestalt-terapia. *In* FRAZÃO, L. M.; FUKUMITSU, K. O. (Orgs.). *Modalidades de intervenção clínica em Gestalt-terapia.* São Paulo: Summus, 2016.

ANDRADE, C. Autossuporte e Heterossuporte. *In* FRAZÃO, L. M.; FUKUMITSU, K. O. (Orgs.). *Gestalt-terapia: conceitos fundamentais,* São Paulo: Summus, 2014, p. 147-162.

CARDELLA, B. Ajustamento criativo e hierarquia de valores ou necessidades. *In* FRAZÃO, L. M.; FUKUMITSU, K. O. (Orgs.). *Gestalt-terapia, conceitos fundamentais,* São Paulo: Summus, p. 104-130, 2014.

CARDELLA, B. Relação, atitude e dimensão ética do encontro terapêutico na clínica gestáltica. *In* FRAZÃO, L. M.; FUKUMITSU, K. O. (Orgs.). *A clínica, a relação psicoterapêutica e o manejo em Gestalt-terapia,* São Paulo: Summus, p. 55-82, 2015.

CARDELLA, B. Relação, Cuidado às pessoas em sofrimento e possibilidades de ressignificação. *In* FRAZÃO, L. M.; FUKUMITSU, K. O. (Org.) *Enfrentando crises e fechando Gestalten*, São Paulo: Summus, p. 97-114, 2020.

COSTA, V. Temporalidade: aqui e agora. *In* FRAZÃO, L. M.; FUKUMITSU, K. O. (Orgs.). *Gestalt-terapia: conceitos fundamentais*, São Paulo: Summus, p. 131-146, 2014.

CARDOSO, C. L. A saúde na ótica da Gestalt-terapia. *In* CONGRESSO MINEIRO DE GESTALT-TERAPIA. Universidade Federal de Minas Gerais. *Anais*, p. 40-42, 2017.

CARDOSO, C. L. O plantão psicológico em tempos de pandemia. *In* ASSOCIAÇÃO BRASILEIRA DE GESTALT-TERAPIA E ABORDAGEM GESTÁLTICA. (Org.). *Vozes em letras.* Curitiba: CRV, p. 219-23, 2020.

CARDOSO, C. L. Sobre as dores de existir: uma introdução à psicopatologia em Gestalt-terapia. *In* CARDOSO, C. L.; GIOVANETTI, J. P (Orgs.). *Sofrimento Humano e cuidado terapêutico.* Belo Horizonte: Artesã Editora, p. 75-110, 2019.

LIMA, P. V. A. Autorregulação organísmica e homeostase. *In* FRAZÃO, L. M.; FUKUMITSU, K. O. (Orgs.). *Gestalt-terapia: conceitos fundamentais*, São Paulo: Summus, p. 88-104, 2014.

PEIXOTO, R. F. *Saúde e trabalho*: uma compreensão gestáltica acerca dos processos de saúde e adoecimento da pessoa. Belo Horizonte: UFMG, 2021.

PERLS, F.; HEFFERLINE, R.; GOODMAN, P. *Gestalt-Terapia.* 3. ed. São Paulo: Summus, 1997.

PINTO, E. B. A. *Dialogar com a ansiedade: uma vereda para o cuidado.* São Paulo: Summus, 2021.

RIBEIRO, J. P. Experiência de pandemia à luz da Gestalt-terapia. *In* Associação Brasileira de Gestalt-Terapia e Abordagem Gestáltica. (Orgs.). *Vozes em letras.* Curitiba: CRV, p. 43-55, 2020.

RODRIGUES, A. B. W. *et al.* Pesquisa sobre aconselhamento psicológico online. *In* ESPÍNDULA, J. A. G.; ANTÚNEZ, A. E. A. (Orgs.). *Psicologia fenomenológica e saúde mental durante a pandemia COVID-19: experiências e pesquisas.* São Paulo: Instituto de Psicologia da Universidade de São Paulo, 2021. p. 195-214

RODRIGUES, H. Relações entre a teoria de campo de Kurt Lewin e a Gestalt-terapia. *In* FRAZÃO, L. M.; FUKUMITSU, K. O. (Orgs.). *Gestalt-terapia: fundamentos epistemológicos e influências filosóficas*, São Paulo: Summus, p. 114-144, 2013.

TAVARES, G. R. Presente. *In* D'ACRI, G.; LIMA, P.; OGLER, S. (Orgs.). *Dicionário de Gestalt-Terapia*: "Gestaltês". São Paulo. Ed. Summus, 2007. p. 339-342.

YONTEF, G. M. *Processo, diálogo e awareness.* 3. ed. São Paulo: Summus, 1998.

ZINKER, J. *Processo criativo em gestalt-terapia.* São Paulo: Summus, 2007.

9

# Os impactos da covid nos relacionamentos: compreensão gestáltica de relato de pesquisa em uma comunidade universitária

*Claudia Lins Cardoso*
*Ana Burian Wanderley Rodrigues*
*Lucas Dias Queiroz Batista de Prado*
*Ornella Raymundo Villalva*
*Paulo Eduardo Rodrigues Alves Evangelista*

A pandemia de covid-19 gerou impactos de diversas naturezas na existência humana e mobilizou diferentes dimensões da vida de todos nós: afetou a nossa relação com o tempo, com o espaço, com nós mesmos e também a nossa relação com os outros. A esfera relacional foi uma das mais afetadas pelo isolamento social, pois, ao mesmo tempo que gerou um afastamento entre as pessoas, também foi capaz de forçar uma aproximação muito intensa, principalmente entre aqueles obrigados a dividir um mesmo espaço restrito durante o confinamento. A Gestalt-terapia, sendo uma abordagem que adota uma perspectiva fenomenológico existencial, concebe o ser humano como um ser de relações. Dessa forma, faz-se necessária uma análise de como as relações e suas vivências apareceram no contexto do Aconselhamento

Psicológico Online (APO). Conforme descrito nos relatórios de atendimento do APO, as dificuldades vivenciadas nas relações foram foco em numerosas sessões, sejam elas amorosas, familiares ou interpessoais diversas.

Para se obter uma maior compreensão do ambiente criado pelo contexto da pandemia, é necessário pensar em campo. A Teoria de Campo, proposta por Kurt Lewin, é uma das teorias de base da Gestalt-terapia. De acordo com ela, nossas ações, comportamentos e sentimentos estão sempre relacionados com o campo em que estamos inseridos. Por campo, entende-se a definição fenomenológica do espaço e do tempo de cada pessoa. Numa abordagem de campo estuda-se, portanto, o fenômeno que é dado pela experiência de cada um envolvido naquele campo. Dessa forma, o sentido dos nossos atos está diretamente ligado ao meio no qual eles acontecem, tanto de um ponto de vista temporal, quanto de um ponto de vista espacial. Nesse sentido, o que importa dentro dessa perspectiva é como o indivíduo experimenta a situação vivida (Yontef, 1998; Rodrigues, 2013).

O campo criado pela propagação do vírus alterou o sentido de muitas de nossas ações e comportamentos, bem como a forma como nos relacionamos com os outros. Além de sermos obrigados a nos afastar de muitas pessoas, devido às medidas de isolamento social, muitos se viram confinados, o que aumentou a proximidade e, muitas vezes, os conflitos. Os relacionamentos também precisaram ser adaptados ao contexto online: nesse sentido, muitas relações ocorreram, prioritariamente, de modo virtual, sem a presença física, o que se configurou em um desafio para muitos.

Dessa forma, percebe-se que o desequilíbrio causado nas relações humanas pela pandemia gerou diversos tipos de sofrimento e fez com que várias relações se tornassem figura na vida de muitas pessoas. Neste capítulo, a partir da abordagem gestáltica, serão apresentadas as categorias vivenciais criadas a partir das análises dos relatórios (produzidos pelos plantonistas responsáveis pelos atendimentos) nas quais os relacionamentos eram a figura principal.

## Relacionamentos Interpessoais

No presente texto, consideramos relacionamentos interpessoais todos aqueles que não são os familiares ou os amorosos. Eles têm características específicas que serão descritas com uma atenção diferenciada. Refletir sobre relacionamentos implica necessariamente em considerar o contato. Para a Gestalt-terapia, o conceito de contato remete às interações do organismo no campo no qual ele está inserido, ou seja, a experiência entre o eu e o não eu. Para D'Acri (2014):

> o ser humano é um ser relacional e seu crescimento ocorre na inter-relação entre eu e não eu, entre o que somos e o que não somos. Ele vive em seu meio pela manutenção de sua diferença, assimilando o ambiente à sua diferença. Por isso no ato de contatar outro ser humano há o reconhecimento desse outro, pois o outro é o não eu, o diferente, o novo, o que provoca estranheza — e, quando se entra em contato com esse outro na fronteira, algo é assimilado e ambos crescem. (D'Acri, 2014, p. 35).

Emocionalmente, necessitamos de contato para sobreviver. O contato com o meio e com os outros acontece constantemente, seja para satisfazer as nossas necessidades fisiológicas ou emocionais. Essa relação de cada um com o seu ambiente, com o campo em que está inserido, é responsável por fornecer uma organização social. A capacidade da pessoa de se integrar ao ambiente por meio de ajustamentos criativos constitui-se, assim, em um fluxo de contato considerado saudável (Schillings, 2014).

No entanto, entrar em contato com o mundo e com os outros nem sempre se dá dessa maneira. Uma das unidades vivenciais apreendidas na análise fenomenológica dos relatórios do APO foi justamente a *dificuldade no contato interpessoal*, revelada nas seguintes vivências: *dificuldade em estabelecer contato com outras pessoas, falta da possibilidade de se abrir com outras pessoas, timidez, insegurança diante dos sentimentos do outros, falta de possibilidade de expressar seus sentimentos, ansiedade com questões de convivência, receio do estigma em relação a sua saúde mental, receio de sobrecarregar o outro com seus problemas, sentimento de desespero diante do silêncio do outro, sentimento de ser incompreendido, autocobrança constante com questões de convivência* e *dificuldade em se abrir para o outro.*

Exemplos de dificuldades no contato com o outro foram encontrados nos relatórios na medida em que, diante do contexto da quarentena, as possibilidades e as formas de estabelecer contato com as pessoas ficaram limitadas. É possível perceber como o isolamento social foi capaz de potencializar uma dificuldade de se relacionar que já existia, como é o caso dos relatos de timidez muito grande. Além disso, muitos manifestaram a dificuldade de se expressar em um contexto estritamente virtual, já que as relações pessoais estavam resumidas a esse contexto devido aos protocolos de isolamento estabelecidos naquela ocasião.

Outra adversidade no contato interpessoal evidenciada em muitos relatórios dizia respeito à dificuldade de se abrir com outros. Nesse sentido, percebe-se um medo da rejeição que poderia acontecer caso seus sentimentos fossem expressos para as pessoas à sua volta. Esse tipo de vivência, muitas vezes, fazia com que as pessoas preferissem se afastar dos outros em vez de estabelecer contato com eles, o que provocava ou ampliava um sentimento de solidão.

A dificuldade de estabelecer contato revela como a fronteira de contato dos indivíduos também foi muito afetada pelo contexto da pandemia. Em Gestalt-terapia, é nela que organismo e ambiente interagem, e ao mesmo tempo, se diferenciam. Dessa forma, é através da nossa fronteira de contato que conseguimos nos abrir para as pessoas e para o ambiente, para o não-eu, e ser tocados e afetados pelo mundo à nossa volta, além de também tocar e afetar o meio no qual estamos inseridos. Ela possui dois aspectos relevantes para a compreensão das dificuldades dos relacionamentos interpessoais: a plasticidade e a permeabilidade. Salomão et. al. (2014) afirmam:

> Plasticidade se refere à possibilidade de expansão e retração da fronteira: em situações de conforto, segurança e disponibilidade suficientes, a fronteira de contato se amplia a fim de contatar o novo, o diferente. Já em situações de ameaça ou perigo, ela se retrai com vistas a preservar o indivíduo. Permeabilidade, por sua vez, refere-se à possibilidade de trocas entre indivíduo e ambiente (Salomão *et al.*, 2014, p. 54).

Assim, o que se percebe é que, entre as pessoas que experienciaram uma dificuldade muito grande de compartilhar aspectos de si com outros, as fronteiras podem ser consideradas como muito rígidas, de modo a não permitir a entrada do outro, do novo. Diante da possibilidade de expressar seus sentimentos para alguém, o indivíduo se sente ameaçado, e a fronteira se retrai a fim de preservá-lo, na mesma medida em que se torna mais rígida para impedir a troca com o ambiente.

No entanto, não é apenas a cristalização da fronteira de contato que pode causar sofrimento. Outra categoria de vivências que revelou características importantes da fronteira de contato foram as *dificuldades de se posicionar diante do outro*, que inclui vivências como: *dificuldade em expressar divergências, dificuldade de se impor diante do outro, dificuldade de receber críticas, dificuldade na tomada de atitude na resolução de conflitos*, entre outros. Nesse contexto, foi percebida uma fronteira de contato muito permeável que permitia que tudo que estivesse no ambiente fosse assimilado pela pessoa, sem que houvesse um limite entre aquilo que era do organismo e o que era do meio. Esse tipo de vivência revelou a dificuldade da pessoa em se expressar e se impor diante de outras, principalmente em situações de conflito.

A qualidade das relações interpessoais também foi figura para muitos durante o período da pandemia. Nesse sentido, foi possível perceber diferentes percepções em relação às formas e ao *como* essas relações se dão em um contexto de isolamento social. Na categoria *percepções da qualidade das relações*, foram identificadas vivências de: *sentimento de rejeição, não pertencimento e de falta de reciprocidade nos relacionamentos; falta de um relacionamento íntimo* e a *vontade de se sentir importante nos seus relacionamentos interpessoais*.

Em relação a essa categoria, também é possível pensar no conceito de contato, já que é a partir dele que nos relacionamos de formas específicas com as pessoas. De acordo com Ribeiro (2019):

> O modo como as pessoas se encontram ou se desencontram revela o como de seu engajamento numa relação, a qual torna visíveis o grau e o nível de equilibração organísmica que elas codividem e que procede do processo de união e separação com que

> se relacionam. Se se conhece o modo como alguém faz contato, conhece-se também o nível de encontro e separação com que se aproxima das coisas ou pessoas (Ribeiro, 2019, p. 18).

Outra categoria de vivências referente aos relacionamentos interpessoais foi aquela relativa ao *heterossuporte*. Em oposição ao autossuporte, ele diz respeito ao apoio que vem de fora do indivíduo, ou seja, aquele promovido pelo ambiente, por tudo aquilo que não é o organismo. De acordo com Andrade (2014), por mais que se defina esses dois tipos de suporte de maneira separada, eles estão relacionados o tempo todo, já que um é necessário para que o outro aconteça: "[...] o heterossuporte é imprescindível. Aos poucos, quando o cliente vai se descobrindo, percebendo suas necessidades e alcançando-as, recupera a autoestima e passa a tomar suas próprias decisões de maneira confiante" (Andrade, 2014, p. 158). O heterossuporte, portanto, é uma ponte e uma necessidade para que o indivíduo alcance o autossuporte.

Quando uma pessoa não encontra o apoio necessário para enfrentar uma situação difícil, ela precisa que este seja oferecido por alguém. No entanto, se ela não receber esse apoio, não será capaz de atravessar ou assimilar a experiência, a qual irá se configurar em uma situação inacabada, não concluída (Francesetti, 2021). No APO, as vivências relativas ao heterossuporte apareceram nesse sentido, na medida em que os indivíduos expressavam a ausência e a necessidade de um apoio e suporte externo. Como afirma Andrade (2014, p. 158), "o suporte é essencial para qualquer contato, e a sua falta desencadeia sentimentos e comportamentos disfuncionais, como ansiedade, vergonha, insegurança, rigidez, timidez, baixa autoestima e dependência do outro". De fato, sentimentos parecidos, principalmente a ansiedade, foram a queixa principal de diversas pessoas que procuraram o serviço; e, em alguns casos, a falta de suporte era a principal demanda que gerava esses sentimentos e sofrimentos de diversas intensidades e tipos.

## Relacionamentos amorosos

Os relacionamentos amorosos constituíram-se em uma categoria própria, pois englobam em si uma ampla gama de variedades de vivências e experiências particulares ao vínculo amoroso. Nesse sentido, para Buber (2006), o amor não é um acontecimento interno, intrapsíquico ou puramente pessoal, mas se dá no entre um Eu e um Tu, aparecendo no momento da relação e formando uma totalidade em si mesmo. Não se trata de uma afetividade em si, pois não parte da subjetividade isolada de uma única pessoa, mas sim, dando-se na relação de um Eu com um Tu (podendo ser esse Tu uma outra pessoa, si mesmo, a humanidade, os entes no mundo etc.), em que a afetividade se vê englobada na totalidade do amor.

Cardella (1994) sustenta que podemos distinguir diversos tipos de amor, sendo que, nos relacionamentos amorosos, se destacam o amor erótico e o amor romântico. O primeiro remete a uma modalidade de amar, característico por sua intimidade que atravessa o plano físico e sexual, e o segundo, como uma idealização da primeira, contextualizada histórica e socialmente na contemporaneidade. O amor erótico diz respeito à intimidade última entre duas pessoas (ou mais, porém em nossa pesquisa apenas casais fizeram-se presentes), onde há uma aceitação da totalidade da outra pessoa e da própria totalidade, de modo a construírem uma totalidade entre os dois, no amor da relação. O amor romântico, por sua vez, corresponde a um conjunto de expectativas e idealizações do parceiro, da relação amorosa em si e de si mesmo na relação, ou seja, não se estabelece nas totalidades dos campos.

Nas descrições de vivências analisadas, foi possível perceber as diferentes formas de amor erótico e romântico se atravessando e se confundindo de modos variados. Dentro do contexto do relacionamento amoroso, além do próprio amor (entendido aqui como um fenômeno de campo, presente no *entre*), foram reconhecidas diferentes afetividades presentes na experiência desse vínculo. Na categoria *Vivências do vínculo amoroso*, agrupou-se o conjunto de experiências relativas tanto ao desenrolar desse amor quanto às afetividades particulares deste vínculo de intimidade. As vivências identificadas foram: *conflito na relação amorosa, preocupação sobre infidelidade no relacionamento amoroso, preocupação com relacionamento amoroso, sentimento de culpa em relação a um aspecto do namoro, sentimento de se perder de si durante relacionamento amoroso, dificuldade em se expressar no relacionamento amoroso, interrupção de sentimentos amorosos para com o namorado, dificuldade em se sentir controlado, relacionamento abusivo, dificuldades de convivência com o namorado(a)* e *necessidade de delimitar espaço pessoal.*

As mudanças impostas ao campo pela pandemia atravessaram essas vivências, pois, como exposto anteriormente, os modos de se relacionar com os outros e com o mundo mudaram. Alguns casais se afastaram mais, física e espacialmente, devido ao distanciamento social, enquanto outros estiveram mais próximos do que nunca, isolados juntos grande parte do tempo no mesmo ambiente, o qual continha muitos outros aspectos da vida cotidiana, antes vivenciados ou reservados a outros espaços, como o estudo, trabalho, cuidado dos filhos e a intimidade do próprio casal. Casais isolados um do outro viram-se forçados a se reinventar na relação, mantendo o contato e o vínculo por intermédio de aparelhos digitais e das redes sociais, sendo variados os níveis de sucesso ou insucesso desse reajustar criativo à distância imposta pelo contexto e os encontros presenciais geralmente mais escassos. Por sua vez, os casais forçados a uma convivência muito mais intensa tiveram de buscar ajustamentos criativos muito diferentes daqueles distanciados, havendo dificuldades de convivência e buscas por maior delimitação de seu espaço vital.

Muitas das vivências presentes na categoria não são estranhas ao que se pode experienciar em relacionamentos amorosos, porém, as mudanças no campo propiciadas pela pandemia suscitaram a emergência de várias dessas experiências ou as intensificaram, quando já presentes. Diante do convívio intenso que alguns casais experimentaram pelo isolamento, expressou-se, por exemplo, a *necessidade de preservar seu próprio espaço vital* apesar do vínculo amoroso, pois, nesse contexto, frequentemente permanecia "o casal" enquanto prioridade, com as pessoas que o compunham tendo suas necessidades individuais negligenciadas em alguma medida. Muitos conflitos antigos se exacerbaram e novos surgiram, estando frequentemente expressa nos relatos dos atendimentos a dificuldade das pessoas em expressarem-se dentro do relacionamento com o companheiro, de modo que a situação do atendimento parece ter figurado como contexto privilegiado para que muitos desses atritos e desavenças pudessem ser de fato expressos pela primeira vez.

Entretanto, vivências de *confrontações* ou *preservação de si na relação amorosa* não foram as únicas presentes nos relatórios. Houve também a experiência de cuidar da pessoa que se ama, de expressar preocupação com o bem-estar da relação e do outro. No sentido do cuidado e da preocupação, deram-se situações em que a cliente ou seu companheiro amoroso eram profissionais da saúde ou possuíam comorbidades, tal que o medo de contaminação e consequente cuidado com saúde, isolamento e higiene estendiam-se para além da própria pessoa e abarcavam o/a parceiro(a). Mesmo as vivências mais conflituosas ou de dificuldades quanto a certos aspectos da relação muitas vezes apareceram nos atendimentos para serem ali zelados, para se explorar como fazer diferente e melhor em prol da relação.

Rompimentos nas relações amorosas também aconteceram ante novas adversidades impostas às relações. As pessoas buscaram atendimento psicológico em momentos variados dessa separação: antes, durante, imediatamente após ou mesmo tempos depois do término do vínculo. Diante desse contexto adverso, foram também identificadas experiências relativas ao fim de um relacionamento, as quais foram agrupadas na categoria *vivências relacionadas ao término do relacionamento amoroso*. Nessa categoria, as vivências identificadas foram: *rompimento inesperado de relacionamento amoroso, dificuldade em romper relacionamento amoroso, medo do término do relacionamento amoroso, sofrimento em relação ao término de um relacionamento amoroso* e *fechamento de um ciclo de relacionamento amoroso/elaboração do término do namoro.*

Nas situações do fim de uma relação de amor, transcorreu também um processo que impactou na finalização de uma série de projetos de vida, sonhos e expectativas em relação ao antigo companheiro e à relação, uma ruptura também das idealizações românticas da relação. Tais introjeções, relativas ao relacionamento amoroso e ao que se esperava do ex-parceiro, se chocaram com a realidade da impossibilidade de se concretizarem - pois a relação não mais existia. Mesmo diante da decisão de continuar o relacionamento, a possibilidade de término parece ter presentificado tais perdas e rupturas, suscitando sofrimento ao não se desejar o término ou motivando o desejo por terminar. Muitos desses finais de relacionamento, diante do isolamento social, se deram em contexto de hiperconvivência, em que o casal estava isolado junto, tornando o afastamento do ex-companheiro mais dificultoso. Em certas circunstâncias, o "ex-casal" viu-se forçado a permanecer morando juntos, pois não seria possível se mudarem de casa durante o isolamento, continuando a conviver no mesmo ambiente apesar do término.

Ainda, a partir do término do relacionamento amoroso, diversas vivências puderam ser identificadas relativas não ao término em si, mas à relação que permanece com o ex-companheiro(a), de modo que foi definida a categoria de *vivências das relações com ex-parceiros(as).* A partir dessa categoria, identificamos as vivências de: *arrependimento da forma que lidou com o ex após término de relacionamento, sofrimento com a dificuldade na comunicação com o ex, conflito com ex-namorado* e *sentimento de rejeição pelo ex-namorado(a).*

Apesar do fim, muitas vezes o(a) ex-parceiro(a) não se excluiu por completo da vida das pessoas atendidas, de modo que além de uma série de questões em aberto, a própria pessoa com quem um dia se relacionou permaneceu presente, situação que suscitou novos conflitos. Essa presença muitas vezes não era indesejada pela própria pessoa, muito pelo contrário: desejava-se manter contato com o antigo amor, mesmo que na forma de amizade. No entanto, as dificuldades que motivaram o término da relação permaneciam perpassando aquele contato, como ao temer compartilhar os próprios sentimentos por não querer incomodar ou machucar o ex-parceiro(a). Ou ainda, muitos afetos permaneciam apesar do rompimento, despertando ciúmes ao perceber que o antigo(a) companheiro(a) agora relacionava-se com outras pessoas. Em contrapartida, mesmo diante da ausência de contato direto com a pessoa com quem antes se enamorava, muitas questões em aberto referentes a ela ainda permaneceram presentes. Sentimentos de ciúmes, de rejeição ou mesmo de arrependimento - ante algum aspecto da relação que permaneceu depois do término — se manifestaram enquanto vivências capazes de fazer sofrer, mesmo não mais existindo vínculo próximo ou direto com o ex-parceiro(a).

## Relacionamentos com familiares

Na pandemia, as famílias foram afetadas por mudanças relacionadas ao isolamento social. A quarentena foi realizada em casa, permitindo que as famílias coexistissem no mesmo espaço na maior parte do tempo. Diante disso, os espaços de trabalho virtuais, embora tivessem aberto novas possibilidades, também encurtaram os espaços físicos, gerando um clima de tensão e, possivelmente, de conflitos entre os membros da família. Estudos como o realizado por Vargas (2020) descrevem que pais e mães se tornaram mais facilmente irritáveis, pois são afetados por pressões econômicas, o que estaria associado a uma deterioração na qualidade do comportamento parental. Outra consequência dessas tensões seria o aumento da violência doméstica, como documentado por Bradbury-Jones e Isham (2020). As autoras relatam que um aumento nos níveis de estresse emocional tem sido observado, devido à perda de empregos, isolamento, tornando mulheres, crianças e adolescentes mais vulneráveis. Assim, a pandemia gerou um movimento de forma polarizada, uma vez que o isolamento social trouxe tanto distanciamento, quanto uma aproximação intensa, alterando a fronteira de contato (Rodrigues, 2020). Ainda que tal situação não possa ser configurada como uma experiência psicopatológica, em função de seu caráter rígido, ela pode ser compreendida segundo Perls, Hefferline e Goodman (1997), ao afirmarem que, durante o processo de figura e fundo na neurose, o indivíduo perde seus limites, seu sentido de orientação e o sentido do que faz e como faz, não podendo mais lidar com isso. Além disso, sente seus limites rigidamente fixos, não podendo avançar e nem aguentar demais, causando experiências de dor e sofrimento.

Assim, a convivência com a família durante a pandemia necessitou de diversos ajustes criativos para enfrentar os conflitos existentes no lar, os conflitos não resolvidos, bem como demarcar espaços e limites para uma melhor convivência. Yano e Gomes (2020) relatam o renascimento de uma nova rotina familiar, na qual os ajustes criativos foram mais desafiadores. Quanto mais rígida e controladora for a dinâmica familiar, mais as mudanças na convivência gerarão efeitos imediatos na saúde mental, como pôde ser verificado nos resultados descritos a seguir.

Na pesquisa realizada, foram descritas quatro categorias relativas ao tema. A primeira abarca experiências relacionadas ao *conflito familiar*, tais como: *cansaço por dificuldades no vínculo familiar; conflitos entre irmãos ou com os pais; culpa* e *sofrimento por problemas entre os pais*. Nota-se que aqueles problemas que não puderam ser sanados em sua época são reabertos nesse momento de convivência em quarentena, pois não havia mais a possibilidade de ir a algum lugar para diminuir o nível de tensão familiar, gerando crise pelo impacto da convivência e possibilitando a conscientização da busca por uma solução. A família integra-se num campo com resistências e necessidades próprias e, para uma melhor convivência, são necessários ajustes criativos como um campo integrado nos espaços de convivência de cada um dos integrantes, tornando-se uma matriz com vínculo familiar mais visível.

A segunda categoria são as *dificuldades de contato com a família*, identificadas como: *dificuldades em comunicar as experiências vividas à família; falta de reciprocidade nos laços familiares e estresse devido ao retorno para a casa dos pais por conflitos de convivência*. Somos seres em constante mudança, crescemos em grupos, em sociedade, em contato uns com os outros. Quando nossa forma de interagir com nosso meio, principalmente com a família nos momentos de convivência em quarentena, alerta para as limitações nas interações entre seus membros, os limites de convívio são alterados, confusos ou ausentes, levando à necessidade de identificação desses limites no espaço de convivência, havendo adaptações criativas na forma de se conectar com o entorno, descobrindo novas formas de ser e conviver em família. Porém, nem todos os membros da família fazem essas adaptações ao mesmo tempo ou da forma mais saudável, o que pode gerar experiências de sofrimento para a família como um todo. Yano e Gomes (2020) descrevem as interrupções de contato na relação familiar no atual campo de surpresas e incertezas, por exemplo, os membros da família apresentarem ansiedade em virtude da ausência de fronteiras em relação a um Nós, o que pode implicar em respostas ansiogênicas num campo não apenas individual, mas em sua totalidade. Assim, para os autores, é importante identificar a qualidade do relacionamento familiar.

A terceira categoria é das *vivências relacionadas ao vínculo com a família*, como: *ansiedade pela preocupação com a saúde dos familiares, preocupação com os irmãos, frustração pelas demandas familiares ou felicidade por um nascimento na família*. Estar em constante convivência e contato com familiares gerou envolvimento no cuidado do outro, ansiedade e preocupação com os membros, também alerta para a possibilidade de ignorar atividades próprias com a finalidade de cuidar dos outros, em que ansiedade e preocupação são observadas como formas adaptativas de enfrentar a pandemia. Porém, caso essas experiências fossem prolongadas e exacerbadas, poderiam ser consideradas um problema de saúde mental.

A última categoria apreendida foi a das *experiências de distanciamento da família*, a qual incluía *sentimentos como saudade da família* e *culpa por ter se separado da família*. Para aquelas pessoas que tiveram que se afastar do núcleo familiar durante a quarentena, a experiência assumiu o papel de dar a possibilidade de valorizar os laços familiares, vivenciar a nostalgia e a culpa pela distância, com a ideia de uma doença silenciosa e mortal que nos permite considerar a finitude de nossos entes queridos, tornando o contato desejado.

O estudo mostra como foi impactada a convivência familiar das pessoas, bem como a busca por uma convivência mais saudável. Caso esse impulso seja orientado para a resolução de conflitos e ressignificação de experiências, não há dúvida de que poderíamos encontrar famílias mais fortalecidas no pós-pandemia, seja na coexistência, seja na separação de laços. No entanto, a possibilidade de identificação de vínculos neuróticos e de sofrimento é latente, principalmente devido às intensas mudanças e alterações nos limites de contato dos membros do domicílio.

## Considerações finais

Este capítulo teve como objetivo apresentar os principais impactos que os primeiros meses da pandemia provocaram no âmbito relacional das pessoas que foram atendidas pelo APO. Como relatado, as consequências das medidas de prevenção que envolviam, principalmente, o isolamento, deram-se na esfera dos relacionamentos humanos de maneira muito intensa, o que foi comprovado pelos resultados apresentados aqui.

Pela análise fenomenológica dos relatórios, pode-se perceber que, de uma forma ou de outra, a quarentena colocou as relações humanas em foco. Seja pela aproximação exacerbada entre as pessoas, confinadas a um mesmo espaço, seja pelo afastamento entre aquelas que não podiam ter o contato que estavam acostumadas, os relacionamentos passaram a ser figuras de um modo diferente para as pessoas. Dessa forma, as vivências descritas neste capítulo mostraram como essas mudanças afetaram os sujeitos.

Os resultados nos fazem questionar se as experiências desveladas pelos atendimentos do APO também são compartilhadas por outras pessoas fora do recorte da pesquisa, ou seja, além da comunidade acadêmica da UFMG nos primeiros meses da pandemia.

Por fim, cabe ressaltar o papel do APO durante esse período. Fica evidente que, para muitos que procuraram esse serviço, a necessidade de se expressar e de se comunicar diante do outro era presente, tanto a respeito de questões relacionais como sobre temas diversos também. Nesses casos, acreditamos que o APO se constituiu como um espaço importante no qual os indivíduos puderam começar a se abrir diante de outras pessoas, o que, além de provocar alívio, mostrava a importância desse ato.

## Referências

ANDRADE, C. C. Autossuporte e heterossuporte. *In* FRAZÃO, L. M; FUKUMITSU, K. O. (Orgs.). *Gestalt-Terapia*: conceitos fundamentais. São Paulo: Summus, p. 147-162, 2014.

BRADBURY-JONES, C.; ISHAM, L. The pandemic paradox: The consequences of COVID-19 on domestic violence. *Journal of clinical nursing*, v. 29, n. 13-14, p. 2047, 2020.

BUBER, M. *Eu e Tu*. 10 ed. São Paulo: Centauro. 2001.

CARDELLA, B. H. P. *Amor e intimidade nas relações humanas*. São Paulo: Summus, 2009.

CARDELLA, B. H. P. *O amor na relação terapêutica*. 4 ed. São Paulo: Summus. 1994

D'ACRI, G. Contato: funções, fases e ciclo do contato. *In* FRAZÃO, L. M; FUKUMITSU, K. O. (Orgs.). *Gestalt-Terapia*: conceitos fundamentais. São Paulo: Summus, p. 31-46, 2014.

FRANCESETTI, G. *Fundamentos da psicopatologia fenomenológico-gestáltica*: uma introdução leve. Belo Horizonte: Artesã, 2021.

PERLS, F.; HEFFERLINE, R.; GOODMAN, P. *Gestalt-terapia*. São Paulo: Summus, 1997.

RIBEIRO, J. P. *O ciclo do contato*: temas básicos na abordagem gestáltica. 8 ed. São Paulo: Summus, 2019.

RODRIGUES, H. E. Relações entre a teoria de campo de Kurt Lewin e a Gestalt-terapia. *In* FRAZÃO, L. M; FUKUMITSU, K. O. (Orgs.). *Gestalt-terapia*: fundamentos epistemológicos e influências filosóficas. São Paulo: Summus, p. 58-72, 2013.

RODRIGUES, H. E. *O aqui-estendido-e-agora na gestalt-terapia online*. *In* ASSOCIAÇÃO BRASILEIRA DE GESTALT- TERAPIA E ABORDAGEM GESTÁLTICA. (Org.). *Vozes em letras*. Curitiba: CRV, p. 183-200, 2020.

SALOMÃO, S. et. al. Fronteiras de contato. *In* FRAZÃO, L. M; FUKUMITSU, K. O. (Orgs.). *Gestalt-Terapia:* conceitos fundamentais. São Paulo: Summus, p. 47-63, 2014.

SCHILLINGS, A. Concepção de neurose em Gestalt-terapia. *In* FRAZÃO, L. M; FUKUMITSU, K. O. (Orgs.). *Gestalt-Terapia*: conceitos fundamentais. São Paulo: Summus, p. 193-215, 2014.

VARGAS, D. Efectos de la pandemia en la familia. *In* CORDERA, R.; PROVENCIO, E. *Cambiar el rumbo: el desarrollo tras la pandemia*. Universidad Nacional Autónoma de México. p. 111-116, 2020.

YANO, L. GOMEZ, S. *Relações familiares em tempos de pandemia. In* ASSOCIAÇÃO BRASILEIRA DE GESTALT-TERAPIA E ABORDAGEM GESTÁLTICA. (Org.). Vozes em letras. Curitiba: CRV. p. 29-42, 2020.

YONTEF, G. *Processo Diálogo e Awareness*: ensaios em Gestalt-terapia. 3 ed. São Paulo: Summus, 1998.

10

# Análise da experiência de atendimento online no aconselhamento psicológico: uma abordagem gestáltica

*Claudia Lins Cardoso*
*Daiana Indianara de Oliveira*
*Gabriel Henrique de Souza Carvalho*
*Leidiane Maria da Silva Leonardo*
*Thauane Cunha Siqueira*
*Paulo Eduardo Rodrigues Alves Evangelista*

A Pesquisa "Aconselhamento Psicológico por Ferramentas de Comunicação Online para a Comunidade UFMG"[1] teve como objetivo principal conhecer para, posteriormente, publicizar o Aconselhamento Psicológico Online (APO), isto é, o aconselhamento por ferramentas de comunicação via internet à comunidade do ponto de vista dos que prestam o serviço e dos que o recebem. Em continuidade à apresentação realizada em capítulos anteriores, o presente capítulo apresentará os resultados da referida pesquisa relativos a um de seus objetivos específicos, a saber: conhecer a experiência dos alunos que realizaram os atendimentos online por meio

[1] O projeto de pesquisa "Aconselhamento Psicológico por ferramentas de comunicação online para a comunidade UFMG" foi aprovado no Comitê de Ética em Pesquisa da UFMG (CEP/UFMG), CAAE: 36394020.6.0000.5149.

de pesquisa qualitativa, usando como instrumento a roda de conversa.

Conforme explicitado em capítulos anteriores, esta pesquisa é fruto do projeto de extensão "Aconselhamento Psicológico Online para a Comunidade UFMG durante a Interrupção de Atividades Presenciais", inserido no escopo do projeto de extensão "Plantão Psicológico no Serviço de Psicologia Aplicada (SPA)", e desenvolvido entre março e julho de 2020. A pertinência da primeira se deve à interrupção das atividades acadêmicas presenciais naquela Universidade a partir de março daquele ano, pela pandemia mundial de covid-19, e ao número crescente de solicitações de atendimento psicológico por parte da comunidade universitária que se encontrava em intercâmbio no exterior naquele período.

O Plantão Psicológico pode ser compreendido, sucintamente, como uma modalidade de atendimento clínico, na maior parte das vezes único, no qual, em determinados períodos de tempo, plantonistas permanecem disponíveis para atender quaisquer pessoas que ao serviço recorrerem, prestando uma escuta atenta e acolhedora às singulares experiências de cada cliente no momento mesmo de sua procura. Sua proposta é no sentido de ajudar a pessoa a compreender seu sofrimento existencial, bem como auxiliá-la a reconhecer os recursos disponíveis (inclusive os seus próprios) para lidar com a situação da melhor maneira possível (Morato, 2009; Rodrigues *et al.*, 2021). Segundo Mahfoud (1987):

> No aqui e agora da situação do encontro, o trabalho do conselheiro-psicólogo é no sentido de facilitar ao cliente uma visão mais clara de si mesmo e de sua perspectiva ante a problemática que vive e gera um pedido de ajuda. Nisso, a forma de enfrentar a problemática se definirá no próprio processo de

> plantão e com participação efetiva de ambos, cliente e conselheiro. (Mahfoud, 1987, p.19).

No âmbito da UFMG, o projeto de extensão "Plantão Psicológico no SPA" oferece atendimentos psicológicos gratuitos e imediatos extensivos a toda a comunidade universitária desde 2019, abrangendo integralmente as classes discente, docente, servidores, técnicos e terceirizados de nossa quase centenária instituição. Entretanto, com o aumento exponencial de casos de covid e de óbitos dela decorrentes no planeta, e com as medidas de isolamento social preconizadas pela Organização Mundial de Saúde, a Diretoria de Relações Internacionais (DRI) consultou o Departamento de Psicologia da Faculdade de Filosofia e Ciências Humanas (FAFICH) sobre a possibilidade de prestação de assistência psicológica aos diversos intercambistas da UFMG no exterior e aos estrangeiros em intercâmbio na Universidade. Todos eles, devido à pandemia, viram-se impedidos tanto de realizarem as atividades presenciais de intercâmbio, quanto de retornarem aos seus países de origem, o que gerou diversos tipos de sofrimentos emocionais.

Diante dessa nova e ampliada demanda, rapidamente o serviço se articulou para oferecer atendimento em Aconselhamento Psicológico por ferramentas de comunicação online a membros da comunidade acadêmica no exterior, a fim de atender à solicitação da Diretoria de Relações Internacionais. Com isso, a equipe foi ampliada (alunos de graduação e de pós-graduação em Psicologia) e houve a necessidade de uma reconfiguração dos atendimentos e da supervisão. Antes, na modalidade de Plantão Psicológico, os encontros aconteciam presencialmente, num período determinado, com supervisores *in loco* à disposição dos alunos durante e após a sessão. Com a migração para o online, os atendimentos passaram a acontecer em horário agendado e com a supervisão *a posteriori* somente, configurando-se na modalidade de Aconselhamento Psicológico Online. Isso demandou que os professores supervisores promovessem uma capacitação dos alunos para esta nova modalidade de atendimento. Também foram criados novos protocolos, incluindo, por exemplo, o preenchimento de fichas de cadastro, critérios de distribuição das fichas entre os alunos, registro de informações das pessoas atendidas e elaboração de relatórios de atendimentos por parte dos alunos. Os atendimentos ocorriam mediante inscrição prévia através de um link disparado pelos Colegiados de cada curso. Eles eram realizados por uma dupla de plantonistas que entrava em contato por e-mail com os interessados para agendamento do atendimento, o qual aconteceria por ferramentas online. *A priori*, a ideia era de um atendimento único, embora fosse permitido um (ou mais) retorno(s), se o cliente sentisse necessidade.

Semelhante à proposta do Plantão Psicológico, o Aconselhamento Psicológico busca facilitar uma visão mais clara da situação existencial da pessoa atendida para que ela possa recobrar a liberdade para agir e destinar-se a uma experiência mais significativa. Seu *setting* é o encontro intersubjetivo. Sua duração é o período em que perdurar a decisão de autoexploração do cliente (Schmidt, 2009; Morato, 2009).

## Metodologia

Após essa breve exposição sobre a transformação da oferta do Plantão Psicológico presencial da UFMG no Aconselhamento Psicológico Online (APO), salientamos que o presente recorte da Pesquisa sobre o Aconselhamento Psicológico Online, decorrente deste segundo serviço, configura-se em uma análise fenomenológica da transcrição da roda de conversa virtual para coleta de dados com alunos que atenderam no APO, cujo objetivo foi apreender a experiência daqueles que atenderam online nessa modalidade clínica.

Na literatura da psicologia fenomenológica, "experiência" é o termo usado para se referir à condição humana de ser sujeito e objeto. É peculiar do ser humano poder agir e se observar enquanto age. Também pode representar suas ações anteriores para retomá-las em consideração, assim como imaginar e planejar futuros possíveis (Amatuzzi, 2001).

Martins (1992, p. 58) sintetiza que o objetivo do pesquisador fenomenológico é "revitalizar, tematizar e compreender a essência dos fenômenos da vida diária à medida que os vive e experiencia". Por "essência" entende-se o caráter geral e imutável dos fenômenos presentes nas suas variadas manifestações particulares. Nessa mesma direção, Forghieri (2000, p. 59) defende que o objetivo é "captar o sentido ou o significado da vivência para a pessoa em determinadas situações por ela experienciadas em seu existir cotidiano". O resultado de pesquisa assim conduzida é a apresentação da essência de uma vivência.

Em termos de metodologia e de análise da pesquisa fenomenológica, destacamos aqui o método proposto por Amatuzzi (2001), que o chama de "Pesquisa do Vivido". Para ele, o objetivo desse método é a investigação científica das experiências imediatas pré-reflexivas. O conjunto de procedimentos para acessar a experiência subjetiva pode ser sintetizado assim (Forghieri, 2000; Moreira, 2004; Amatuzzi, 2001):

1. Os sujeitos (individual ou em grupo) entram em contato com a vivência em questão e a descrevem.
2. Os relatos são registrados (gravados ou escritos).
3. O pesquisador analisa e descreve os significados vivenciados por cada sujeito.

4. O pesquisador agrupa os aspectos vivenciados por todos em categorias.
5. O pesquisador apresenta aos sujeitos, na forma de uma devolutiva, a descrição da vivência que elaborou.
6. Após a averiguação, o pesquisador descreve a essência da vivência pesquisada.

No tocante à presente pesquisa, para a realização do encontro, foram sorteados aleatoriamente sete ex-participantes, de um total de 24 alunos que atenderam no APO. Feito isso, o próximo passo foi o convite dos pesquisadores, por e-mail, para participação da roda de conversa, explicitando os objetivos da pesquisa, solicitando também sua confirmação em data e horário combinado para o encontro virtual, que se daria através da plataforma Teams, com duração média prevista de uma hora e meia, o qual seria gravado para posterior transcrição. Anexo ao e-mail, constava o Termo de Consentimento Livre e Esclarecido (TCLE), cuja assinatura foi pré-requisito para sua participação.

No dia combinado, dando início ao encontro virtual, a professora coordenadora da pesquisa fez a pergunta-chave na roda de conversa, disparando, assim, os depoimentos: "Como foi a sua experiência de atender no Aconselhamento Psicológico por ferramentas de comunicação online?". A roda de conversa foi gravada, todos os participantes se manifestaram e o material gravado foi transcrito, lido, analisado, categorizado em unidades vivenciais específicas pelo grupo de pesquisa, de acordo com o método fenomenológico de pesquisa, e compreendido à luz da Gestalt-terapia.

Faz-se necessário mencionar que na análise fenomenológica dos depoimentos transcritos da roda de conversa, foram apreendidas unidades vivenciais referentes às mais variadas temáticas, tais como à pandemia de covid, ao Plantão Presencial e ao atendimento presencial, dentre outras. Entretanto, dados os objetivos da pesquisa, neste capítulo serão apresentadas apenas as categorias vivenciais apreendidas relativas à experiência de atender no Aconselhamento Psicológico Online, a saber: *atendimento online, comparação do atendimento presencial com o online* e a *ausência de supervisão no meio do atendimento.*

## O atendimento online

O *lockdown* instaurado no Brasil durante os primeiros meses de 2020 foi um pungente retrato do isolamento social imposto pelo alto risco de contágio do vírus pandêmico. Na impossibilidade do contato físico, a comunicação remota tomou conta da realidade cotidiana de grande parte da população. O campo, antes compartilhado de forma majoritariamente presencial, passou a exigir novas formas de viver as funções de contato. Subitamente, a escuta e o olhar, tão caros à Psicologia, viram-se intermediados por uma tela virtual. Segundo Cardoso (2021):

> Na concepção de homem que sustenta todo o trabalho em Gestalt-terapia, somos gregários por natureza, somos seres em relação constante, somos redes de contato. Precisamos disso para nos constituirmos como pessoas, para desenvolvermos nossa identidade, nosso senso de "eu". E a pandemia revirou isso do avesso, pois atualmente não podemos mais nos relacionar como estávamos acostumados. (Cardoso, 2021, p. 140).

Na Gestalt-terapia, compreende-se liberdade e singularidade por meio de lentes que contemplem as relações entre organismo/meio. Nesse sentido, o Homem é apreendido enquanto ser-no-mundo, aberto às possibilidades que lhe são oferecidas. Desse modo, com as bruscas mudanças ocasionadas pela pandemia, o que antes seria visto gestalticamente como um ajustamento criativo "natural" em direção a um mundo mais digitalizado e informatizado, passou a ser, repentinamente, o único meio de contato viável, gerando, em escala mundial, apreensão e receio. Como salientado por Cardoso (2021), esse contexto promoveu sofrimentos distintos e de intensidades variadas, causando um impacto de grandes proporções em nosso vir-a-ser-no-mundo.

Diante do já citado cenário que modificou os modos e possibilidades de ser e estar com o outro, o presente tópico aborda a experiência do atendimento online em meio aos desafios vivenciados durante a pandemia de covid-19. Acostumados, em sua maioria, à realização do atendimento psicológico tradicional, norteado pelo pilar da presença física, a modalidade online trouxe a estudantes e a profissionais uma série de indagações, que inseriu de forma diferente uma questão essencial à Gestalt-terapia: o "como". Dessa vez, tratava-se daquele referente à construção do campo psicoterapêutico no novo e desconhecido cenário das telas, no qual um clique, ruído ou oscilação de conexão poderia ter repercussões desconhecidas e, por vezes, indesejadas no contato estabelecido entre cliente e plantonista, assim como na qualidade de sua presença.

Nesse contexto, o atendimento online, enquanto descoberta e a (re)invenção dos modos de se fazer presente ao longo dos atendimentos, foi vivenciado, inicialmente, como extremamente *desafiador*, *difícil* e *imprevisível*, desdobrando-se para cada um dos estudantes entrevistados em uma diversidade de vivências e de sentidos. Serão apresentados a seguir aqueles cuja recorrência mostrou-se mais presente ao longo da análise fenomenológica dos depoimentos.

Uma das principais vivências apreendidas na experiência dos alunos foi o *medo*, em diferentes situações, de modo especial, no período inicial do contato dos plantonistas com a nova modalidade de atendimento. Assim, foram evidenciados o *medo*: *de atender online*, *das oscilações na internet*, *de lidar com a tecnologia*, *de lidar com os imprevistos possíveis nesse novo campo*, *de atender sem a supervisão no meio do atendimento* e *de perder conteúdos importantes* ou ainda *de deixar a pessoa sozinha devido a falhas de conexão da internet*.

No entanto, além do medo, foi possível apontar para a existência dos sentimentos de *tensão*, de *insegurança* e de *preocupação* experimentados no encontro mediado pela tecnologia. De acordo com os entrevistados, a imprevisibilidade do atendimento online extrapola aspectos pontuais da conexão via internet, colocando o campo geográfico, bem como a estrutura da qual se dispõe para a realização dos atendimentos na dinâmica de figuras e fundos experienciada por aqueles que atendem. Isso pode ser ilustrado nos seguintes trechos do depoimento:

> *E aí eu estava com dois medos: um era que não ia ter a supervisão no meio [...] e o outro era o fato de ser online, porque a gente vê que, muitas vezes (isso aconteceu em vários atendimentos), às vezes trava a internet e dá aquela caidinha, a pessoa fala e a imagem dela mexe de um jeito e a boca, a voz, sai em outro momento.*
>
> *Eu me sentia também um pouco invadida no meu espaço, sabe? De estar mostrando meu quarto... Não era uma coisa que me fazia bem. E depois de um tempo, eu comecei a ter muita dificuldade de dormir no meu quarto, porque eu trabalhava no meu quarto, então eu escrevia [...] e eu atendia também aqui, então, ficou muito ruim.*

Com isso, o *ambiente da própria casa* apresentou-se como objeto de ressignificação para os plantonistas, uma vez que, se antes esse ambiente se localizava na esfera do pessoal, com a chegada da modalidade online, ele passou a ser parte de um campo compartilhado, contribuindo para a expressão dos sentimentos de *invasão*, de *estranheza*, de *desconforto*, além da *preocupação com aspectos estruturais*, como a *privacidade*, *a qualidade da internet e* até mesmo com *a possibilidade de gerar incômodo às pessoas da família*, dispostas no domicílio. Juntos, os citados aspectos fazem parte do que muitos plantonistas consideraram uma *experiência cansativa*, na qual suas habilidades de *foco*, de *concentração* e de *presentificação* foram, dia após dia, sendo desafiadas pelas diferentes paisagens coconstruídas no campo, ao longo dos atendimentos.

> *Eu acho que essa foi uma dificuldade muito grande que eu tive e que eu percebi no começo, de perder o foco, de lutar para não perder a linha de raciocínio que a pessoa estava trazendo.*
>
> *Não é um filme, eu sei que não é um filme quando eu estou atendendo online, mas, assim, não tem uma tela aqui diante de mim, tem sofrimento, que eu vejo no presencial, que é palpável, quase como se eu pudesse tocar ali a dor. Eu não tenho, necessariamente, essa experiência no online. Eu consigo ver que é muito forte, eu consigo ver que é genuíno, mas ainda, assim, eu acho que é diferente.*

Apesar dos inúmeros questionamentos iniciais acerca do que seria possível alcançar durante a experiência do atendimento online, o *tempo* mostrou-se um importante intermediário na experiência de vir-a-ser dos plantonistas, na medida em que permitiu que estes se abrissem ao *contato* e, a partir da interação com o meio, promovessem *mudanças positivas em seus modos de experimentar a modalidade online*. Assim, ao afirmar que "*o tempo traz segurança*", uma das plantonistas exemplifica o pensamento de Perls, Hefferline & Goodman (1997, p. 47), quando estes afirmam que: "um significado mais adequado de "segurança" seria a confiança de um apoio firme, proveniente do fato de experiências anteriores terem sido assimiladas e o crescimento realizado, sem situações inacabadas".

Nesse sentido, a assimilação das próprias dificuldades, medos e anseios possibilitou o desvelar do processo de crescimento dos plantonistas, de modo que muitos relatos seguem a trilha do reconhecimento das potencialidades enxergadas ao longo do APO, dentre as quais é possível destacar: sua importância como uma *experiência positiva para a formação,* bem como *para o desenvolvimento amplo dos estudantes*, principalmente no que se refere à *habilidade de perceber os fenômenos dados no encontro com o cliente* e *qualificar seus modos de se perceber e se presentificar no campo do atendimento.*

Desse modo, o *tempo* e a *busca por adaptação ao novo contexto de atendimento online* foram experienciados como promotores de crescimento, compreendido por Ribeiro (1985) como:

> Crescimento é função do contato, não se podendo pensar em contato sem que, implicitamente, se pense em crescimento. Para que isto ocorra, é preciso, espontaneamente, deixar-se levar pelo fluxo do encontro com o outro, com a vida, e acreditar no contato como gerador de mudança de possibilidades novas, por meio do contato, encontro-me com minha coragem, meus medos, minha esperança.

> Através dele, me reconheço que é possível e viável. (Ribeiro, 1985, p.32).

Uma característica específica do APO foi vivenciada pelos alunos com ênfase especial: *o atendimento com uma dupla fixa*. Assim, se antes as duplas de atendimento eram alternadas frequentemente no Plantão Psicológico, durante o APO e em plena pandemia de Covid, os professores supervisores compreenderam que a necessidade de alguma "estabilidade" exigia um ajustamento do próprio modelo de atendimento, propondo, então, duplas de alunos que atendessem juntos por um certo período de tempo. Assim, a análise dos depoimentos demonstrou que atender com uma dupla fixa por certo tempo foi vivenciado em termos de *manutenção dos laços de amizade entre os estudantes*, *conexão* e até mesmo permitiu *o amparo da solidão* dos próprios alunos.

> *O fato de serem as duplas fixas, [...] de criar amizade e aprofundar a amizade, isso foi muito marcante e dava outro tom para o negócio, sabe? A solidão era extremamente ultrapassada.*

Outrossim, o *atendimento em dupla* foi apreendido como uma vivência de *segurança*, como, por exemplo, em *momentos de instabilidade da internet*, em função *do receio de se perder algum fenômeno durante a escuta*, o outro membro era o recurso para que aquela comunicação não fosse perdida.

> *Ter a dupla lá para dar um suporte caso eu ficasse travada, né? E... com medo de ter perdido, porque tinha atendimento que travava muito e, às vezes, acabava perdendo muita coisa.*

Todavia, a dupla no contexto do APO também apresentou suas adversidades. O campo compartilhado, citado anteriormente, tinha como fronteira a tela do computador, dificultando, assim, a percepção dos que realizavam o atendimento em relação a com qual dos membros da dupla a pessoa atendida estava se identificando. Perceber a *comunicação não-verbal* no atendimento online passa a ser mais desafiador, uma vez que a percepção no campo conta com um obstáculo espacial/geográfico e até mesmo com limitações de rede de conexão (internet).

Outro aspecto relevante da análise fenomenológica refere-se ao fato de que as vivências expressaram também a possibilidade de *flexibilizar as situações e demandas* que surgiam no *setting* terapêutico. Mesmo no modelo de Plantão Psicológico, era necessária adaptação. No APO, essa *adaptação* está vinculada à *pandemia*, ao *remoto*, à *inexistência da supervisão ao meio do atendimento*. Como Cardoso (2013, p. 72) define em trabalho anterior, "cuidar é fazer com, não fazer por. É uma proposta de capacitação, e não orientação. É oferecer o apoio necessário para que o outro se reconheça nas suas possibilidades e referências e se erga, fortalecendo seu próprio senso de autossuporte".

No APO, foi necessário o "fazer *com*", tanto com a dupla quanto com o atendido. Isso pode ser ilustrado nos seguintes trechos de depoimentos:

> *Então, [...] eu acho que foi dada a situação que aconteceu e os meios que a gente tinha, e que a gente ia se adaptar, a gente ia ver o que dava para ser feito no online.*
>
> *E acho que tivemos a oportunidade de viver muito concretamente uma das características do Plantão Psicológico, que é a flexibilização, esse conseguir, de forma*

*muito rápida, se adaptar àquelas situações e responder às demandas.*

É possível ressaltar, respeitada a singularidade das experiências analisadas ao longo da presente pesquisa, que a experiência do APO se configurou como um *espaço de crescimento*, no qual os plantonistas encontraram solo fértil para trilhar seus passos no, até então, desconhecido caminho do atendimento online e se modificarem enquanto estudantes e profissionais em formação. Início, meio e fim figuraram, nesse contexto, como partes essenciais do processo de crescimento, norteados pela constante atualização de si e abertura aos desafios que se colocaram no campo ao longo de suas experiências.

## Comparação do Atendimento Presencial com o Atendimento Online

A presente categoria reúne algumas vivências captadas nos depoimentos sobre a experiência de atendimento online no APO, a partir da comparação feita pelos alunos entrevistados com o presencial. Na análise, optamos por apresentar como uma unidade temática distinta daquela decorrente da fala espontânea sobre a experiência em si de atender online. Vários descrevem ambos os atendimentos como *diferentes (nem melhor, nem pior)*, mas com características bem específicas, conforme ilustrado no seguinte trecho de um depoimento:

> *Não é que seja um melhor ou outro pior, [...] é mais sobre a diferença do tipo de fenômeno que dá para captar. Eu acho que, em um e no outro as coisas acontecem de forma diferente, só não tem essa coisa de, pra mim, de*

*estar um melhor que o outro, mas de ter cada um suas especificidades, sabe?*

Aqui, a declaração do aluno parece indicar o quanto a fronteira de contato das partes que compõem o atendimento — presencial ou remoto — delimita uma variação na captação de fenômenos possíveis no campo. Várias vivências do campo online, quando comparadas àquelas do atendimento presencial, apontaram dificuldades relativas à construção da relação terapêutica, à captação do sofrimento da pessoa e *ao fato* (ou experiência) *do atendimento online não ser tão vivo e ativo quanto o presencial*, conforme o trecho abaixo:

> *Sabe, Luciana*[2]*, essa coisa de ser mais vivo, não sei se é isso, mas eu vejo que no presencial as coisas são mais reais. No online, tem uma tela diante de mim. Passa uma vibe até ficcional [...] Já no presencial, tem sofrimento visível, que é quase palpável, como se eu pudesse tocar ali a dor.*

Frank (2020) descreve experiência semelhante em relação à dificuldade de contato no atendimento online e afirma que o contexto do Coronavírus, com todas as incertezas, imprevisibilidades e falência de muitos suportes habituais da humanidade, facilitou o desligamento da conexão com os sentimentos e com o corpo diante da ansiedade por não saber o que fazer ou como estar com o outro em uma relação mediada pela tela do computador.

Outra vivência descrita como perda no atendimento online, em comparação ao presencial, é aquela relativa à

[2] Nome fictício

*comunicação não verbal*, tanto com a dupla quanto com a pessoa atendida. Conforme ressaltado por Galli (2007):

> A psicoterapia gestáltica dá muita importância ao tom de voz, postura, gestos e expressão facial. Grande parte dos fatos significativos têm lugar nas trocas produzidas pelas comunicações não-verbais [...]. Em Gestalt, manifestações corporais voluntárias ou inconscientes são tomadas como dados importantes do que ocorre internamente no indivíduo (Galli, 2007, p.93).

Na presente pesquisa, alguns participantes relataram que o encontro presencial proporcionava *maior riqueza perceptiva*, desvelando uma vastidão de microexpressões, as quais, na maior parte das vezes, permaneciam veladas no online. É como se o campo virtual restringisse o escopo de suas imagens às margens transmissíveis de seus *tablets*, celulares ou computadores, cujas câmeras enquadram apenas os membros superiores das pessoas. Para superar essa limitação e ampliar a qualidade da presença e da relação entre as partes que compõem um atendimento psicológico virtual, Spagnuolo Lobb (2020) propõe que o Gestalt-terapeuta busque desenvolver o que ela chama de "conhecimento relacional estético", ou seja, um senso de "estar-com" o outro, fazendo uso de seus sentidos e da ressonância corporal, a fim de cocriar uma relação que ofereça suporte ao cliente para facilitar a revelação deste no aqui-e-agora do encontro terapêutico. Uma das alunas descreve a experiência da seguinte maneira:

> *Essa questão de não ter esse compartilhamento total do campo, de ter essa questão da presença física, é você tentar trazer o máximo possível essa presença. E aí, eu senti que essa dica de tentar ao máximo possível puxar*

*essas mínimas possibilidades de ficar com essa troca, eu senti que fazia muita diferença. E pra mim também, eu me sentia mais dentro daquele momento, porque se eu ficasse só igual a gente fica na aula, sabe? Quando era aula online, de só ouvir, você está só ouvindo ali e você não sente que aquele campo está compartilhado, você não sente que você está necessariamente junto daquelas pessoas.*

No Plantão Psicológico, como os atendimentos eram em duplas, plantonistas descreveram o quanto, no presencial, se sentiam tão *mais conectados* não apenas aos clientes como também às suas duplas. No virtual, ao contrário, as vivências expressas sugerem que essa conexão era pior.

Ademais, a *qualidade da presença* e a *relação terapêutica* foram experienciadas por vários entrevistados como sendo melhores nos atendimentos presenciais, enquanto no online, *perde-se mais facilmente o foco*, a *conexão* e a *intimidade*, conforme expressa o fragmento de depoimento abaixo:

*No online, eu começo a abrir e a fechar a caneta. É bem mais difícil para mim ficar focada. Hoje, eu me sinto uma psicóloga pior atendendo online.*

Nesse quesito, Rodrigues (2020) ressalta a importância da descrição fenomenológica como recurso da Gestalt-terapia no sentido de que ela abarca a totalidade do encontro terapêutico, não devendo se restringir ao espaço, à distância ou ao ambiente. Assim, ela deve ser adotada como um método de deixar emergir o sentido do que se faz presente na unidade do encontro terapêutico virtual, inclusive as experiências do psicoterapeuta como parte do campo cocriado.

## Ausência da supervisão no meio do atendimento

Este tópico tem como foco a supervisão em um contexto no qual os modos e as possibilidades de interação com o outro foram alterados. Nesse sentido, é abordada a experiência da *supervisão online* dos entrevistados no projeto de extensão "Aconselhamento Psicológico Online para a Comunidade UFMG durante a Interrupção de Atividades Presenciais".

De acordo com a metodologia descrita por Cardoso (2020), no Plantão Psicológico, a dupla de plantonistas atendia por um período que variava de acordo com a intensidade e a necessidade da pessoa atendida. Após esse período, a pessoa era convidada a passar um tempo em sua própria companhia e fazer uma pausa reflexiva de sua experiência. Nessa pausa no atendimento, a qual variava de 10 a 15 minutos, a dupla se dirigia para a supervisão, onde se encontrava com o(a) professor(a) supervisor(a), que escutava o relato do atendimento, promovia reflexões acerca do atendimento e dava suporte teórico para o retorno dos alunos. Posteriormente, a dupla retornava ao atendimento, fazendo o encerramento e levando em consideração as discussões prévias na supervisão.

Especialmente por se tratar de uma modalidade clínica de atendimento único (pelo menos, a princípio), os professores supervisores adotaram a supervisão durante o atendimento do Plantão Psicológico, como oportunidade de reflexão sobre a situação descrita e suas repercussões na experiência da pessoa e dos alunos, no sentido proposto por Albuquerque (2018):

> Na Gestalt-terapia, a supervisão é entendida como um importante suporte para o terapeuta em sua prática clínica, possibilitando a reflexão sobre seus

> processos internos e aprimoramento de suas habilidades terapêuticas. (Albuquerque, 2018)

Por conseguinte, a supervisão em Gestalt-terapia se constitui como um suporte fundamental para a prática clínica, sendo um lugar acolhedor e um momento para reflexão crítica. Segundo Yontef (1993), trata-se de um momento para o psicólogo desenvolver sua sensibilidade e uma prática clínica mais efetiva. O supervisor é um facilitador do processo terapêutico, que auxilia a entrar em contato com suas habilidades e limitações, bem como com o aqui-e-agora da relação terapêutica. Um dos entrevistados ilustra isso ao afirmar:

> *[...] ter essa segurança de estar próximo de vocês, professores, da gente poder correr lá e pedir um suporte, acho que eu tinha um pouco dessa segurança.*

Com o início da Pandemia, uma das adaptações necessárias abarcou a supervisão. Em decorrência da demanda de diferentes fusos horários da comunidade universitária que estava em intercâmbio, ela passou a ser *a posteriori*, online e em horário agendado, e não mais durante o atendimento (supervisão de meio). Apesar de ter sido um ajustamento criativo necessário, devido ao contexto, essa mudança causou em grande parte dos estudantes entrevistados um sentimento de *insegurança*, de *medo* e de *solidão*.

Na análise fenomenológica dos atendimentos, ficou óbvia uma consonância de unidades vivenciais apreendidas dos depoimentos, com destaque para os sentimentos de *insegurança* gerados pela falta de supervisão no meio, mesmo entre aqueles com experiência clínica, de *solidão* e de *medo por ter feito algo errado*. Além disso, o fato de não ter a supervisão no meio despertou a vivência de ser o *atendimento responsabilidade exclusiva do aluno*, gerando, assim, diversas dúvidas, principalmente por se tratar de um atendimento único. Foi relatada também uma *maior segurança com a supervisão presencial*, devido à *interação física com os supervisores e os demais plantonistas.* Destaca-se que estes relatos partem de estudantes que tiveram a experiência anterior do Plantão Psicológico presencial, com supervisão no meio, o que, segundo os relatos nas entrevistas, demandou uma necessidade de adaptação deles. Isso fica evidente nos recortes de depoimentos:

> *Finalizar o atendimento e saber que, talvez, eu nunca mais ia ver aquela pessoa e eu não tive a supervisão de meio. Então, será que eu fiz o certo? Será que eu poderia ter feito melhor? O que vai ficar agora?*
>
> *"Então, eu estava com um milhão de inseguranças [...] em relação a não ter a supervisão."*

Nos dois relatos, fica explícito o quanto a ausência da supervisão no meio do atendimento impactou as estagiárias, podendo-se cogitar que o fato do APO ser inicialmente com o propósito de um atendimento único intensificou o sentimento de *insegurança* e o *medo de errar*, pois os alunos se viram diante de um novo cenário de responsabilidade decisória nas intervenções, sem um suporte direto do(a) supervisor(a) durante o atendimento. Pensando que a supervisão em Gestalt-terapia, segundo Polster (2001), é uma oportunidade para o psicoterapeuta explorar sua própria experiência, para que ele possa entender melhor os processos que estão ocorrendo com seus pacientes, vale refletir sobre a experiência dos estudantes que também estavam passando por uma pandemia e que precisaram, rapidamente, se adaptar ao novo contexto de atuação, como destacado por um deles:

*É, com certeza, foi assim só pela adaptação, porque eu acho que depois a gente vai entendendo que é possível fazer dessa forma, sabe?*

Ademais, a transição da supervisão do presencial para o online gerou uma *sensação de perda de interação* e um sentimento de *insegurança*, como é demonstrado no seguinte trecho:

*Nossa, mas assim, eu senti tanta falta de estar na sala para a supervisão, todo mundo junto ali!*

A segurança que a supervisão presencial dava para os alunos é ponto bastante compartilhado entre os entrevistados, podendo-se pensar na diferença da qualidade da presença experienciada e compartilhada no campo cocriado do presencial, o que pode interferir na qualidade do contato tanto com os supervisores, quanto com os demais plantonistas. Segundo Perls (1977), a Gestalt-terapia é uma abordagem que enfatiza a importância da relação terapêutica, da presença do psicoterapeuta e da promoção do contato autêntico, sendo considerada uma psicoterapia do contato e da presença. Desse modo, pode-se pensar o quanto essa mudança de fronteiras de contato e de configuração do campo tocou as experiências dos entrevistados.

## Fechando a Gestalt

O legado pandêmico provocou no mundo que conhecíamos inevitáveis mudanças, as quais nos convocaram a buscar novas respostas e adotar posturas distintas daquelas habituais até então, as quais visavam restaurar nossa homeostase diante de uma situação avassaladora de proporções inimagináveis até bem pouco tempo, em todas as áreas da existência humana. Diante do aumento do sofrimento psíquico gerado por esse novo contexto mundial, a busca por serviços psicológicos teve um aumento significativo e nós, psicólogos, tivemos que nos adaptar rapidamente a essa demanda crescente e, em especial, à nova — e, muitas vezes, única — modalidade de atendimento possível: a online.

O presente capítulo apresentou os resultados da pesquisa fenomenológica realizada sobre a experiência dos estudantes entrevistados no atendimento do Aconselhamento Psicológico Online na UFMG, compreendida a partir da Gestalt-terapia. Foram evidentes os diversos desafios e dificuldades experienciados no exercício de atender na esfera virtual, tanto no atendimento em si, incluindo situações ligadas à internet e às mudanças no campo geográfico, quanto no estabelecimento do vínculo e da relação terapêutica a partir da tela do computador. Além disso, considerando-se que a mudança para o Aconselhamento Psicológico Online, por suas especificidades, acarretou a suspensão da supervisão dos alunos no meio do atendimento, tal alteração impactou de várias maneiras a experiência do atendimento online dos estudantes, conforme explicitado anteriormente. Nesse sentido, foram diversos os ajustamentos criativos necessários para que fosse possível manter um contato de qualidade com cada pessoa atendida, apesar da mudança do campo presencial para o virtual.

Entretanto, em vários momentos da roda de conversa, os alunos sustentaram que, apesar das dificuldades experimentadas no atendimento online, principalmente quando comparado com o presencial, quando eles se permitiram se abrir para a novidade dessa nova forma de estar-com a pessoa atendida — através da tela do computador — e buscaram fazer uso de seus sentidos para permanecerem presentes na relação, a sua experiência pôde ser gradativamente ressignificada de maneira positiva. E com isso, puderam confirmar que, guardadas as particularidades de cada modalidade de atendimento psicológico (presencial e virtual), a experiência do Aconselhamento Psicológico Online foi extremamente positiva, rica e reconhecida em sua potência, tanto em termos de seus objetivos terapêuticos quanto na formação profissional de cada um que participou deste projeto de extensão.

Para concluir, ressaltamos que o sentido de tais experiências vai ao encontro de Quadros, Cunha e Uziel (2020), ao afirmarem:

> Atuamos na fronteira onde o contato alcança novas dimensões sensoriais mediadas pelos dispositivos eletrônicos, o contágio se faz pela troca de ideias e emoções e o encontro se transforma em potência. Uma potência afirmativa que ratifica a noção de acolher como permanecer, estar presente, testemunhar, ficar, sustentar o momento e, portanto, produzir vida diante da possibilidade da perda e da morte, sem negá-las como possibilidade. (Quadros; Cunha; Uziel, 2020, p. 8)

## Referências


ALBUQUERQUE, C. M. *Gestalt-terapia: fundamentos teóricos e filosóficos.* São Paulo: Summus, 2018.

AMATUZZI, M. *Por uma psicologia humana.* Alínea Editora, 2001.

CARDOSO, C. L. A face existencial da Gestalt-terapia. *In* FRAZÃO, L. M., FUKUMITSU, K. O. (Orgs.).*Gestalt-terapia: fundamentos epistemológicos e influências filosóficas.* São Paulo: Summus, p. 59-75, 2013.

CARDOSO, C. L. O plantão psicológico em tempos de pandemia. *In* ASSOCIAÇÃO BRASILEIRA DE GESTALT-TERAPIA

E ABORDAGEM GESTÁLTICA. (Org.). *Vozes em letras*. Curitiba: CRV, p. 219-23, 2020.

CARDOSO, C. L. Plantão Psicológico na Universidade em tempos de pandemia: Contribuições da Gestalt-terapia. *In* CARDOSO, C. L.; GIOVANETTI, J. P.; EVANGELISTA, P. E. R. A. (Orgs.). *Cuidados em tempo de distanciamento social*. Belo Horizonte: Artesã Editora, p. 131-158, 2021.

FORGHIERI, Y. *Psicologia Fenomenológica: fundamentos, método e pesquisa*. Ed. Pioneira Thomson, 2000.

FRANK, R. Developing presence online. *The Humanistic Psychologist,* v. 48, n. 4, p. 369–372, 2020.

GALLI, L. M. P. *Comunicação Contemporânea: uma visão da fenomenologia, gestalt-terapia e da hermenêutica*. [Tese de Doutorado ]. PUCRS. 2007

MAHFOUD, M. A Vivência de um Desafio: plantão psicológico. *In* ROSENBERG, R. L. (Org.). *Aconselhamento Psicológico Centrado na Pessoa*. São Paulo: EPU, p. 75-83, 1987.

MARTINS, J. *Um enfoque fenomenológico do currículo:* educação como poésis. São Paulo: Cortez. 1992.

MORATO, H. *Plantão Psicológico: inventividade e plasticidade*. (Texto apresentado no IX Simpósio Nacional de Práticas Psicológicas em Instituições: Experiência, Intervenção e Pesquisa, pp. 31-45, 2009. Disponível em: https://bit.ly/3d5JWHp.

MOREIRA, D. A. *O Método Fenomenológico na Pesquisa*. São Paulo: Pioneira Thomson, 2004.

PERLS, F.; HEFFERLINE, R.; GOODMAN, P. *Gestalt-terapia*. São Paulo: Summus, 1997.

POLSTER, E.; POLSTER, M. *Gestalt-terapia Integrada*. São Paulo: Summus, 2001.

QUADROS, L. C. T.; CUNHA, C. C.; UZIEL, A. P. Acolhimento psicológico e afeto em tempos de pandemia: Práticas políticas de afirmação da vida. *Psicologia & Sociedade*. v. 32, p. 1-17, 2020.

RIBEIRO, J .P. *O ciclo do contato*. São Paulo: Summus, 1985.

RODRIGUES, A. B. W. *et al.* Pesquisa sobre Aconselhamento Psicológico Online. *In* ESPÍNDULA, J. A. G.; ANTÚNEZ, A. E. A. (Orgs.). *Psicologia fenomenológica e saúde mental durante a pandemia COVID-19: experiências e pesquisas*. São Paulo: Instituto de Psicologia da Universidade de São Paulo, p. 195-214, 2021.

RODRIGUES, H. E. *O aqui-estendido-e-agora na gestalt-terapia online*. *In* ASSOCIAÇÃO BRASILEIRA DE GESTALT-TERAPIA E ABORDAGEM GESTÁLTICA. (Org.). *Vozes em letras*. Curitiba: CRV, p. 183-200, 2020.

SCHMIDT, M. O nome, a taxonomia e o campo do Aconselhamento Psicológico. *In* MORATO, H.; BARRETO, C.; NUNES, A. (Orgs.). *Aconselhamento psicológico numa perspectiva fenomenológica existencial*. Guanabara-Koogan, p. 1-21, 2009.

YONTEF, G. M. Gestalt Therapy Supervision: Reflections on Practice, Principles, Process, and Art. *In* A. WOLDT, A. L.; TOMAN, S. M. (Eds.). *Gestalt Therapy: History, Theory, and Practice*. Thousand Oaks: Sage Publications, p. 274-292, 1993.

11

# Experiência de atendimento em aconselhamento psicológico remoto: análise de diários de bordo de graduandos em psicologia[1]

*Paulo Eduardo Rodrigues Alves Evangelista*
*Gabriela Maria Leroy Viana*
*Marina Castilho Santos Roela*
*Claudia Lins Cardoso*

Em 2020, o mundo se deparou com a nova pandemia do vírus da covid-19, a qual foi declarada pela Organização Mundial da Saúde (OMS) em março do mesmo ano. Esse cenário implicou a implantação de diferentes medidas sanitárias que visavam combater a alta taxa de transmissão de covid-19, tais como as medidas de distanciamento social, o uso constante de álcool 70°, assim como o uso de máscaras cobrindo nariz e boca. Para que o combate fosse ainda mais efetivo, as autoridades governamentais mundiais estabeleceram a necessidade do isolamento, levando as pessoas a se manterem em casa e afastadas do convívio social.

[1] Pesquisa realizada como Iniciação Científica Voluntária promovido pela Pró-Reitoria de Pesquisa da Universidade Federal de Minas Gerais.

Essa situação trouxe consigo o surgimento de sofrimento psicológico e o agravamento para quem já o vivia. Pesquisas realizadas ao longo de 2020 demonstraram aumento nos índices de depressão, ansiedade e estresse (SCHMIDT *et al.*, 2020; MAIA; DIAS, 2020; LIMA, 2020). Brooks *et al.* (2020) propuseram que o isolamento físico causado por quarentena contribuiu para isso.

Foi nesse contexto que a Universidade Federal de Minas Gerais (UFMG) também decretou, no dia 18 de Março de 2020, a suspensão por tempo indeterminado de todas as atividades presenciais, conforme a portaria Nº 1819 (UFMG, 2020). Com todas as atividades presenciais suspensas, os atendimentos do Projeto de Extensão Plantão Psicológico do Serviço de Psicologia Aplicada da Faculdade de Filosofia e Ciências Humanas da UFMG (SPA FAFICH/UFMG) também ficaram impedidos de acontecer. Nesse momento, a Diretoria de Relações Internacionais (DRI) da UFMG entrou em contato com a coordenação do serviço de Plantão Psicológico no SPA da FAFICH, relatando que um alto número de alunos e professores que estavam fazendo intercâmbio pela UFMG havia enviado e-mail demandando por cuidado psicológico. Foi então que reestruturamos o funcionamento do Plantão Psicológico[2] para que fosse possível realizar os atendimentos de forma online para os alunos e professores que estavam no exterior.

[2] O nome Plantão Psicológico se refere a uma estruturação do serviço de aconselhamento psicológico, por qual os atendimentos acontecem no momento da procura. O Aconselhamento Psicológico se refere a um tipo de atendimento psicológico que propicie "uma experiência de exploração cognitivo-afetiva de suas vivências pessoais e coletivas" (SCHMIDT, 1999, p.91). Por essa razão, os psicólogos e alunos de Psicologia que ofertam Aconselhamento Psicológico serão nomeados neste escrito "conselheiros".

Neste novo formato, os alunos que compunham a equipe de plantonistas que estavam participando do projeto de forma presencial, antes da pandemia de covid-19, foram convidados pelos professores supervisores a encarar um novo desafio: o atendimento de Aconselhamento Psicológico online. Além destes, outros alunos que tinham participado do Plantão Psicológico em 2019 e alunos da especialização de Psicologia da UFMG também passaram a fazer parte da equipe de conselheiros. Assim, compusemos uma equipe de 31 conselheiros e dois professores supervisores.

Dos conselheiros, a vasta maioria era de neófitos na prática clínica. Isto significa que para muitos esta seria a primeira experiência realizando atendimento clínico e tendo que lidar com o sofrimento, o qual, até então, aparecia apenas na teoria. Assim, é possível pensar neste momento como um momento de inseguranças, medos e incertezas sobre como é estar diante de um cliente; mas também como um momento de preparo para a atuação profissional, o que envolve muitas expectativas por parte dos alunos-conselheiros (Paparelli; Martins, 2007; Sá; Junior; Leite, 2010; Borges *et al.*, 2019).

Para Nunes (2015), os alunos que buscam por projetos que proporcionam o contato desde cedo com a prática clínica, deparam-se com uma prática que se revela marcada por "conflitos e questionamentos" (p. 118). O autor pontua que aprender partindo da experiência não é um caminho tranquilo. Porém, estando dentro desse caminho, há a possibilidade de o estagiário descobrir o jeito próprio de se realizar um atendimento psicológico, fazendo parte disso saber reconhecer como está se sentindo durante a sessão, o que aparece com estranheza por não ficar restrito apenas à interpretação do que foi visto no cliente. Concomitante a essa descoberta, vêm também algumas incertezas e inseguranças, como "o medo de falar besteiras [...], a (des)confiança na própria percepção, o "ter que" resolver e dar respostas à situação do cliente" (Nunes, 2015, p. 120).

Atender online aparecia, então, como algo novo na formação dos alunos envolvidos. Em função disso, foi proposto que fizessem Diários de Bordo, nos quais iriam relatar a experiência com o Aconselhamento Psicológico Online. Segundo Aun e Morato (2009), os Diários de Bordo (DB) são escritos que compartilham a experiência do autor ao narrar as histórias do vivido, sendo que esta narrativa é considerada como "condição do existir do ser homem" (p. 123). Nesses DBs, os autores se colocam livremente para expressar o que e como têm sido atravessados pela experiência narrada, isto é, por aquilo que foi vivido durante os atendimentos e que apareceu para os conselheiros, ou seja, "o sentido da experiência através da narrativa" (Aun; Morato, 2009, p. 125).

Para Prado e Caldas (2015, p. 11), o DB "é feito por um protagonista, a próprio punho, disposto a compartilhar uma experiência". É, ao mesmo tempo, "um espaço de reflexão, de registro autoral", como definem Silva e Santos (2017, p. 107). Essa compreensão é compartilhada por Braga, Mosqueira e Morato (2012) e por Silva (2018), que apresenta o Diário de Bordo como importante recurso metodológico em pesquisas fenomenológicas e hermenêuticas. Os DBs são potentes no registro de processos de formação, como analisado por Batista (2019) acerca da prática pedagógica e por Machado (2002) para o artista cênico. Nesta pesquisa, os DBs são utilizados com o intuito de recuperar a experiência de realizar atendimentos psicológicos mediados por computador por graduandos em Psicologia no projeto de extensão Plantão Psicológico no SPA.

Deste modo, delineia-se o objetivo desta pesquisa: descrever como foi atender online para os conselheiros do Aconselhamento Psicológico On-line da UFMG, em 2020.

Para alcançar este objetivo, esta pesquisa está respaldada na leitura e análise dos Diários de Bordo que cinco plantonistas disponibilizaram para tal. Este estudo compõe uma pesquisa maior sobre o "Aconselhamento Psicológico por ferramentas de comunicação online para a comunidade UFMG".

## Aconselhamento Psicológico Online da UFMG

Para que fosse possível realizar os atendimentos no formato online, o serviço precisou ser reestruturado, o que se mostrou viável devido à sua plasticidade (Morato, 2009), ou seja, sua capacidade de se modelar de acordo com as demandas do contexto no qual está inserido, com o intuito de manter os conselheiros disponíveis para atender àqueles que buscam por ajuda psicológica. Sendo assim, em abril de 2020, deu-se início ao Aconselhamento Psicológico Online (APO) da UFMG.

Os encontros entre os conselheiros e os clientes que buscavam por ajuda naquele momento eram realizados por agendamento. O pedido de atendimento dos intercambistas e professores no estrangeiro era feito por e-mail aos coordenadores, que os distribuíram às duplas de atendentes. As duplas[3] de conselheiros eram designadas aos atendimentos de alunos intercambistas, enquanto os professores do projeto, Paulo e Claudia, atendiam de forma individual aos professores intercambistas. Tal proposta foi seguida com o intuito de que os professores intercambistas se sentissem atendidos por pares.

Além disso, as supervisões ocorriam duas vezes por semana e todos os atendimentos eram nelas analisados, pois

[3] Os atendimentos eram sempre realizados em duplas, como tem sido desde a abertura do serviço em 2019 (SILVA, 2022). Sobre atendimentos em dupla, cf. Nunes (2015).

a vasta maioria dos atendentes era neófita na prática clínica psicológica. As supervisões em psicologia, em geral, têm o papel de facilitar a integração teórico-prática e promover a experiência profissional em psicologia (Lazzarini; Viana; Veludo, 2021), zelando para não serem estritamente técnicas e profissionalizantes (Ximenes; Barreto, 2018) e realçarem a formação para a escuta e cuidado com a existência em sofrimento psicológico, fiel ao entendimento de Dutra (2004, p. 385) de que o psicólogo clínico possa "contemplar e alcançar a singularidade das existências, que se vão construindo nos caminhos traçados pelos desejos humanos e seus quereres, e reveladores da sua condição de ser-no-mundo que sofre". Isto depende de atenção à dimensão tácita, implícita e experiencial de estar presente nos atendimentos. As supervisões dos atendimentos no APO objetivavam, assim, abrir espaço para o vivido pelos atendentes e serem:

> situação contextualizada para que um profissional resgate sua própria condição de indivíduo com dúvidas e estranhamentos em seu contato profissional de ajuda a indivíduos, para que, a partir de seus próprios questionamentos e dificuldades, possa apresentar-se mais propriamente receptivo e disponível em sua atuação de ajuda para encaminhar o cliente a redimensionar-se em sua vida. (Morato, 1999, p. 73)

Assim que a dupla de conselheiros recebia o contato do cliente, acordava um horário entre si para propor o atendimento. Posteriormente, enviava um email para o cliente apresentando brevemente a dupla e confirmando se seria possível realizar o atendimento no horário e data sugeridos. Cabe ressaltar que neste momento os conselheiros tiveram que organizar os horários de atendimento levando em conta o fuso horário. O prazo entre o primeiro contato com o cliente e o dia do atendimento era pensado de forma a não se levar muito tempo, a fim de manter o caráter de *urgência* da procura pelo atendimento e de que o sentido dessa procura não se esvaísse, uma vez que é no urgir do sofrimento que a *pro-cura*[4] se dá (Braga; Mosqueira; Morato, 2012).

Posto isso, o projeto do APO disponibilizou conselheiros para que fosse possível ter encontros para o cuidado em um momento de pandemia em que a interação social ficou restrita e, por vezes, impossibilitada. Esse tipo de modalidade clínica teve como proposta, nos encontros entre conselheiros e clientes, "tornar clara a maneira como ele [cliente] vive e compreende o sentido de tudo que encontra" (Spanoudis, 1997, p. 58), partindo dos fenômenos que se mostravam para os clientes atendidos. Assim, "o aconselhador não deve aliviar seu aconselhando do sofrimento, mas sim reconduzir o sofrimento por canais construtivos" (May, 1976, p. 136).

Passado um tempo com os atendimentos voltados apenas para a parte da comunidade da UFMG que estava alocada em outros países, a equipe do APO abriu o projeto para o restante da comunidade interna. A partir de então, voltaram a ser atendidos todos aqueles que tinham vínculo com a UFMG, entre eles: alunos de graduação e de pós-graduação, professores, servidores técnico-administrativos, terceirizados e alunos dos cursinhos das unidades acadêmicas da instituição. Sendo assim, a reabertura para toda a comunidade interna da UFMG, deu-se por estar vivenciando um mesmo contexto no qual, segundo Cardoso (2021):

> o risco iminente de infecção e morte — nossa e dos próximos —, com o isolamento social, as diversas

[4] De acordo com Pompeia e Sapienza (2004), a *cura* na palavra *pro-cura* apresenta o significado de cuidar.

> perdas e as restrições sofridas em consequência da pandemia revelam que estamos todos imersos em um campo de inseguranças e de incertezas, no qual as experiências de sofrimento e, em diversas situações, traumáticas, mostraram que muitos dos nossos valores e crenças não são mais válidos (Cardoso, 2021, p. 139).

## Método

Para a realização desta pesquisa, foram lidos cinco Diários de Bordo (DBs) escritos pelos alunos-conselheiros que participaram do APO da UFMG, entre abril e julho de 2020. Os DBs apresentam aquilo que foi pensado e sentido pelo atendente imerso na experiência de atendimento, ou seja, não somente um relato do que foi ouvido durante o atendimento em relação ao sofrimento que a pessoa trazia. De acordo com Amatuzzi (2001),

> A pesquisa fenomenológica [...] descreve uma essência, a partir de depoimentos concretos de pessoas falando de suas experiências [...]. O que ocorre é que tal descrição, se o objeto foi bem escolhido [...], deve possibilitar uma visão mais clara do assunto, e consequentemente, um posicionamento mais efetivo na ação. (Amatuzzi, 2001, p. 60)

Dessa forma, a palavra 'experiência' carrega o sentido de ser um "fato originário, que fundamenta todo saber e toda ação" (Amatuzzi, 2007, p. 9). Posto isso, a experiência relatada nos Diários de Bordo expressa os significados daquilo que foi vivido e que, portanto, possibilita o acesso ao real (Amatuzzi, 2007).

O primeiro passo para esta pesquisa foi entrar em contato com os alunos-conselheiros que participaram do

APO. Para isso, foi enviado, em junho de 2021, um e-mail com uma breve explicação sobre a pesquisa e convidando os alunos para participarem, enviando os DBs por e-mail para o orientador desta pesquisa. Aqueles que aceitaram participar assinaram o Termo de Consentimento Livre e Esclarecido por meio de um formulário enviado junto ao corpo do e-mail.

O segundo passo foi uma primeira leitura integral dos diários, a fim de conhecer o todo do material, pois a pesquisa fenomenológica-hermenêutica vai do todo às partes e de volta ao todo.

Após esse primeiro contato com os DBs, a equipe de pesquisadores se reuniu e os leu em conjunto. Nessa leitura, começaram a ser pensadas categorias que englobassem a experiência de atender online que se revelava na narração dos conselheiros. Após esse primeiro momento de leitura em conjunto, as pesquisadoras voltaram aos diários com uma leitura individual, buscando por elementos que indicassem a experiência de atender. A partir desse olhar, foram criadas categorias que abarcavam o sentido do que havia sido vivido pelo aluno-conselheiro, o que "facilitará a identificação de temas que, por sua vez, devem levar a uma rica compreensão detalhada do fenômeno sob investigação" (Fleming; Gaidys; Robb, 2003, p. 118).

Por fim, com as categorias nomeadas, as pesquisadoras apresentaram ao grupo de pesquisa o fenômeno que cada uma indicava, a fim de que, juntos, construíssem categorias mais amplas que pudessem ser descritas com aquelas primeiras categorias que manifestaram o que apareceu aos conselheiros durante os atendimentos. Essas categorias foram descritas e trechos dos DBs que as ilustrassem foram agrupados por terem contribuído para a sua formulação.

O método de pesquisa utilizado está baseado no proposto a partir da teoria de Gadamer, como é descrito por Fleming, Gaidys e Robb (2003). Este método é pensado seguindo algumas etapas que consideram o pensamento de Gadamer, o qual revela que é "somente através de pré-entendimentos que a compreensão é possível" (Fleming; Gaidys; ROBB, 2003, p. 115). As etapas que os autores descrevem e orientam esse método são: 1) formular uma pergunta que dê direção à pesquisa, a fim de proporcionar a compreensão do fenômeno estudado em sua essência; 2) saber identificar e reconhecer os pré-entendimentos que os pesquisadores têm sobre o tema a ser estudado, no intuito de "permanecerem orientados ao fenômeno (Fleming; Gaidys; Robb, 2003, p. 117); 3) sustentar o diálogo tanto entre os pesquisadores quanto entre pesquisadores e participantes, tendo em vista que a linguagem favorece a compreensão do fenômeno a ser estudado; 4) manter-se no Círculo Hermenêutico, o qual diz sobre um movimento contínuo de olhar para as partes do fenômeno e voltar ao todo, o que expande a compreensão do fenômeno; e 5) apresentar os detalhes do processo e das descobertas que foram feitas durante a pesquisa, como forma de indicar a confiabilidade do estudo feito.

Com isso, é partindo da narrativa dos alunos-conselheiros do APO da UFMG, em 2020, que buscamos acessar a experiência de atender online.

Este capítulo faz parte de uma pesquisa mais ampla sobre o "Aconselhamento Psicológico por ferramentas de comunicação online para a comunidade UFMG", aprovada no Comitê de Ética em Pesquisa da UFMG (CEP/UFMG), CAAE: 36394020.6.0000.5149. Para fins de sigilo ético, o nome dos autores dos DBs utilizados para esta pesquisa foram substituídos por números, como forma de organização do material. Além disso, os trechos dos DBs que serão apresentados narram a experiência de como o conselheiro vivenciou e se sentiu durante o encontro, não constando, assim, identificação dos clientes e do que se deu no atendimento.

Cabe ainda apontar que os autores deste estudo, também estavam inseridos neste contexto de pandemia tanto para os atendimentos do APO, em 2020, quanto para o início desta pesquisa. Os supervisores, Paulo e Claudia, logo no início do APO, estavam receosos sobre como seria o atendimento online, colocando essa modalidade de atendimento como "aquilo que dava para fazer no momento de pandemia e de isolamento". Enquanto alunas-pesquisadoras, puderam desfrutar do aprendizado de realizar atendimentos psicológicos online, coabitando o mesmo contexto pandêmico daqueles clientes que buscavam por ajuda. Isto é, os autores deste estudo puderam experienciar "na linha de frente" a busca pela ajuda psicológica e, posteriormente, puderam também refletir sobre como foi essa busca.

## Resultados

**Tabela 1** – Categorias sobre a experiência de atender online dos conselheiros s do Aconselhamento Psicológico Online da UFMG em 2020

| | |
|---|---|
| 1 | Como atender é gratificante |
| 2 | Frustração de como se deu o atendimento |
| 3 | Tomada de consciência sobre si mesmo como atendente |
| 4 | Reconhecer-se na experiência do cliente |
| 5 | Exigência de bom desempenho/Autoexigência |
| 6 | Especificidades do atendimento online |
| 7 | Autocuidado da equipe do APO |
| 8 | Dimensão formativa do projeto |

A partir do que foi narrado pelos conselheiros nos diários analisados neste estudo, encontramos descrições que revelam o que se manifestou durante os atendimentos realizados online. As categorias da Tabela 1 nomeiam o que se revelou nos escritos dos conselheiros e, por meio desses escritos, buscamos descrever essas categorias, a fim de desvelar como se deu a experiência de atender online.

As experiências que saltaram da leitura e análise dos cinco DBs serão descritas a seguir em oito grandes categorias.

### *Como atender é gratificante*

Refere-se a como o atendente se sente com a realização do atendimento, sobretudo sentimentos relativos a ter sido surpreendido positivamente e se sentido bem ao término, seja porque o cliente comentou abertamente os desdobramentos das reflexões ocorridas no atendimento, seja porque elogiou. Também indica os modos como os conselheiros foram afetados, tocados afetivamente, de maneira considerada por eles positiva, pelos clientes.

Um primeiro enfoque que aparece com frequência nos relatos dos conselheiros é a autopercepção de ter realizado um bom trabalho no acolhimento das demandas e proposição de intervenções. Essa percepção muitas vezes surge a partir de falas do cliente: "[...] mas fiquei feliz quando ele disse que estava sendo bom conversar conosco, de alguma maneira essa fala me confirmou e me fez achar que estávamos fazendo algo certo" (DB - 1), que confirmam para o conselheiro que suas ações estão tendo um impacto positivo na lida do cliente com a demanda. "Nossa! Eu fiquei muito feliz com esse feedback. Era um elogio espontâneo e que parecia ser tão sincero. Não consegui não ter simpatia por ele" (DB - 4). Mas não é somente a partir do feedback do cliente que o sentimento de realização surge; muitas vezes ele vem a partir de uma compreensão própria do conselheiro de ter sido bem-sucedido e ter conseguido amparar o cliente com suas demandas ou de sentir que — independentemente da sua ação — o cliente se sentiu melhor após o atendimento. Esse aspecto aparece com muita relevância nos relatos, porque é a partir do reconhecimento do cliente — reconhecimento que vai além de elogios e comentários — que irrompe a compreensão de que há algo de muito gratificante acontecendo ali. "Acho que o que ficou para mim desse atendimento foi o reconhecimento. Não me refiro só aos elogios, mas ao fato de poder ver o cliente entendendo o que a gente disse, fazendo sentido para ele, sabe?" (DB - 4).

> *Ela deu um sorriso essa hora e eu fiquei bem feliz com esse sorriso porque veio junto de um Obrigado que dizia Obrigado por me reconhecer. Aí nessa esteira aí a gente foi com ela perguntando sobre a rotina, o que que ela gostava de estudar [...]. Foi bem bom (DB - 5).*

Indo além dos acontecimentos dentro de um atendimento, o exercício da função de conselheiro por si só pode ser fonte de um sentimento de realização para quem o faz. A tarefa de se aproximar com cuidado do sofrimento daqueles que os procuram não é simples, mas revela-se muito gratificante. Os conselheiros compreendem "como é importante e extraordinário ver o cliente se desdobrando, se descobrindo e se dizendo por si mesmo" (DB - 1) e isso se apresenta como um grande triunfo. Também por isso, o APO pode apresentar função terapêutica também para o próprio conselheiro que, ao sentir que realizou um bom atendimento ou realizar boas trocas com seus colegas, pode colher frutos satisfatórios para a sua vida. Assim, nota-se que a escuta clínica do conselheiro permeia o olhar para a singularidade da pessoa que vem ao encontro para além do puro conhecimento teórico adquirido até então (Paparelli; MArtins, 2007; Sá; Junior; Leite, 2010). De acordo com Dutra (2004),

> o ato clínico passa, então, a representar a acolhida a essa demanda, através de um olhar que possa contemplar e alcançar a singularidade das existências, que se vão construindo nos caminhos traçados pelos desejos humanos e seus quereres, e reveladores da sua condição de ser-no-mundo. (Dutra, 2004)

## *Frustração de como se deu o atendimento*

Essa categoria refere-se aos sentimentos de desalento que surgem no conselheiro em decorrência do atendimento realizado. Muitas vezes, a frustração aparece relacionada a uma autocobrança em relação ao *setting* estabelecido nos atendimentos, como "Achei difícil me conectar com essa cliente" (DB - 1), ou também a partir de uma frustração suscitada pelos desdobramentos das intervenções propostas.

No que diz respeito ao *setting*, os conselheiros por vezes apresentam uma autocobrança em relação aos temas que surgem e à profundidade com a qual eles são abordados. Quando há uma sensação de que o atendimento ou a relação não ocorreu conforme era esperado e desejado pelos conselheiros, eles relatam se sentirem decepcionados e inseguros com suas atuações — sentindo-se impotentes diante do atendimento — e também com a ação do cliente, como podemos compreender a partir do seguinte relato:

> *Achei um atendimento meio vazio, no sentido de que quebrou a expectativa que eu havia criado por conta da carta que ela enviou, esperava muita coisa a ser dita,*

*muitas questões e ela acabou não falando sobre nada, ela se fechou (DB - 1).*

Em relação às intervenções, desalentos e sentimentos de fracasso surgem diante das escolhas feitas pelo conselheiro na sua conduta. Aqui, essa categoria diz de uma determinação — por parte do conselheiro — de como o atendimento deveria se dar. A partir de então, podem surgir sentimentos a partir da falência de alguma dessas expectativas pré-determinadas, como, por exemplo, o que foi relatado no trecho: "Foi inevitável não sair daquele atendimento frustrada. Acho que estou frustrada até agora. Sei que a gente fez o que era possível no momento, mas nossa senhora! Parece que o possível era pouco demais" (DB - 4). Ainda que os conselheiros passem pela supervisão e consigam mudar a "sua compreensão do atendimento: o sentido maior desta só se realiza quando comunicado ao cliente" (Nunes, 2015, p. 84), isto é, a frustração passa também por não ter conseguido responder ao que o cliente demandava naquele momento único do encontro.

*Então acabou que no fim das contas foi um atendimento bem superficial; não que tenha sido ruim/errado, mas tipo assim, no plantão acho que, se tem uma coisa que a gente aprendeu é que, em um atendimento, dá até pra ir bem fundo e perguntar as coisas que fazem a pessoa se posicionar — e foi isso que não teve: teve alento (DB - 5).*

Tais sentimentos de fracasso, frustração e autocobrança que vieram à tona nos relatos dos conselheiros revelam um entendimento da situação de atendimento psicológico como ocasião para se aprofundar nas demandas apresentadas pelos clientes. Entretanto, para Sapienza (2004), a existência se apresenta tal como ela está sendo naquele momento, o que envolve uma dinâmica contínua entre desocultar e ocultar detalhes da experiência. Dessa forma, a autora pontua que "nada é mera aparência" (p. 59), isto é, nada que se manifesta no atendimento é superficial, "uma compreensão não é mais profunda porque perfura mais 'camadas' [...], mas é sempre algo que deve fazer sentido dentro da rede de significados que é o mundo daquele paciente" (p. 60).

### *Tomada de consciência sobre si mesmo como atendente*

Um tema que aparece de diversas maneiras para um conselheiro durante um atendimento é um movimento reflexivo sobre si mesmo enquanto atendente. Nessa categoria, encontramos aspectos que estão relacionados com a apreensão de si mesmos no decorrer dos atendimentos — através da apresentação do cliente ou das intervenções realizadas pelos conselheiros ou fora deles, afetados pelo APO. Esse movimento reflexivo tem desdobramentos que apontam em direções como: insegurança em relação à sua atuação e ao seu desempenho, identificar na experiência do cliente semelhanças com a própria, entre outras.

No decorrer dos atendimentos os conselheiros são afetados pelo modo como o cliente se apresenta, ou pelas intervenções propostas e, então, estes podem passar por situações de tomada de consciência de si que podem afligi-los, desdobrando-se em frequentes afetos negativos, como descrito por esse conselheiro: "Atender ela é muito difícil, eu fico muito confuso" (DB - 5). Essas tomadas de consciência podem se desdobrar em dificuldades durante o atendimento, pois acabam tomando o espaço que estava sendo ocupado pela escuta e acolhimento, o que pode ser ilustrado pelo seguinte trecho: "Uma dificuldade que percebo que estou tendo: não estar sempre se colocando no lugar do cliente, pois somos de contextos muito parecidos, a maioria aluno de graduação; enfrentamos dilemas muito parecidos..." (DB - 4). Existem relatos de preocupação com a validação em relação às suas experiências, confirmando e julgando como certos seus comportamentos e escolhas; tanto pelo cliente, quanto pelos colegas e supervisor durante as supervisões. Essa preocupação funda-se na insegurança com relação às próprias decisões e, em última análise, à própria integridade.

No entanto, também existem afetos positivos que surgem a partir de tais situações, como a sensação de ter sido bem sucedido em algum feito no atendimento. A passagem a seguir é bastante rica na compreensão de como esse tipo de exercício autorreflexivo pode aparecer junto a um afeto positivo para um conselheiro:

> *Teve uma hora que baixou a Bilê Tatit Sapienza*[5] *em mim e eu disse algo como "realmente, é mais fácil ignorar nossos sentimentos. Porque quando olhamos para dentro, não é só coisa boa que vamos encontrar. E dói ter que lidar com nossos sentimentos ruins, mas também pode doer ignorar eles" e na hora que isso saiu da minha boca eu fiquei tipo: 'gente??? eu falei isso sozinha?' (DB - 4).*

Para além do que acontece durante o atendimento, fazer parte do APO afetar o conselheiro de maneira visceral e, a partir do que pode ser observado em diversos relatos, é possível compreender que as atividades empreendidas por eles os fazem refletir de maneira ampla e abrangente sobre a

[5] Terapeuta daseinsanalista que descreve e reflete sobre como se desvela a terapia na abordagem da Daseinsanalyse.

sua própria vida e suas realizações pessoais e profissionais. Frequentemente, os conselheiros se questionam sobre mudanças profundas nas suas relações com o APO, com sua forma de atender, com o seu processo de formação. Tais questionamentos se desdobram para reflexões sobre o futuro, especialmente no que concerne ao âmbito profissional. Para Paparelli e Martins (2007, p. 72): a "construção da identidade do psicólogo [...] exigirá do aluno mais do que a compreensão teórica e técnica do fenômeno psicológico, e irá transitar na complexidade de sua subjetividade".

*Reconhecer-se na experiência do cliente*

Essa categoria, de se reconhecer na experiência do cliente, pode ser entendida como um processo no qual as situações e experiências narradas pelos clientes afetam os conselheiros, uma vez que são reveladas experiências comuns e compartilhadas do cotidiano. É importante levar em consideração o fato de que ambos estão inseridos num contexto específico e abundante em semelhanças: como a faixa etária similar e o ambiente acadêmico. Essas identificações acompanham vários afetos relatados pelos conselheiros: contato com memórias boas e ruins, receios em relação ao futuro, situações difíceis de lidar que foram vivenciadas, autocrítica, entre outros. Ademais, por meio do que foi narrado, essa categoria se refere majoritariamente à vivência na universidade, um contexto compartilhado por ambos.

Essas identificações podem estar relacionadas tanto com o contexto ou o vivido pelo cliente, quanto pela intervenção proposta pelo conselheiro que, ao realizá-la, dá-se conta de que também pode se apropriar do que foi falado. Como escreveu uma atendente: "Acho que também estava falando para mim, do meu imediatismo..." (DB - 4).

Tal processo de identificação pode se revelar como uma adversidade no atendimento, como é narrado por um dos conselheiros: "Uma dificuldade que percebo que estou tendo: não estar sempre se colocando no lugar do cliente, pois somos de contextos muito parecidos, a maioria aluno de graduação; enfrentamos dilemas muito parecidos..." (DB - 4), pois retira o conselheiro do âmbito da escuta e o coloca no âmbito de autorreflexão. Ainda assim, segundo Evangelista e Cardoso (2020), percebe-se que "o conselheiro precisa compreender e sentir a situação como o cliente, a fim de devolver a ele dialogicamente como está sentindo e pensando" (p. 136), pois é a partir dessa compreensão empática que o conselheiro consegue se colocar como um "*facilitador*, um catalizador da escuta de si e da busca por autocompreensão do cliente" (p. 136).

Por fim, um outro contexto narrado por conselheiros como vivência compartilhada é o contexto da pandemia da covid-19: "[...] Eu também evitava ir para casa com medo de contaminar meus pais, que são do grupo de risco; eu também tinha medo de desapontar as pessoas e vivo me anulando por isso" (DB - 4). A experiência de distanciamento social e a dimensão de ameaça impostas pela nova doença apareceram nos atendimentos e ressoaram nos conselheiros que vivenciavam a mesma situação de restrição.

### *Exigência de bom desempenho/Autoexigência*

Essa categoria refere-se à necessidade ou ambição do conselheiro de satisfazer determinadas expectativas ou de atingir determinado desempenho durante os atendimentos, principalmente no que diz respeito às intervenções empreendidas por ele. Essa necessidade pode ser frustrada e se desdobrar em sentimentos de incapacidade e desvalor.

A autoexigência por um bom desempenho por parte do conselheiro pode se dar antes mesmo do atendimento: ao entrar em contato com a ficha do cliente, o conselheiro se questiona se conseguirá atender às expectativas do cliente por ele ter determinada faixa etária, ocupar determinada posição (de professor, por exemplo). Também se desdobra em questionamentos sobre sua capacidade para realizar o atendimento e suprir tais demandas. "Eu acho que realmente fico um pouco insegura atendendo pessoas mais velhas (ela tinha 34 anos). Isso sempre acontece no começo, quando vejo a ficha da cliente" (DB - 4). "A carta que a cliente enviou um dia antes para nós me fez criar algumas expectativas sobre o que seria dito e potencialmente trabalhado durante o atendimento" (DB - 1).

Além disso, essa auto exigência pode aparecer através de questões relativas ao entendimento da demanda. Podem surgir dúvidas e inseguranças, como relatado a seguir: "Sempre fico ansiosa antes dos atendimentos, com medo de não conseguir ajudar a pessoa como deveria. Acredito que, por ser um atendimento único, isso dê uma piorada" (DB -3). É possível ainda observar neste relato que o formato do APO pode se relacionar com o surgimento de insatisfações diante da impossibilidade de dar continuidade ao processo.

Um outro contexto que está inserido na dimensão da autoexigência é a supervisão que acontece durante os atendimentos. Ela se mostra, por vezes, como um meio no qual os conselheiros podem refletir sobre a efetividade das suas intervenções. No trecho a seguir é possível compreender a forma como a supervisão pode impactar um conselheiro: "Estava com a última supervisão martelando na minha cabeça... É bom receber crítica porque evoluímos, mas não dá pra deixar de ficar chateada comigo mesma, pensando no que podia fazer de diferente que impactaria na vida da outra pessoa" (DB - 4). O conselheiro se sente avaliado a partir daquilo que foi dito pelo supervisor ou pelos colegas diante do que foi apresentado sobre o atendimento, experiência que é corroborada na pesquisa de Borges *et al.* (2019) ao apontar a preocupação dos alunos de não terem as habilidades que consideram ser suficientes para o atendimento clínico.

Preocupações com o baixo desempenho surgem também com a possibilidade de não corresponder às expectativas sugeridas pelo cliente ou de não alcançar resultados diante das demandas trazidas por ele. Os conselheiros podem se sentir compelidos a responder adequadamente "quando a pessoa deixa claro que espera uma solução da gente" (DB - 4), o que pode se desdobrar em dúvidas e preocupações com a percepção do cliente sobre a efetividade do atendimento, fazendo com que os conselheiros culpem a si mesmos por isso.

> *Quase como sempre, fiquei com a impressão de que o fechamento não foi muito bem realizado, foi feito meio do nada, sem pé nem cabeça. [...] Como sempre fiquei nervosa antes de atender a paciente, sempre fico meio incomodada sobre conseguir ou não atender a pessoa devidamente (DB - 3).*

Isso aponta para a possibilidade de perda de sentido na realização dos atendimentos, isto é, os conselheiros não sentem que conquistaram o que esperavam após a sua realização.

Ademais, as narrativas dos conselheiros também apontam para um sentimento de gratificação ao compreenderem que fizeram uma boa intervenção que satisfez o cliente, como, por exemplo, no seguinte relato: "No dia do atendimento, ela se mostrou completamente diferente do que eu esperava. Fiquei feliz e até aliviada por isso. Gostei muito do atendimento, a cliente se mostrou muito consciente do que lhe acontecia e aberta a novas possibilidades" (DB - 1).

### *Especificidades do atendimento online*

A experiência de realizar atendimentos de forma online não foi narrada tematicamente nos DBs. O contexto online apareceu a partir de especificidades de seu funcionamento, mas sem perdas para o atendimento. Interpretamos isso como confirmando o entendimento de que, neste tipo de atendimento psicológico, o "'*setting*' é o encontro intersubjetivo" (Evangelista; Cardoso, 2020, p. 137). Ainda que, inicialmente, tenha sido relatado um nervosismo pelo primeiro atendimento online, logo esse sentimento passou a ser visto como algo do encontro em si, o qual "passou, e as coisas fluíram" (DB - 4). Assim, nesta categoria estão apresentados os detalhes que revelam o atendimento online.

Algo que se mostrou presente nos DBs foi a expectativa que os conselheiros tinham para a realização do projeto, que apareceu em diferentes circunstâncias, como em relação à novidade de atender pessoas que estavam fora do país fazendo intercâmbio pela UFMG. Considerando ainda o contexto de pandemia, em que foi preciso paralisar diferentes atividades, inclusive as acadêmicas, estar em um projeto que prestava ajuda psicológica em um momento tão difícil mundialmente apareceu como uma "missão humanitária" (DB - 5), situação essa que deixou os conselheiros animados para os atendimentos.

Além disso, a possibilidade de conversar com pessoas que estavam fora do Brasil manifestou-se como algo diferente da realidade até então experienciada, como no seguinte relato: "Primeiro que essa coisa de conversar com pessoas de fora do Brasil pra mim é muito novo, não faz parte da minha vivência, né? Se eu conheço uma ou duas pessoas de onde eu vim que foi pra fora é muito. É diferente..." (DB - 4).

Havia também um receio do quanto poderia convocar o cliente a se aproximar da situação existencial na qual estava vivenciando, em decorrência de como estava sendo um momento delicado, de muitas incertezas. Essa situação foi revelada no seguinte trecho: "E tipo, eu nem sabia que a gente podia levar pra esses lados nesses atendimentos *macro internacional fights*, e nós fomos os primeiros a fazer a supervisão nesse esquema *flying international macro-jê*, então foi muito massa ver que a gente podia ser de mão firme assim" (DB - 5).

Uma outra circunstância em que foi revelada essa expectativa com o projeto, foi quando os atendimentos do APO se expandiram para toda a comunidade interna da UFMG. Veio carregado, então, com animação e ansiedade pela conselheira do DB - 4, ao pensar em como a demanda por atendimento aumentaria: "O projeto abriu o atendimento para toda a comunidade UFMG, não é mais só para intercambistas. Agora vai bombar de atendimento, estou animada e ansiosa".

Por fim, algo que diz respeito a essa modalidade de atendimento do APO foi a expectativa de fazer um segundo atendimento com o mesmo cliente, cenário que revelou um nervosismo por ser "a primeira vez que ia atender alguém pela segunda vez" (DB - 4), mas também um sentimento de felicidade, pois "se ele estava voltando é porque gostou do primeiro atendimento" (DB - 4). Sendo assim, o foco nesses relatos não foi dado para o atendimento online em si, mas sim, para as possibilidades que ele proporcionou nesse momento de distanciamento social e que apareceram como grande novidade e motivo de entusiasmo pelos conselheiros que participaram do projeto.

Ainda permeando as possibilidades dos atendimentos online, foi relatado também uma flexibilidade para esse formato de atendimento. Quando surgiam situações em que um conselheiro não conseguiria realizar o atendimento marcado, havia a facilidade de entrar em contato com outro conselheiro para que não fosse preciso efetuar o adiamento da sessão. O que pareceu inclusive surpreender os próprios conselheiros, como no seguinte relato:

> *A Cláudia (professora, sim kkkk) me ligou logo depois do almoço, eu vendo How I Met Your Mother, e falou que ia ter um atendimento às 14:30, a **** e a *** iam atender, só que a **** tava passando mal, aí ela me perguntou se eu podia entrar no lugar dela. E foi. Botei minha polo preta nova da Adidas, bermudinha vermelha e meia amarela e fomos mui preparados. (DB - 5).*

É possível ainda observar neste relato como havia um preparo do conselheiro para entrar no atendimento, por mais que este fosse realizado em sua própria casa. Entretanto, foi relatada também a dificuldade de acordar horários entre os conselheiros para que agendassem o atendimento com o cliente. Os compromissos, ainda que no formato online, começaram aos poucos a voltar enquanto os atendimentos do APO aconteciam, o que apareceu como um empecilho para conseguir conciliar os possíveis horários. Além disso, em um DB foi relatado o incômodo de ter sugerido ao cliente apenas um horário uma semana depois de sua procura pelo atendimento. Esse "incômodo" indica uma preocupação, uma vez que aquilo que mobiliza o cliente pela procura pode ser perdido nesse espaço de tempo.

> *[...] me incomodo muito com a perspectiva de atendê-la só daqui uma semana, pois acho que esse não é o tempo ideal de espera para quem requisita este tipo de atendimento. Acredito que uma espera de 2 ou 3 dias no máximo seja melhor para o cliente (DB - 5).*

Foi percebida também uma aproximação entre os conselheiros. Os atendimentos se fizeram ocasião para que os alunos pudessem conversar entre si e compartilhar, ainda que brevemente, um pouco do que estavam experienciando naquele momento, seja antes de iniciar o atendimento ou depois, até mesmo para conversar sobre ele. Esse contato se mostrou também como um cuidado mútuo em um contexto em que o distanciamento e a solidão estavam tão emergentes.

Os aspectos vindos especificamente do atendimento online saltaram a partir de dois cenários descritos nos DBs. O primeiro foi que, apesar de ter perdido o espaço físico do consultório compartilhado com o cliente na sessão, os conselheiros passaram a ter acesso a outros elementos do lugar em que o cliente estava, como a decoração do quarto. Além disso, o APO ter possibilitado o encontro dos conselheiros com o mesmo cliente mais de uma vez veio permeado pelo estranhamento do cliente se apresentar, fisicamente, do mesmo jeito:

> *[...] ela tava absolutamente do mesmo jeito que do atendimento anterior: na posição que tinha um pedaço de um quadro atrás [...], com a maior parte do fundo sendo uma parede branca, ela tava usando o mesmo casaco [...] e acho que o mais estranho é a mesma cara (DB - 5).*

Também apareceram alguns detalhes na relação no momento do encontro. O estar online diante do computador, onde quase todas as atividades estavam sendo realizadas naquele momento, ocasionou alguns incômodos durante os atendimentos, como quando havia a sensação de que o cliente mexia com outras coisas enquanto conversava com os conselheiros. Por outro lado, foi a partir deste formato de atendimento do APO que se tornou possível a comunicação após atendimento, situação que também afetou a relação do encontro, já que existiu a possibilidade de os clientes darem um *feedback* sobre o atendimento assim que este fosse encerrado. Um dos conselheiros inclusive relata o quão importante foi receber uma mensagem do cliente, já que este retorno foi tido como uma validação da experiência do atendimento, tendo em vista que o conselheiro refletia sobre não saber se teria sido "terapêutico" (DB - 1).

Dentro dos aspectos do online que apareceram no atendimento, é possível citar o sentimento de distância do cliente. "Sentia um desconforto muito grande com o silêncio nesse atendimento por achar que a qualquer momento ela ia desligar a chamada, me parecia que se eu sustentasse o silêncio por muito tempo ela desligaria e iria embora" (DB - 1).

### *Autocuidado da equipe do APO*

Essa categoria se refere a como participar do projeto do APO pôde ser percebido como uma forma de cuidado naquele momento de pandemia e o consequente distanciamento social. O sentimento já apresentado de estar em uma "missão humanitária" (DB - 5), revela que o cuidar de quem sofre é também um autocuidado, sobretudo por se tratar de um contexto histórico o qual conselheiros e clientes estavam compartilhando. Com isso, tanto os atendimentos em si quanto as conversas entre os conselheiros foram tidos como um momento de cuidado pela equipe do APO. Segundo Evangelista e Cardoso (2020, p. 134), "a vida humana é necessariamente em comunidade e a realização humana pode e frequentemente leva em conta os outros".

Esse autocuidado apareceu, por exemplo, na experiência do atendimento ser realizado em dupla. Ter a possibilidade de dividir a escuta do atendimento com outro conselheiro revela um cuidado que abarca diferentes sentimentos, tais como: o de se sentir mais segura por estar com alguém em quem confia para atender; ter na dupla alguém que carrega mais experiência de atendimento, o que contribui para uma diminuição da ansiedade em relação a própria escuta; traz ainda o sentimento de que não se está só, situação que foi relatada como algo importante para os momentos no atendimento em que não se sabia o que e nem como intervir... Assim, apesar de causar uma estranheza inicial, como também um nervosismo na troca das duplas por ter que conhecer e aprender o jeito do novo conselheiro de atender, realizar os atendimentos em dupla foi relatado como algo bom e uma "experiência incrível" (DB - 1).

Para além do momento dos atendimentos, os conselheiros foram, com o decorrer do APO, criando laços afetivos entre si. Em decorrência do distanciamento social, ter esse contato entre os conselheiros antes e após o atendimento apareceu como uma forma de manter-se em relação, ainda que de forma online. Foi relatado o quanto o online favoreceu "conhecer muita gente legal e fazer uns amigos massa [...] de conversar antes do atendimento, e ficar tipo, uma, duas horas conversando depois de acabar, sobre qualquer coisa kkkkk, é meio que amigos caindo no colo de paraquedas, muito massa" (DB - 5), diminuindo, então, um pouco da falta que o encontrar com os amigos da faculdade estava fazendo. Logo, o contato possível de ser feito apenas virtualmente foi um acalento naqueles momentos em que a solidão e a falta do outro, da rotina, das atividades se fizeram tão presentes.

## *Dimensão formativa do projeto*

Esta categoria considera as incertezas, os questionamentos e as reflexões dos alunos-conselheiros no que tange a sua formação acadêmica/profissional. Como projeto de extensão universitária, o APO carrega uma dimensão formativa para os estudantes de Psicologia da UFMG. A experiência de vivenciar um atendimento psicológico repercute nos relatos tanto em relação ao próprio projeto e a como ele é experimentado, quanto em relação a uma extensão da temporalidade, ao trazer preocupações referentes ao futuro profissional na clínica de Psicologia.

Um primeiro ponto que aparece no que diz respeito ao próprio projeto é a frustração pelo formato de atendimento. A percepção relatada foi de uma falta de mistérios nos encontros com os clientes, visto que a expectativa que se tinha das demandas nesse tempo de pandemia era de "pessoas mais desmontadas, derretidas sofridas e desesperadas, e com demandas mais diferentes assim, no sentido de lidar com alguma coisa nova mesmo" (DB - 5). Ao não se deparar com novas demandas, a impressão que fica no relato é de que os atendimentos se tornaram repetitivos, o que torna repetitiva a própria postura do conselheiro e, com isso, o mistério do encontro com o outro se perde.

Outro aspecto que apareceu se refere a como essa experiência vivida no APO propicia o vislumbre sobre como vai ser a vivência na clínica após se formar. O fato de com um atendimento ser possível conseguir compreender algumas circunstâncias da vida do cliente vem à tona como algo que, trabalhando no futuro como psicoterapeuta, não haveria muito o que fazer, como se fosse mais simples do que é ensinado em livros. Em função disso, o conselheiro se questiona sobre os atendimentos como algo que requer somente aplicação de técnicas. Isto posto, é preciso considerar a importância das reflexões sobre como tem sido a postura nos atendimentos como parte também do próprio descobrir-se psicólogo.

## Considerações finais

A partir dos Diários de Bordo lidos e analisados, foi possível descrever como se manifestou a experiência de atender online pelos conselheiros no Aconselhamento Psicológico Online da UFMG. Entretanto, ainda que inicialmente a pergunta da pesquisa estivesse voltada para como se dá a experiência do atendimento online pelos conselheiros, nos Diários, o que se mostrou foi que o atender mobiliza diferentes afetos, desde frustração com o modo como aconteceu o atendimento até o cuidado sentido pelos conselheiros por estarem no projeto em um momento de pandemia mundial. Sendo assim, as vivências dos atendimentos relatadas nos Diários de Bordo, revelaram-se compatíveis às experiências de terapeutas iniciantes, ainda que neste projeto o *setting* terapêutico fosse um ambiente virtual on-line.

Posto isso, o atendimento online não se revelou como uma questão que saltava à frente do estar em um encontro, isto é, o que apareceu como significativo foi o encontro conselheiros-cliente e não o meio por onde ele aconteceu. Todavia, nos escritos dos conselheiros, o online compôs novos detalhes e atravessamentos dos encontros realizados, como o deparar-se com o quarto do cliente e a possibilidade de receber um *feedback* dos clientes sobre o que foi conversado.

Contudo, é preciso apontar alguns limites deste estudo. Entre eles, está o fato de que a equipe do APO foi composta por 31 alunos-conselheiros, mas somente 5 deles se disponibilizaram a enviar o Diário de Bordo que fizeram durante os atendimentos. Isso revela que a experiência aqui descrita se limita a poucos participantes. Além disso, outro ponto a ser destacado é que as alunas-pesquisadoras que atuaram neste estudo foram também conselheiros do APO, situação que despertou lembranças de mais experiências e de mais riquezas de detalhes sobre como foi atender online, para além do que estava ali nos escritos dos Diários de Bordo recebidos. Sendo assim, tais pontos podem ser vistos como entraves para a abrangência das experiências para a pesquisa. Além disso, como já afirmado, este estudo compõe uma pesquisa mais ampla sobre o atendimento online. Em função disso, as categorias aqui descritas podem ser alimentadas por outros dados que estão sendo recolhidos. Por fim, chama a atenção que temas especificamente relacionados ao contexto online dos atendimentos sejam apenas uma parte da experiência descrita, entrelaçando-se com vivências de terapeutas iniciantes em geral.

A título de encerramento, faz-se mister destacar que o Aconselhamento Psicológico Online cumpriu, dentro das possibilidades na época, o propósito de oferecer atenção psicológica a quem a buscava (extensão universitária), promovendo a formação de profissionais (ensino) com senso crítico e espírito investigativo (pesquisa), tal como preconizado pela Universidade.

## Referências


AMATUZZI, M. M. Experiência: um termo chave para a psicologia. *Memorandum*, v. 13, p. 8-15, 2007.

AMATUZZI, M. M. Pesquisa do vivido. *In* AMATUZZI, M. M. (Org.). *Por uma Psicologia Humana.* Campinas: Editora Alínea, 2001.

AUN, H. A.; MORATO, H. T. P. Atenção psicológica em instituição: Plantão psicológico como cartografia clínica. *In* MORATO, H.; BARRETO, C.; NUNES, A. (Orgs). *Aconselhamento psicológico numa perspectiva fenomenológico existencial: Uma introdução.* Rio de Janeiro: Guanabara Koogan, 2009.

BATISTA, T. P. O Diário de Bordo: uma forma de refletir sobre a prática pedagógica. *Revista Insignare Scientia-RIS*, v. 2, n. 3, p. 287-293, 2019.

BORGES, C. D. *et al.* As experiências do estágio clínico na perspectiva de acadêmicos de psicologia. *Revista Labor,* v. 21, p. 56-75, 2019.

BRAGA, T. B. M.; MOSQUEIRA, S. M.; MORATO, H. T. P. Cartografia clínica em plantão psicológico: investigação interventiva num projeto de atenção psicológica em distrito policial. *Temas em psicologia*, v. 20, n. 2, p. 555-569, 2012.

BROOKS, S. K. *et al.* The psychological impact of quarantine and how to reduce it: rapid review of the evidence. *The lancet*, v. 395, n. 10227, p. 912-920, 2020.

CARDOSO, C. L. Plantão Psicológico na Universidade em tempos de pandemia: Contribuições da Gestalt-terapia. *In* CARDOSO, C. L.; GIOVANETTI, J. P.; EVANGELISTA, P. E. R. A. (Orgs.). *Cuidados em tempo de distanciamento social.* Belo Horizonte: Artesã Editora, p. 131-158, 2021.

DUTRA, E. Considerações sobre as significações da psicologia clínica na contemporaneidade. *Estudos de Psicologia*, v. 9, p. 381-387, 2004.

EVANGELISTA, P. E. R. A.; CARDOSO, Claudia Lins. Aconselhamento psicológico fenomenológico-existencial online como possibilidade de atenção psicológica durante a pandemia de COVID-19. *Perspectivas em Psicologia, Uberlândia*, v. 24, n. 2, p. 159-3, 2020.

FLEMING, V.; GAIDYS, U.; ROBB, Y. Hermeneutic research in nursing: developing a Gadamerian-based research method. *Nursing inquiry*, v. 10, n. 2, p. 113-120, 2003.

LAZZARINI, E. R.; VIANA, T. de C.; VELUDO, C. M. B. A supervisão na formação do psicoterapeuta. *Revista Brasileira de Psicodrama*, p. 121-130, 2021.

LIMA, R. C. Distanciamento e isolamento sociais pela Covid-19 no Brasil: impactos na saúde mental. *Physis: Revista de Saúde Coletiva*, v. 30, 2020.

MACHADO, M. M. O diário de bordo como ferramenta fenomenológica para o pesquisador em artes cênicas. *Sala Preta*, v. 2, p. 260-263, 2002.

MAIA, B. R.; DIAS, P. C. Ansiedade, depressão e estresse em estudantes universitários: o impacto da COVID-19. *Estudos de psicologia*, v. 37, 2020.

MAY, R. A transformação da personalidade. *In* MAY,R. *Arte do Aconselhamento Psicológico.* Editora Vozes, 1976.

MORATO, H. T. P. *Aconselhamento psicológico centrado na pessoa: Novos desafios.* São Paulo: Casa do Psicólogo, 1999.

MORATO, H. T. P. *Plantão Psicológico: inventividade e plasticidade.* (Texto apresentado no IX Simpósio Nacional de Práticas Psicológicas em Instituições: Experiência, Intervenção e Pesquisa, p. 31-45, 2009. Disponível em: https://bit.ly/3d5JWHp.

NUNES, A. P. *O estágio de atendimento nos anos iniciais: Experiência com plantão psicológico.* Tese de Doutorado, Instituto de Psicologia, Universidade de São Paulo, São Paulo. 2015.

PAPARELLI, R. B.; MARTINS, M. C. F. N. Psicólogos em formação: vivências e demandas em plantão psicológico. *Psicologia: ciência e profissão*, v. 27, p. 64-79, 2007.

PRADO, R. A. de A.; CALDAS, M. T. Hermenêutica filosófica, fenomenologia e narrativa: percurso metodológico de uma pesquisa em psicologia clínica. *Psicologias*, v. 1, 2015.

SÁ, R. N. de; JUNIOR, O. A.; LEITE, T. L. Reflexões fenomenológicas sobre a experiência de estágio e supervisão clínica em um serviço de psicologia aplicada universitário. *Revista da Abordagem Gestáltica: Phenomenological Studies*, v. 16, n. 2, p. 135-140, 2010.

SAPIENZA, B. T. *Conversa sobre terapia*. São Paulo, SP: Educ/ Paulus, 2004.

SCHMIDT, M. "Aconselhamento Psicológico e instituição: algumas considerações sobre o serviço psicológico do IPUSP." *In* MORATO, H. T. P. (coord.) *Aconselhamento psicológico centrado na pessoa; novos desafios*. São Paulo: Casa do Psicólogo.

SCHMIDT, B. *et al*. Saúde mental e intervenções psicológicas diante da pandemia do novo coronavírus (COVID-19). *Estudos de Psicologia*, v. 37, 2020.

SILVA, E. F. G. da. Pesquisa qualitativa em psicologia clínica: uma possibilidade metodológica em diálogo com a fenomenologia hermenêutica. *Revista Pesquisa Qualitativa*, v. 6, n. 11, p. 145-159, 2018.

SILVA, E. F. G. da; SANTOS, S. E. de B. Fenomenología Existential como camino para la investigación cualitativa en Psicología. *Revista do NUFEN*, v. 9, n. 3, p. 110-126, 2017.

SPANOUDIS, S. A tarefa do aconselhamento e orientação a partir da daseinanalyse. *Revista da Associação Brasileira de Daseinsanalyse*, p. 5-15, 1997.

UFMG - Universidade Federal de Minas Gerais. Portaria Nº 1819, de 18 de Março de 2020. https://ufmg.br/storage/9/d/5/b/9d5bff-9213dc34c2ed1763bb4c4143ea_15845832990431_378828222.pdf

XIMENES, C. M. A.; BARRETO, C. L. B. T. A supervisão clínica em Psicologia no contexto de clínica-escola no Brasil. *Perspectivas em Psicologia*, v. 22, n. 1, p. 67-81, 2018.

12

# A experiência de ser atendido em Aconselhamento Psicológico Online: as perspectivas dos clientes

*Paulo Eduardo Rodrigues Alves Evangelista*
*Gabriel Henrique de Souza Carvalho*
*Gabriela Maria Leroy Viana*
*Claudia Lins Cardoso*

A pandemia de covid-19, que assolou o mundo desde 2020, trouxe, além da morte a milhões de pessoas, sofrimentos psicológicos e sociais, abalando as esferas econômicas, ecológicas, éticas e científicas (Birman, 2021). Sobre os efeitos psicológicos, Zhang *et al.* (2020) foram os primeiros a, em pesquisa, identificar a depressão como possível efeito do isolamento social imposto pelos governos como medida de contenção da disseminação do vírus, do medo próprio e de pessoas queridas adoecerem e morrerem, além das incertezas que se instalaram na Europa no início de 2020 e no Brasil, em março do mesmo ano. Lima (2020) reportou aumento de estresse, ansiedade e depressão. Schmidt *et al.* (2020) associaram a pandemia a índices significativos de depressão, ansiedade, estresse, estresse pós-traumático, confusão, raiva e transtorno obsessivo-compulsivo. Pancani *et al.* (2021) e Brooks *et al.* (2020) mostraram que o isolamento social piorou a saúde mental das pessoas. Teodoro *et al.* (2021) reportaram correlação significativa entre neuroticismo, história prévia de doenças, uso de ansiolíticos e histórico de ideação suicida, conforme já descrito também por Maia e Dias (2020) sobre a população universitária portuguesa.

Diante dos prejuízos psicológicos, medidas foram tomadas para facultar o atendimento psicológico remoto, dado que as medidas de distanciamento social impediam encontros dos clientes com seus psicólogos. Antes disso, o atendimento psicológico remoto, no Brasil, era autorizado exclusivamente para fins de pesquisas científicas (CFP, 2005). Sobre o nascente atendimento virtual, dizia-se que psicoterapia *online* produz resultados semelhantes à presencial (KRAUS, 2010; AGAR, 2020). Na pesquisa conduzida por Ruffo (2016), ampla maioria (88%) dizia-se satisfeita com o atendimento psicológico remoto recebido. Rodrigues (2014) e Pieta (2014) apresentaram resultados convergentes quanto à boa aliança terapêutica na psicoterapia *online*, resultado indicado também por Faria (2019) acerca da gestalt-terapia. Pieta e Gomes (2014) apontam que a literatura científica não identifica diferenças entre eficácia de psicoterapia *online* e presencial.

Outras pesquisas vão nessa mesma direção. Ierardi, Bottini e Riva Crugnola (2022) encontraram poucas diferenças na eficácia do aconselhamento psicológico presencial e remoto, porém, o presencial pôde ampliar o índice de satisfação com a vida, o remoto, não. Para Zainudin *et al.* (2020), em revisão sistemática da literatura de 2012 a 2019, as pesquisas publicadas até então indicavam não haver diferenças na efetividade de aconselhamento presencial e remoto. Resultado semelhante foi apresentado por Ilmiatun, Astri e Syafitri (2021), que conduziram uma revisão sistemática de publicações de 2016 a 2021 sobre a psicoterapia online em comparação com a presencial.

A maioria das pesquisas, entretanto, recorrerou a escalas de sintomas e autorrelatos pré e pós intervenção, o que restringe as análises à eficácia (Feijó *et al.*, 2021). Preocupado com os impactos na relação terapêutica psicanalítica, Machado *et al.* (2016) apontam a necessidade de pesquisas sobre transferência, contratransferência e campo analítico *online*, dada a ausência de estudos teóricos e de caso até então. Esses autores apontam também a predominância da terapia cognitivo-comportamental (TCC), considerando criticamente o seguinte:

> A predominância da TCC pode estar associada ao fato de que esta modalidade permite mudanças rapidamente observáveis no que tange a sintomas e está em consonância com o desejo hipermoderno de resultados rápidos e maximização de facilidade e conforto, sem sair de casa. A TCC também está internacionalmente mais unificada do que tratamentos psicodinâmicos e pode ser manuseada, o que talvez explique a predominância de pesquisas desta modalidade de tratamento. (Machado *et al.*, 2016, p. 98)

No Brasil, na virada de março para abril de 2020, houve um aumento exponencial nos pedidos de autorização para realização de atendimentos *online* na plataforma E-Psi. Dados do Conselho Regional de Psicologia de Minas Gerais ilustram essa rápida expansão:

**Figura 1** - Cadastro no E-Psi comparativo do CRP-MG.

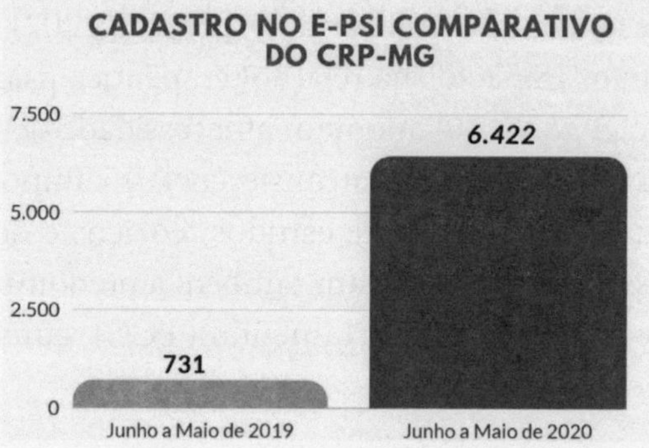


Font: Dados coletados do site do Conselho Regional de Psicologia – MG.

As pesquisas sobre atendimentos *online* publicadas até 2020 nos levaram a defender o Aconselhamento Psicológico *online* como possibilidade de atenção psicológica no contexto de isolamento social devido à pandemia de covid-19 (Evangelista; Cardoso, 2020). E foi o que fizemos em 2020, imediatamente após a interrupção das atividades presenciais na UFMG. De 2019 a 2020, o serviço de Plantão Psicológico funcionou de portas abertas a toda a comunidade acadêmica — estudantes, professores, servidores técnicos-administrativos, terceirizados e alunos dos cursinhos pré-universitários — sem agendamento. Com a interrupção das atividades presenciais, adaptou-se para "Aconselhamento Psicológico *Online*" (APO), pelo qual os clientes realizavam agendamentos por *e-mail.* Os primeiros atendimentos remotos vieram já em março de 2020, a pedido da Diretoria de Relações Internacionais (DRI-UFMG), a convite da reitoria universitária, requisitando a gentileza de prestar assistência psicológica às centenas de intercambistas, professores e técnicos oriundos da UFMG que, naquela ocasião, frente às inseguranças de um novo mundo pandêmico, enfrentaram-nas solitários em terras estrangeiras. Uma vez consolidado o serviço, marchamos nossa linha do tempo para abril de 2020, frente às progressivas demandas internas em saúde mental, com o projeto se expandindo novamente, agora para assistir aos intercambistas de outros países que estavam na UFMG. De março a agosto de 2020, o Aconselhamento Psicológico *Online* assistiu um total de 130 pessoas.

Sobre aconselhamento psicológico *online*, encontramos poucos relatos de experiência publicados até o momento. Espíndula e Angulo (2021), em situação semelhante à desta pesquisa, transformaram o serviço de Plantão Psicológico da UFRR em serviço de Aconselhamento Psicológico *online*. O balanço dos atendimentos é de que ocasionaram saúde mental e bem-estar. As supervisões aos alunos foram "um espaço de acolhida, empatia, troca de experiência e aprendizado" (Espíndula; Ângulo, 2021, p. 66), apesar das dificuldades de conexão tecnológica que permearam a prática. Indicam o surgimento de um novo horizonte de experiências, sem analisá-lo: o fato de aparecer a própria imagem no atendimento, isto é, o cliente vê a si mesmo e o psicólogo em sua tela e o psicólogo também. É importante apontar que a experiência de Espíndula e Angulo (2021) ocorreu no mesmo período que a nossa.

Bezerra, Moura e Dutra (2021) também apresentam um estudo sobre a mudança dos atendimentos presenciais para o formato *online* do Plantão Psicológico oferecido na UFRN, durante a pandemia. Ficou evidente como o modo de se fazer Plantão Psicológico é também atravessado pelo momento histórico, sendo possível transformá-lo para manter o cuidado daqueles que o buscam: "o *setting* terapêutico se materializava onde era possível, num carro, embaixo de uma árvore, na intimidade do quarto, ou até mesmo no banheiro" (Bezerra; Moura; Dutra, 2021, p.

65). Apresentando as dificuldades e limitações dos atendimentos *online*, Bezerra, Moura e Dutra (2021), revelam que foi uma experiência possível, trazendo para a discussão estatísticas sobre a clientela que foi atendida e temas que foram abordados nos atendimentos. Já nesta pesquisa, o foco está na experiência das pessoas atendidas, não cabendo trazer seus dados estatísticos.

Um outro relato de experiência sobre atendimento psicológico *online* permeou o Projeto Escutando Famílias (Alves *et al.*, 2021), o qual colocou à disposição psicólogas para fazerem Plantão Psicológico. A diferença neste projeto é que os atendimentos eram voltados para encontros com famílias, situação que foi vivenciada de modo também desafiador, por ter sido uma prática considerada inovadora em um contexto de muito sofrimento. Entretanto, ainda que tenha sido uma experiência que brotou de um momento histórico específico, as autoras consideram que é uma modalidade de atendimento que veio para ficar, e que aos poucos vai sendo mais bem consolidada e estruturada. Nesse estudo, alguns trechos de versões de sentido escritos pelas psicólogas são entrelaçados com as discussões, revelando o quanto elas estavam experimentando algo novo no atendimento do Plantão Psicológico *online*, sobretudo pela possibilidade de se aproximarem dos clientes atendidos de forma mais íntima ainda: adentrando suas casas. Para as autoras, "embora as psicólogas também estivessem em suas casas, a percepção é que adentravam às casas das pessoas atendidas, [...] à medida que passavam a compartilhar, da forma mais respeitosa possível, do ambiente doméstico" (Alves *et al.*, 2021, p. 76).

Mais recentemente, foi publicada pesquisa sobre a experiência de psicólogas que realizaram Plantão Psicológico online no período de setembro de 2020 a março de 2022 (MEDEIROS *et al.*, 2022). Para elas, "foi um desafio transpor para o campo virtual aquilo que era realizado com afinco e naturalidade no encontro face a face" (MEDEIROS *et al.*, 2022, p. 182). As pesquisadoras relatam preocupação constante com a conexão na internet, com a privacidade e o sigilo dos atendimentos e os aspectos éticos e dúvidas quanto ao aproveitamento por parte da clientela. Por outro lado, consideram que é possível o atendimento remoto, além de propiciar rica experiência profissional e reflexão sobre a prática clínica em Psicologia.

Conduzida no Laboratório de Análise de Processos em Subjetividades, do Departamento de Psicologia da UFMG, esta pesquisa versa fundamentalmente sobre a experiência daqueles que são atendidos de modo *online*. Justifica-se pela escassez de pesquisas sobre esse fenômeno até o momento. Ela faz parte de um projeto maior, intitulado "Aconselhamento psicológico por ferramentas de comunicação *online* para a comunidade UFMG", que objetiva descrever a experiência dos atendentes e dos atendidos. A pesquisa foi aprovada pelo Comitê de Ética em Pesquisa, CAAE 36394020.6.0000.5149, e todos os cuidados éticos foram adotados.

## Método

Feito esse prelúdio histórico, chegamos ao nosso propósito investigativo, que parte desde já pela pergunta que o guiou: "como foi a experiência de ser atendido por ferramentas de comunicação *online*?". Esse questionamento edifica-se sobre o seguinte pressuposto: na imediatez migratória para o *online*, pouco se havia registrado na literatura psicológica acerca dessa modalidade. Sendo assim, o que e como é a experiência daquele que é atendido *online*? Como se dá, nessa atmosfera, a entrevista psicológica? Existem diferenças do presencial? Se sim, quais? E se sim, por que sim?

Por experiência, entendemos aquilo que se sente e pensa ao imediato contato com o real, cuja intencionalidade não é de modo algum neutra ou pura, senão desde já tonalizada de uma determinada forma (Amatuzzi, 2007).

Visando a debruçar-se sobre a questão central desta pesquisa que se envereda para como foi a experiência de receber atendimento psicológico por meio de ferramentas de comunicação *online* para os clientes do APO no momento da pandemia, entre março e junho de 2020, foi escolhido o uso da metodologia fenomenológica hermenêutica (Fleming; Gaidys; Robb, 2003). Trata-se de uma fundamentação metodológica que assume que aquilo a que se chama de realidade é uma tessitura significativa sustentada coletiva e historicamente (Critelli, 2006). Fenômeno designa o que aparece significativamente nas interações humanas, sendo esse significado sedimentado dada sua relevância pública. Quando a situação humana muda, podem mudar os significados; a trama significativa muda e, assim, caminha a história. Sobre isso, explica Heidegger (1927/2012) que não é o tempo que passa, e sim, mundo, que é o nexo estrutural no qual se assenta o que as coisas são (significam). A dimensão hermenêutica está na significância dos entes do mundo, que se revelam sempre como algo, isto é, à luz de uma perspectiva e enredados numa situação. Habitando as situações históricas compartilhadas, cada existência acontece e sustenta um mundo comum de significações compartilhadas (Critelli, 2006; Heidegger, 1927/2012). Sendo a existência linguagem (Heidegger, 1927/2012), é-lhe possível explicitar, seja dizendo claramente, seja indicando, o que e como as coisas, os outros e si mesmo lhe aparecem. Assim, a fenomenologia hermenêutica, enquanto metodologia de pesquisa empírica, tem a intenção de mostrar e fazer ver como determinada situação aparece para alguém ou, dito inversamente, como alguém está inserido numa situação. Desvela-se, assim, a "experiência" (Amatuzzi, 2007).

No contexto desta pesquisa, a experiência buscada é o ter sido atendido por ferramenta de comunicação *online* em aconselhamento psicológico. Para realizar essa investigação, o meio de coleta dos dados mais pertinente é a entrevista, tendo em vista que com essa estratégia é possível "acessar o vivido do ser humano por meio de um movimento de compreensão" (Paula *et al.*, 2014, p. 469). Dessa forma, de acordo com Ramos *et al.* (2022), a entrevista fenomenológica aparece "como um modo de acesso à essência do fenômeno indo ao cerne das experiências vividas" (p. 2), a partir do uso da linguagem "como modo de acesso ao ser, permitindo ao ente falar de si, deixando o ser vir à palavra" (p. 3).

Os entrevistados foram escolhidos de forma aleatória, a partir da planilha que contém os dados dos atendidos pelo APO no período de março a junho de 2020. Foram disparados convites a vários dos atendidos, seguindo a ordem de inscrição na planilha de atendimentos, e as entrevistas foram agendadas com aqueles que responderam. A cada pessoa atendida escolhida, o coordenador da pesquisa, através do email institucional do Laboratório de Análise de Processos em Subjetividade (LAPS), entrava em contato por meio do endereço de *e-mail* coletado no ato da inscrição para o atendimento, convidando-a a participar da pesquisa. No *e-mail*, havia a explicação sobre o que se tratava a pesquisa, assim como o Termo de Consentimento Livre e Esclarecido que cada entrevistado deveria ler e assinar para participar da pesquisa. Com aqueles que aceitaram participar, o coordenador combinou uma data para a realização da entrevista.

Durante a realização das entrevistas, no momento em que foi sentida uma repetição nos relatos, os pesquisadores decidiram interromper os convites para novas entrevistas, a fim de se debruçarem sobre o material já coletado. Segundo Ramos *et. al* (2022, p. 3), "o movimento analítico se encerra somente quando os significados expressos nos depoimentos mostram suficiência de estruturas essenciais para compreender o fenômeno investigado". Assim, ao todo, foram realizadas sete entrevistas, quantidade dentro dos parâmetros de saturação em pesquisas qualitativas fenomenológicas (Sandelowski, 1995).

As entrevistas aconteceram de modo *online*, por meio da ferramenta Microsoft Teams, plataforma escolhida pela própria UFMG no período em que as aulas foram mantidas no ensino remoto emergencial (ERE). Além do entrevistado e do coordenador da pesquisa, havia também a presença de um dos outros dois pesquisadores de iniciação científica que estavam participando da pesquisa. Estes seriam responsáveis, principalmente, pela transcrição das entrevistas após o fim da conversa. Para isso, foi perguntado, logo no início de cada entrevista, se o entrevistado permitiria que fosse gravada a conversa para fins exclusivos de pesquisa, além de que facilitaria aos pesquisadores se aproximarem com mais fidelidade ao fenômeno a ser desvelado (Ramos *et. al*, 2022). As entrevistas tiveram duração aproximada de uma hora e objetivavam se aproximar da experiência de como foi ser atendido pelo APO no contexto de pandemia. As gravações das entrevistas ficarão armazenadas no Laboratório de Análise de Processos em Subjetividade (LAPS), da Faculdade de Filosofia e Ciências Humanas da UFMG (FAFICH), e serão apagadas em um prazo de cinco anos.

Como modelo de transposição da fundamentação metodológica para um conjunto de procedimentos, os pesquisadores adotaram o método descrito por Fleming, Gaidys e Robb (2003), a saber: 1) delimitação da pergunta; 2) identificação de pressupostos, que ocorreu ao longo das supervisões de atendimentos, dado que os pesquisadores foram também atendentes no serviço; 3) ganhar compreensão do fenômeno em diálogo com os participantes, que se deu em entrevistas semiestruturadas iniciadas com a pergunta-disparadora; 4) ganhar compreensão pelo diálogo com o texto.

Após a realização das entrevistas, elas foram transcritas e analisadas. Fleming, Gaidys e Robb (2003) apontam quatro etapas neste momento da pesquisa: 4.1) Os pesquisadores fizeram uma leitura do todo do material coletado (7 entrevistas), a fim de se situar no que cada entrevistado havia relatado. Esta compreensão do todo é fundamental para a análise das partes; 4.2) análise de frases buscando os temas que dão a ver o fenômeno. Nesta etapa, os pesquisadores fizeram uma leitura que buscava se atentar mais aos detalhes das experiências do atendimento *online* ali presentes, destacando, com a maior fidelidade possível, a nomeação da experiência vivida; 4.3) os temas encontrados nas partes foram remetidos ao todo, isto é, os elementos da experiência de cada entrevistado foram postos em diálogo com a compreensão global formulada na etapa 4.1; 4.4) os pesquisadores buscaram nos textos passagens representativas da compreensão formulada dialogicamente. A etapa 5 estabelece a confiabilidade dos resultados. Para isto, os pesquisadores se reuniram e compartilharam o que saltou para cada um deles nos relatos, buscando uma compreensão compartilhada e de acordo com os textos. A partir das nomeações dadas e das frases destacadas por cada um dos pesquisadores, os temas que descrevem como foi ser atendido por ferramentas de comunicação *online* foram criados e organizados.

Com isso, deu-se início à descrição dos oito temas, com aquilo que foi percebido como a experiência do atendimento *online*. Para tal, os nomes dos entrevistados foram trocados por nomes fictícios, para que fosse mantido o sigilo, já que será feito uso de falas que remetem ao atendimento *online* como forma de ilustrar a pesquisa. Entretanto, tais falas não carregam demandas e nem informações que possam identificar o entrevistado.

## Resultados e discussões

### *Participantes da pesquisa*

**Tabela 1** – Caracterização dos Entrevistados Atendidos pelo APO

| Participante | Sexo | Idade na entrevista | Local onde estava na época do atendimento | Tinha experiência prévia com o *online*? | Já fez terapia? |
|---|---|---|---|---|---|
| Acácio | Masculino | 28 anos | Portugal | Pouca | Sim |
| Madu | Feminino | 28 anos | Brasil, após retorno de intercâmbio em Israel | Comunicação com amigos | Sim |
| Pietro | Masculino | 22 anos | Itália | Acadêmica, comunicação com familiares | Não |
| Luan | Masculino | 29 anos | Brasil, MG | Acadêmica | Não |
| Maia | Feminino | 41 anos | Brasil, MG | Acadêmica, comunicação com amigos | Sim |
| Felipe | Masculino | 20 anos | Brasil, MG | Não | Sim |
| Lis | Feminino | 20 anos | Brasil, MG | Acadêmica | Não |

Fonte: Dados coletados da planilha arquivada com as informações sobre os atendidos pelo APO, em 2020.

Os participantes da entrevista foram selecionados de forma aleatória, a partir da planilha de registro dos atendimentos feitos pela equipe do APO entre março e junho de

2020. Na Tabela 1, são apresentadas algumas características do perfil dos entrevistados que foram atendidos, com o intuito de caracterizar a parte do público atendido e sua relação com o *online*. Para tal, foram criados nomes fictícios para que o sigilo fosse mantido.

Foi considerado importante para esta pesquisa ter conhecimento sobre as experiências dos entrevistados com o ambiente virtual para a comunicação por meio de ferramentas *online*, tendo em vista o quão familiarizados os atendidos pelo APO estavam com esse modo de se comunicar. Aqueles que se encontravam em intercâmbio pela UFMG trouxeram como a comunicação *online* foi importante para manter o contato com amigos e familiares que moram no Brasil, durante o período de estudo e vivência em outro país. Já durante o contexto da pandemia do covid-19, os entrevistados passaram a ter contato com as aulas e demais atividades acadêmicas *online* — como reuniões de laboratórios de pesquisa —, situação que, para alguns entrevistados, foi experienciada como uma grande perda de oportunidades que poderiam ser vividas na universidade, assim como no país em que estavam de intercâmbio.

Outra questão que se mostrou importante para ser levantada foi se os entrevistados já tinham tido contato com atendimentos psicológicos até o momento do encontro no APO, considerando que o histórico de atendimentos poderia fornecer subsídios para comparar a experiência anterior com a do APO.

*Temas das experiências relatadas*

**Tabela 2** – *Temas que Indicam como foi a Experiência de ter sido Atendido Online*

| Temas | Experiência de ser atendido *online* |
|---|---|
| 1 | Atendimento *online* como uma conversa |
| 2 | Atendimento *online* como um amparo |
| 3 | Atendimento *online* como um preocupar-se maior com a própria privacidade |
| 4 | Atendimento *online* traz uma sensação de impessoalidade |
| 5 | Possibilidade de ser vista (com ênfase na imagem) no *setting* virtual |
| 6 | Facilita procurar e receber atendimento psicológico |
| 7 | Porta de entrada para serviços psicológicos |
| 8 | Ser atendido *online* é estar sujeito a interrupções no atendimento, dificuldades no diálogo |

Fonte: Tabela criada pelos pesquisadores, a partir da análise das transcrições das entrevistas.

A partir do que ouvimos nas entrevistas, foram desvelados oito temas que revelam como foi a experiência de ter sido atendido por meio de ferramentas de comunicação pelos clientes do APO, os quais estão indicados na Tabela 2. Abaixo, seguem as descrições do que cada tema apresenta como uma experiência do atendimento *online*.

Atendimento online como uma conversa

Há de se começar por este, que é um dos temas mais básicos, mas nem por isso o mais simplório, haja vista a pluralidade de frases que o compõem. Nele, em síntese, ser atendido virtualmente é abrir a possibilidade de, antes de mais nada, conversar com outrem, isto é, compartilhar com alguém aquilo que foi experiência primeira só para a pessoa. Deste verbo radical maior — o conversar —, nossos entrevistados(as) dele elencaram em suas falas distintas ramificações semânticas menores. Vejamos algumas delas reunidas neste tema.

Primeiro, repercussão inegável em todos os atendimentos, foi a atmosfera que se apoderou do ano de 2020, isto é, o progressivo avanço da pandemia, entremeado de constantes dúvidas e inseguranças quanto ao porvir. De fato, o *Zeitgeist* da pandemia ecoou no corpo universitário por nós atendido, trazendo a essas pessoas o que boa parte da população mundial sentia: que, subitamente, a sua sobrevivência estava ameaçada. Dado esse cenário de incertezas, ofertar atendimentos psicológicos virtuais a nossos colegas intercambistas — muitos residentes em países como Itália e Portugal, testemunhas oculares do mórbido apogeu da covid-19 antes do Brasil — foi igualmente oferecer-lhes um confortável e seguro espaço de escuta, para que expressassem, ante imparcialidade, sigilo e acolhimento dos(as) conselheiros, suas sufocantes angústias, que, para muitos, estavam até então impronunciáveis a amigos ou familiares.

Em rota contrária ao encobrimento de suas experiências, descobriram no atendimento *online* um abrigo libertador para exprimir suas dúvidas e medos. Por essa razão, lembra-se que a proposta do Aconselhamento Psicológico habita exatamente na compreensão de um pensar juntos — terapeutas e clientes — rumo à transparência para os atendidos, de forma organizada, da miríade de experiências que eles naquele momento mesmo, de forma muitas vezes automática, rápida e turva, experienciavam (May, 1989). É, nas palavras de Morato (2017, p. 19), "uma ação

[...] clínico-investigativa, pois busca esclarecer, junto àquele que sofre, uma demanda a partir dele mesmo, na tentativa de abrir possibilidades para que ele se responsabilize pelo seu próprio cuidado".

Nessa linha, houve participantes que, na dialética daqueles encontros, permitiram-se melhor processar e "digerir", como disseram alguns, as tantas informações e sensações que, de modo tão acelerado, os invadiam. Um entrevistado comentou que era bombardeado de rápidas notícias, incapaz de acompanhá-las, com muito medo de quais seriam as manchetes estampadas nos vindouros jornais matinais. Outros declararam:

> *Acima de tudo, o que eu achei importante na sessão foi eu ter falado, me expressado, ter um espaço para organizar os meus pensamentos e ser escutado mesmo em relação a tudo isso. [Acácio].*
>
> *Foi muito proveitosa a conversa, me ajudou a tomar várias decisões e foi isso, eu tava nesse momento de espera assim, sem saber o que ia acontecer, sem saber se eu poderia voltar ou se eu ficaria aqui e aí a gente já sabe a cena né!? [Madu].*
>
> *Eu tive uma segunda conversa com elas, foi muito importante naquele momento tenso e de decisões importantes que eu deveria tomar, se voltava para o Brasil ou não, se interrompia o meu intercâmbio. [Pietro].*

Também, para certos entrevistados(as), o atendimento foi considerado "um desabafo". Desabafar, aqui, apareceu como um aliviante "*colocar as coisas acumuladas para fora*" (Luan), estas que para alguns até ali estavam inenarráveis, seja devido à solidão dos que, isolados socialmente, não tinham com quem conversar, ou mesmo outros que, ainda que possível a comunicação remota com familiares e amigos, preferiram não a fazer, temerosos de preocupá-los com o teor ansioso e/ou melancólico de suas queixas. Um de nossos entrevistados, Acácio, entrelaça em palavras precisamente essa ideia:

> *Muita coisa juntou, como uma bola de neve, e eu me blindei disso, não discutindo sobre em rodas de amigos. A pandemia foi a cereja do bolo, explodiu tudo numa hora só. [...] Então, tudo isso aí eu conversava com elas [as atendentes]. O atendimento foi importante pelo fato de eu conversar com alguém que me perguntava coisas que eu guardava. [Acácio].*

Nesse ponto, observa-se como os encontros *online* propiciaram uma temporalidade distinta da agitação e do nervosismo com que as coisas naquela época se tonalizavam; se não uma conversa tranquila e demorada, suficiente para autorizar os atendidos pelo serviço a enunciarem e se escutarem, a fim de que suas experiências decantassem em calmaria (Evangelista, 2016).

Segundo Amatuzzi (2010), o atendimento psicológico, quando facilitado por alguém que se dedica a acolher a experiência alheia, propicia no atendido um rompimento da atitude natural de sua consciência, substituindo-a por uma atitude fenomenológica, isto é, um ato de dirigir-se intencionalmente para as próprias experiências; na confiança de que, tanto mais o cliente clarifica os sabores e dissabores que sua existência atravessa, tanto mais deles autenticamente se apropria, para com eles melhor prosseguir na tarefa que é o seu próprio existir.

### Atendimento online como um amparo

Com este tema, pretende-se dialogar com a experiência de ter sido atendido *online* com o sentimento de ser amparado, relatado nas entrevistas. A palavra *amparo* é definida no dicionário como local de refúgio, abrigo, pessoa que protege. O encontro experimentado no APO, no contexto da pandemia, significou, para aqueles que foram atendidos, esse momento de se sentir acolhido em um lugar seguro para conversar e olhar para aquilo que estava sendo vivido e que trazia sofrimento. Nas palavras de um dos entrevistados "*eu me senti bem abraçado, na verdade*" (Acácio). Dessa forma, segundo Nunes e Morato (2020, p. 4), "o 'atender' e o 'cuidar' disponibilizados pautam-se, sobretudo, no oferecer guarida, abarcar e conter o sentido de uma experiência. [...] Uma vez abrigado, cabe ao cliente retomar a sua trajetória de descontinuidades e atravessamentos".

Esse sentir-se abraçado pode ser lido também como ter se sentido recebendo um apoio da própria UFMG. Para aqueles alunos que estavam de intercâmbio, a universidade na qual estavam estudando não promoveu ações que demonstrassem apoio psicológico naquele momento, como uma instituição preocupada com a saúde mental dos alunos. Assim, a proposta do APO, segundo Acácio, "*destoou bastante da atitude da faculdade, do instituto lá de Portugal, então eu acho que a UFMG não falhou nessa missão de amparar as pessoas em mobilidade*". Com esta fala, pode-se perceber que o serviço ofertado pela universidade pública, em um contexto único e desafiador como o da pandemia, revelou-se como "oportunidades preciosas de inclusão da universidade na sociedade e de recepção da sociedade na universidade" (Schmidt, 2004, p. 185), sendo inclusive destacado o modo como a UFMG lidou com a saúde mental dos estudantes como uma "missão" de ajudar as pessoas, segundo o entrevistado.

Além disso, o espaço do APO apareceu como um momento de se sentir compreendido em relação às situações que estavam sendo vividas e se revelavam difíceis de serem compartilhadas com outras pessoas mais próximas, tendo em vista que a pandemia atingiu a todos mobilizando sensações e emoções que dificultavam as tomadas de decisões, conforme já descrito no tema "atendimento *online* como conversa". Como nos seguintes relatos:

> *Eu acho que a sensação maior foi de ter um espaço para colocar esses dois lados sem esse peso assim, sabe? E ter a possibilidade de, sei lá, tratar disso com pessoas que não estavam envolvidas com essas sensações nocivas assim, enfim, com quem eu poderia compartilhar aquilo numa perspectiva de, sei lá, de compreender, de lidar com aquilo com leveza, com generosidade principalmente, eu acho que isso foi o principal. [Pietro].*

> *Foi ali um divisor do que que eu tava sentindo, para depois que eu comecei a agir com o que eles pontuaram né, a refletir e tal. [...] Então quando eles entenderam isso e a gente conversou sobre isso e eu consegui agir em cima disso, modificou completamente o cenário que eu tava vivendo. [Madu].*

Sendo assim, o encontro apareceu como ocasião para organizar os pensamentos a partir de um olhar compreensivo e cuidadoso sobre como a situação estava sendo experienciada, propiciando tranquilização e a sensação de capacidade de enfrentamento e/ou de busca de alternativas. É nesse sentido de o encontro ser uma pausa no cotidiano corrido para olhar com calma para o que tem afetado a quem busca pelo atendimento, que Morato (2009) usa como imagem os plantonistas sendo árvores para aquele que sofre:

> somos convocados a atender, nos responsabilizamos por oferecer uma sombra de uma árvore para que aquela pessoa que procura o serviço possa parar por alguns instantes, descansar e retomar o caminho

> que deseja trilhar. Somos, neste sentido, plantas grandes que oferecem alguns minutos de sombra, descanso e possibilidade de reflexão: somos, então, cada um de nós, plantões. (Morato, 2009, p. 38)

Por fim, percebe-se ainda a importância do fato de os alunos saberem que um projeto de apoio psicológico estava sendo efetuado pela UFMG. Como característica dessa forma de atendimento, pode-se dizer que o serviço se torna um *porto seguro*, em que tê-lo disponível já impacta na saúde mental dos alunos da universidade, por considerarem poder usufruir deste apoio quando e se precisarem (Amorim; Andrade; Bramcp, 2015). Como foi dito por Felipe, "*foi importante ter aquilo ali, você saber que tem alguma coisa*". Mahfoud (1987, p 17) descreve o Plantão Psicológico — o que se estende ao Aconselhamento Psicológico por nós realizado — como sendo um "ponto de referência, para algum momento de necessidade".

Desta forma, ter sido atendido *online* também possibilitou experimentar o sentimento de acolhimento, de compreensão e de amparo pelos entrevistados.

### Atendimento online como um preocupar-se maior com a própria privacidade

Assim comenta Lis, ao discernir sobre suas experiências de atendimento remoto e presencial:

> *Agora, eu diria que um dos problemas é se você não tem privacidade suficiente para fazer a consulta, porque às vezes você está do lado do seu problema e você não pode falar do seu problema. [Lis].*

Com essa fala, inauguramos o tema cujo título encerra uma das palavras-chave no tocante à atmosfera *online*: a privacidade. Etimologicamente, sabe-se que esse substantivo é uma derivação do verbo "privar", cuja origem latina remete àquilo que é próprio, individual, familiar, íntimo. O antônimo de privado é o público (Online Etymology Dictionary, 2022).

O atendimento psicológico exige um ambiente que seja sentido como privado e seguro, suficiente para o fluir de um diálogo livre e despreocupado com o profissional, a quem são cuidadosamente confiadas as falas do cliente (CFP, 2005; Belo, 2020; Almondes; Teodoro, 2021). Logo, o atendimento *online* traz à baila a questão da privacidade, fazendo jus à sua etimologia, exatamente porque tensiona com maior força os limites entre público e privado.

Nessa linha, a transferência das sessões presenciais para as virtuais deslocou junto a proteção que os consultórios ofereciam para que apenas ali permanecesse em sigilo o falado. Em outras palavras, ser atendido *online* é libertar-se da exclusividade das clínicas físicas, podendo ser atendido onde quer que se esteja, porém, com o risco da exposição daquilo que se fala. Simultaneamente, uma alforria e um cativeiro, essa facilidade do *online* convoca-nos (assim como convocou nossos entrevistados) a um pensar mais demorado sobre a questão da privacidade nos atendimentos *online*, conforme relatado em outras pesquisas, como Medeiros *et al.* (2022).

Para tanto, damos voz a mais uma de nossas entrevistadas, Madu, que, com seu comentário, engatilha maiores discussões:

> *Eu fiquei lá assim: meu Deus, pelo amor de Deus, que a minha mãe não abra a porta agora. Eu tinha medo dela ficar me vigiando, conversando com a psicóloga. [Madu].*

Madu manifesta um temor que pode ser bastante comum nos atendimentos *online* de que aqueles com quem se relaciona e que estão próximos do local onde se realiza a sessão possam escutar; principalmente aqueles que se figuram personagens centrais no conteúdo de sua própria fala (BELO, 2020). No atendimento virtual, às vezes é apenas uma porta que separa o cliente de sua família; o que não apenas atemoriza fantasias persecutórias e vigilantes, como também possibilita que o atendimento seja invadido e interrompido quando intrometidos se autorizam a girar a maçaneta, adentrando no quarto. Isto posto, pergunta-se: seria a vulnerabilidade do *online* uma dificuldade terapêutica a mais quando comparada ao presencial? Estariam no presencial, atenuada a exposição, mais seguros e confortáveis em suas expressões os clientes?

De fato, algo que a modalidade *online* solicita de seus participantes, quer seja terapeuta, quer seja cliente, é um cuidado mais atento às condições necessárias para se receber o atendimento, policiando-se a fim de se precaver de espionagens intrusas ou demais interrupções indesejadas. Alguns de nossos entrevistados(as), por exemplo, esforçaram-se para adotar variados mecanismos de barreira, mantenedores de suas privacidades, como usar fones de ouvido, trancas nas portas, preferência de horários em que estão sozinhos em casa ou até mesmo aumentaram músicas de fundo, para melhor resguardarem seus atendimentos.

### Atendimento online traz uma sensação de impessoalidade

Ao passo que o atendimento presencial acontece *"ao vivo e em cores"*, conforme chamou a atenção Pietro, que caracterizou como mais ampla a percepção verbal e não-verbal, no *online* há o intermédio do enquadre de duas telas: a do atendido e de seu atendente. Esse caráter relacional emergiu na fala de nossos entrevistados, batizando o presente tema com o adjetivo sobre o qual ela orbita, isto é, aquilo que um entrevistado nomeou - e concordamos - como impessoalidade. A fim de melhor elucidarmos esse termo, citamos um comentário de Pietro:

> *Eu acho que, a questão desse contato apenas no virtual, pelo menos a impressão que eu tenho, é que ele traz um pouco de uma impessoalidade [...] Tem um contato que é um pouco mais distante assim, sabe? [Pietro].*

O que propriamente se entende quando se postula que a relação, no *online*, reverberou em alguns de nossos entrevistados como mais impessoal? Na perspectiva do participante supracitado, pensa-se o termo pessoalidade como proximidade — não apenas em metros físicos mensuráveis, mas também em níveis afetivos — ao passo que a sua antítese, o impessoal, predicativo para ele da esfera remota, configuraria uma relação mais distante.

Felipe, que já havia sido atendido antes de forma presencial, comenta o quanto se sentiu afastado das plantonistas no encontro remoto:

> *Essa tela gera um incômodo de você não estar tão presente, de você não criar um vínculo com a pessoa, uma identidade. É como se eu estivesse falando com desconhecidos, sabe? Fica meio sem sentido. [Felipe].*

Dado esse contexto, há de se cogitar em que medida, para algumas pessoas, a modalidade virtual seria um redutor para a construção de uma relação terapêutica. Por outro lado, é curioso que a sensação de impessoalidade do *online* tenha refletido não apenas de modo negativo, como um empecilho relacional, mas também positivo, como um facilitador para a procura por ajuda psicológica. Um entrevistado, por exemplo, reticente quanto à psicoterapia presencial, encontrou na impessoalidade do *online* uma segurança maior para procurar ajuda e abrir-se durante a sessão.

Ainda sobre esse caráter mais impessoal, que tempera a maior parte das relações no *online*, pesquisas mostram que o uso de meios virtuais de comunicação tende a uma maior distância e exaustão entre os seus comunicadores. Quando da disparada de reuniões em plataformas remotas, cunhou-se o termo *Zoom fatigue* para sinalizar essa atmosfera (Bailenson, 2021). Nela, pesquisadores apontam que, dada a limitação da tela — ao reduzir o escopo visual daquele que visualiza, fazendo-o perder inúmeros detalhes não verbais —, intensifica-se proporcionalmente o esforço cerebral, ao tentar preencher e interpretar essas lacunas comunicativas, o que explicaria um maior cansaço presente nos encontros *online*. Por fim, é importante lembrar que, em se tratando de uma pesquisa qualitativa, o termo "impessoal" não pretende em hipótese alguma agarrar-se de modo universal à modalidade de atendimento remoto, senão foi apenas uma experiência narrada por algumas pessoas que a vivenciaram, que nos ajuda a compreender uma parte desse todo maior de possíveis concernentes à telepsicologia. Em nosso trabalho, também encontramos clientes que não viveram obstruções relacionais pela tela, isto é, sentiram-se tão próximos dos atendentes com quem tiveram o encontro virtual quanto se estivessem como que em um *setting* presencial.

### Possibilidade de ser vista (com ênfase na imagem) no *setting* virtual

Uma considerável desigualdade entre o *online* e presencial diz respeito à condição de visualização do terapeuta em cada uma dessas modalidades. Na dinâmica virtual, as imagens captadas e transmitidas respeitam em perspectiva as margens dos dispositivos que as transmitem. Já no presencial, abolidas as telas, amplia-se em muito mais o campo visual para além dos centímetros fronteiriços de nossos computadores, *tablets* e celulares. Valendo-se de fragmentos de fala de entrevistados, é sobre esta conjuntura da telepsicologia, a possibilidade de captar e de ser captado, que o seguinte tema pretende dissertar.

Primeiro, diz respeito à capacidade que o atendimento tem, mesmo sendo remoto, de transmitir — via tela — detalhes dos estados afetivos. A exemplo, uma cliente narra o quanto estava se sentindo nervosa durante a sessão. Suas pernas tremiam. Seu computador, apoiado sobre as pernas, balançava junto. As plantonistas, naquele momento, compreenderam o quanto a vibração de seu aparelho manifestava diretamente a tonalidade afetiva experienciada pela cliente.

> *Eu achei que no online deu para pegar muita coisa, sabe? Eu achava que não estava transparecendo tanto assim [...] então eu acho que não precisa necessariamente ver a pessoa de corpo inteiro para perceber o que ela está fazendo, o jeito que está se sentindo. Eu até achava que atendimento psicológico funcionava assim: você sentava e o psicólogo ficava olhando para você e para o que você estava fazendo. E não necessariamente, sabe? Tem muitas outras coisas que acabam entregando, no online, o que a pessoa está sentindo. [Lis].*

Essa mesma entrevistada entrou para a sessão virtual com o pré-conceito de que o atendimento psicológico precisava obrigatoriamente ser presencial. Entretanto, quando saiu, a experiência positiva no remoto derrubou sua crença inicial.

Segundo, diz respeito a um adicional que as plataformas de reuniões virtuais têm, que são ausentes no presencial:

a possibilidade de, gravado por uma câmera, poder assistir de forma síncrona a imagem mesma que se está transmitindo, conforme apontado por Espíndula e Angulo (2021). Ao ver-se, um entrevistado narrou o quanto se sentiu confortável, mais que no presencial, por poder se olhar e, supostamente, controlar como é visto pelos atendentes. Ele diz:

> *Eu acho que, no presencial, essa questão de se colocar diante de outra pessoa é um pouco mais de vulnerabilidade assim, de certa forma, porque na tela você está enquadrado, sabe? Você tem um controle maior sobre o que se está transmitindo, tanto é que você vê a própria imagem. [Pietro].*

Inclusive, esse participante narra a importância de que ter um retorno sobre como se está aparecendo no *setting* virtual deixou-o confortável frente à vulnerabilidade de expor-se presencialmente, sendo fator crucial para a sua decisão de iniciar uma psicoterapia *online* após o aconselhamento psicológico.

Partindo dessa experiência para a teoria, cita-se Jean Paul Sartre e suas reflexões sobre a corporeidade humana. Para o filósofo francês, o corpo tem duas dimensões fundamentais: o corpo-para-si, que diz do modo como experienciamos nossa própria corporeidade; e o corpo-para-outros, que, por sua vez, refere-se ao como nossos corpos aparecem para as consciências dos outros (Sartre, 2005). A tensão existencial reside no fato de que a minha experiência corporal, que é sempre limitada, nunca completa, mas sempre parcial, não equivale à experiência que outros têm do meu corpo. Embasando-se nessa perspectiva do duplo corporal, a daseinsanalista alemã Alice Holzhey Kunz (2018) defende que é próprio da tarefa de ser-com-os-outros um entregar-se à constante possibilidade de ver e de ser visto, expondo-se a todo momento ao risco de estar à mercê de avaliações das alteridades, não havendo inclusive o controle de como a própria imagem será acolhida e judicada por consciências outras que a perscrutam. Alinhavando essa discussão com a nossa pesquisa, há de se pensar em que medida, nas sessões remotas, o reflexo da própria imagem promete tranquilizar — ou pelo menos tenta apaziguar — a angústia do incontrolável aparecer para outrem.

### Facilita procurar e receber atendimento psicológico

Este tema diz sobre o contato que os entrevistados tiveram com o atendimento psicológico *online*, a partir do APO, ter sido percebido como uma "*luva*" (Madu). Esse termo aponta para como o *setting* virtual facilitou diferentes aspectos que atravessam desde o se locomover para a terapia até como o atendido se sente na relação com o psicólogo.

Um aspecto relevante que apareceu foi o de não ter que gastar tempo para se deslocar para o encontro com o psicólogo:

> *[...] eu não vou ficar uma hora, duas horas num ônibus para poder ir fazer um atendimento, porque assim não é viável, sabe?! Então essa parte é maravilhosa, de você poder sentar na sua casa, sei lá, 5 minutos antes e tá ok, liguei aqui o computador e tô aqui conversando com o psicólogo. [Lis]*

O poder ficar em casa e ainda assim ser atendido, por meio da internet, mostrou-se como algo que facilita o acontecimento da sessão, principalmente por ser um modo de fazer terapia que se revela mais rápido, como no seguinte relato: "*acho excelente. É uma ferramenta que facilita, né? Você não precisa sair de casa, facilita e acelera o atendimento assim. É mais rápido*" (Maia). Ademais, o estar em casa toma a dimensão do conforto, em que a proximidade com o terapeuta é sentida maior por estar em um ambiente familiarizado, como relatou Madu:

> *eu acho que, inclusive, era até mais próximo do que quando a gente fazia presencialmente, sabe!? Porque era uma coisa que eu tava à vontade sabe, eu não precisa botar uma roupa de ir para a terapia, eu não precisava fazer coisa…era pegar o celular, e era como se eu tivesse tendo uma conversa assim, era mais próximo. [Madu]*

De acordo com Rehfeld (2021),

> um dos aspectos da relação online, a meu ver, é uma certa simetria, uma redução da distinção do poder. […] quando eu entro na casa dele [paciente] e vejo o quadro na parede ou uma flor com um abajur, ele também está vendo a minha, está tendo contato com as minhas coisas. Abriu-se espaço para uma certa informalidade na relação terapeuta-paciente. E isso abre um pouco de espaço para o humano. (Rehfeld, 2021, p. 110-111).

Sendo realizado em casa, o atendimento possibilitou que se encaixasse como mais uma tarefa a ser concluída no dia, "*eu tenho uma hora de almoço, então uma hora de almoço eu fazia terapia tranquilo*" (Madu); mas que não impedisse o andamento de outras, "*eu estava muito ocupado com o meu TCC e querendo ou não, o atendimento remoto demanda muito menos tempo de deslocamento*" (Pietro). Esse modo de otimizar o tempo no cotidiano traz à tona o sentimento de que há uma perda de tempo que poderia estar sendo útil para outras tarefas. Pensamento este que está alinhado com o modo como Han (2017) percebe a sociedade, a qual se estrutura na maximização do tempo para a execução de tarefas a serem desempenhadas. Entretanto, ainda para esse autor, "o tempo que se deixa acelerar é o *tempo-do-Eu*. Ele é o tempo que eu tomo para mim. Ele conduz à falta de tempo [...] isola e singulariza" (Han, 2021, p. 41).

Outro aspecto que apareceu sobre o *setting* virtual foi em relação a aumentar a dificuldade, evitando que aconteça alguma "fuga" do encontro, por ser lembrado a partir de uma mensagem ou até mesmo da ligação do terapeuta. Como no seguinte relato: "*e aí quando era no celular não tinha muito como fugir né!? De repente a ligação tava aqui eu atendia e aí a gente já fazia*" (Madu). Isso significa que, por não ser presencial, não existe o esforço de se arrumar para ir ao encontro, de tomar banho e colocar uma roupa, bastando apenas ter o celular em mãos. Esse menor esforço no atendimento acontecendo de modo *online* é percebido também na iniciativa da busca pelo processo, já que é mais simples recorrer ao computador e abrir a tela para o encontro do que se deslocar até o consultório. Manifesta-se aqui o que Machado *et al.* (2016) nomearam de maximização do conforto.

> *Fico pensando se tivesse numa situação [...] que me levasse a procurar psicoterapia pela primeira vez e fosse presencial, a iniciativa teria que ser um pouco maior do que só abrir a câmera no computador, sabe? E a pessoa já está ali. Não ter que me deslocar para outro lugar e tem aquela questão da tensão, da presença e tudo mais, sabe? Então eu acho que isso facilitou um pouco em tomar essa iniciativa, sabe? [Pietro]*

Um terceiro aspecto que podemos ressaltar é sobre a distância proporcionada pelo virtual, a qual apareceu como um facilitador para a sessão, uma vez que diminui a tensão do encontro presencial. Situação esta que podemos retomar à reflexão acima de Rehfeld (2021), quando ele aponta que a relação terapêutica no *online* aparece como uma relação com mais abertura para o humano, isto é, com maior proximidade, por não ter a sensação de "poder" que o estar presencialmente no consultório pode ocasionar.

> *E eu acho também que esse contato, um distanciamento assim de certa forma, eu acho que amenizou um pouco o frio na barriga, sabe? Esse receio um pouco assim de iniciar, de entrar em contato com o processo psicoterapêutico, sabe? E tem aquela questão da tensão, da presença e tudo mais, sabe? Então eu acho que isso facilitou um pouco em tomar essa iniciativa, sabe? [Pietro]*

Além disso, o atendimento psicológico *online* veio como um modo possível no contexto de pandemia, em que as pessoas precisaram ficar isoladas fisicamente. Em função dessa necessidade, e de querer ser escutado e acolhido naquele momento histórico de sofrimento, para Acácio, "*ajudou e nem sequer passou pela minha cabeça se foi à distância ou se foi presencial*", ficando ali como importante o estar com os plantonistas mais do que o meio onde estavam. Nesse sentido, a internet passou a ser colocada como a "*ferramenta perfeita*" (Luan), já que não se podia sair de casa para as consultas. Por outro lado, para Madu, o contato com o atendimento *online* veio junto com a ida ao intercâmbio e mostrou-se a única forma possível de receber atenção psicológica, visto que não seria possível receber atendimento psicológico presencial em outra língua, por não ser fluente. Com isso, a dimensão de distância geográfica também é um fator que favorece o uso de ferramentas de comunicação *online* para o processo psicológico.

Por fim, pensando ainda na dimensão geográfica, o *online* cria condições para expandir as fronteiras das possibilidades na busca por um psicólogo, tendo em vista que permite que se busque por profissionais de outras regiões a partir das características que o atendido deseja para iniciar a terapia. Situação que para Felipe é reconhecida como "*a melhor parte do atendimento online é você poder achar, assim, a pessoa basicamente perfeita, entre aspas né, para te atender*". Sendo assim, a terapia *online* é tida como sendo perfeita "*o que eu achava que não dava pra fazer que era a sei lá contato, o físico e tal, eu esqueci completamente desse detalhe depois que eu conheci minha psicóloga, principalmente*" (Felipe).

Para Evangelista e Cardoso (2020), os atendimentos psicológicos no formato *online* já aconteciam como uma realidade antes mesmo do início da pandemia, por fatores como a falta de disponibilidade de profissionais na região em que o paciente vive, como também a restrição existencial para o encontro presencial. Porém, ainda que para os autores seja possível que o APO também aconteça no formato *online*, é fundamental que exista uma reflexão sobre essa possibilidade de atenção psicológica.

## Porta de entrada para serviços psicológicos

Neste tema, vamos descrever como a experiência com o atendimento psicológico *online* no APO abriu espaço para que os atendidos buscassem, posteriormente, por terapia *online*. Entende-se aqui esse "abrir espaço para a busca pela terapia" como o encontro no APO sendo uma ocasião que possibilita ao atendido, segundo Cury e Ramos (2009, p. 136), "clareza para falar sobre o que está sentindo e para que possa refletir sobre si mesmo ao longo do atendimento", aproximando-se de um autoconhecimento que "permite ao cliente assumir uma postura ativa diante dos seus problemas, já que o plantonista é somente um guia nesta caminhada" (Cury; Ramos, 2009, p. 139). Assim, o atendimento no APO mostrou-se como um atendimento que abriu portas para a busca por outros atendimentos psicológicos, notadamente a psicoterapia, ainda que este modelo de serviço não tenha como objetivo diagnosticar para a realização de encaminhamentos, mas sim, sustentar o diálogo envolvendo o próprio cliente em seu cuidado (Nunes; Morato, 2009).

Nesse sentido, o atendimento no APO foi apontado por um dos entrevistados como "*uma vela que acendeu que eu realmente precisava de alguma coisa*" (Luan). Percebe-se, então, que ter passado por essa escuta acolhedora e que objetivava explicitar, junto com o atendido, o que está sendo vivido proporcionou um contato mais íntimo com eles mesmos. Segundo Rocha (2011),

> [...] ouve-se a queixa e o pedido do cliente e caminha-se para um projeto de cuidado de si, o que chamamos de esclarecimento da demanda. A partir do que a impulsiona a procurar ajuda psicológica (o que a incomoda) e de onde quer chegar (seu pedido), constrói-se um processo narrativo e vivencial de como tem lidado com o problema que provoca a queixa (passado), como se relaciona, agora, com essa questão (presente) e como projeta cuidar de si mesma a partir do que viveu, tem vivido e quer viver (futuro). (Rocha, 2011, p. 131)

Esta situação provocou, então, a abertura que faltava para procurarem psicoterapia, o que foi considerado como um "*empurrãozinho [...] para essa iniciativa, que eu estava postergando já há bastante tempo*" (Pietro). Assim, nota-se que foi um primeiro contato, percebido como "*interessante e muito valioso*" (Pietro), que possibilitou a efetiva busca pela psicoterapia. Dessa forma, o atendimento no APO "pode privilegiar a melhor forma de cuidado que o cliente pode encontrar e não aquela que o profissional define que é a mais adequada" (Rocha, 2009, p. 110).

## Ser atendido online é estar sujeito a interrupções no atendimento, dificuldades no diálogo

O atendimento acontecendo de forma *online* trouxe à tona algumas dificuldades para a conversa, as quais passam pelo meio de comunicação usado, as interrupções pelas falhas da conexão e a dificuldade sentida na fluidez do diálogo. Ainda assim, para os entrevistados, parece não ter existido perdas na qualidade do encontro no *setting* virtual.

Para a maioria dos entrevistados, o contato por meio virtual já permeava outras relações. Estando em intercâmbio, já mantinham comunicação com pessoas no Brasil por meio dessas ferramentas, assim como, desde o início do isolamento social nas cidades em que se encontravam, migraram para aulas remotas imediatamente. Então, já existia uma familiaridade com as plataformas *online* de comunicação, o que possibilitou o manuseio dessas ferramentas de comunicação para o serviço do APO. Entretanto, o atendimento psicológico acontecer fora de um consultório tradicional, coloca o encontro mais suscetível a interrupções. No caso do atendimento no ambiente virtual, a janela onde estava acontecendo a conversa era dividida com outras abas que, por vezes, chamavam a atenção dos atendidos, ou então, quando o atendimento era realizado pelo celular, notificações de outros aplicativos interrompiam o atendimento. Isso pode ser lido no relato de Maia:

> *Eu acho que sempre que elas falavam para ser por Whatsapp, eu pedia para ser por Meet ou email, para*

*não ficar usando celular, porque atrapalha a conversa. E aí, você está conversando com alguém em uma conversa e vem uma ligação de outra pessoa, eu acho horrível essa ferramenta. [Maia]*

Outro problema que aparece nesse contexto de atendimento *online*, é os cortes na fala em função das falhas de conexão da internet. O não saber se a pessoa terminou de falar ou se foi a internet travando; o *delay* do sinal, o qual provoca uma falta de sintonia no diálogo; as dúvidas que surgem se a outra pessoa conseguiu ouvir com clareza o que estava sendo dito; entre outras falhas que acontecem nesse meio, mas que, para os entrevistados, não aparecem como algo prejudicial para o encontro. Segundo Santos e Evangelista (2023), "a compreensão, apesar de se manter no modo *online*, podendo ser ressaltada pela modulação da voz, colocações claras do terapeuta, também pode ser prejudicada por uma conexão de internet instável". Como disse Maia:

*É, porque às vezes você precisa repetir tudo o que você estava falando, né? Isso aconteceu algumas vezes. Aí você perde a linha de raciocínio. Mas nada que impeça um tratamento psicológico online não. [Maia]*

Além disso, a fluidez na conversa é outro ponto indicado como dificuldade no momento do atendimento. Nesse tópico, aparece a diferença sentida entre o presencial e o *online*, tendo em vista que no *online* os entrevistados sentem que há uma perda por não ter o contato olho-a-olho com o terapeuta, perdendo parte da comunicação não-verbal que compõe a entrevista psicológica (Han, 2018; Santos; Evangelista, 2023), dificultando, até mesmo, o entendimento do que está sendo conversado. Como nas seguintes falas:

*Eu acho que talvez ela não consiga me ver tanto, quanto ela me via no consultório, sei lá, gestos, expressão, sentir mesmo como que eu tava [Madu];*

*não é a mesma coisa do presencial, justamente por essa questão de você entender o diálogo, o tom da conversa e tal [Luan];*

*principalmente o corte na fala, né? Esse delay. Então você não interrompe o pensamento no presencial. É mais fácil falar presencialmente [Maia];*

*Eu acho que é muito aquela coisa de ter o contato com a pessoa, de tá às vezes no mesmo ambiente com a pessoa e conversando às vezes olhando direto no olho da pessoa. Eu acho que essa é a única coisa que a gente perde muito no online. Você não tá olhando pro olho da pessoa, você tá olhando pra câmera, então não é aquela coisa, tipo olha, a pessoa por exemplo te pergunta: como você tá, você responde tô bem, tô olhando pro nada aqui e tô bem [Lis].*

Assim, observa-se que existe um impacto no atendimento *online* que, por vezes, é contrastado com o modo como se sente a relação terapêutica no presencial.

## Considerações finais

Os atendimentos *online* abrem um admirável mundo novo, mas também repleto de riscos. Os entrevistados nesta pesquisa, que puderam vivenciar essa situação, sentiram e pressentiram os bônus e os ônus do aconselhamento psicológico mediado pelo computador. Como aspectos positivos, as entrevistas apontam que o atendimento pode ser vivenciado tal qual um atendimento presencial, em que o atendido se sente numa conversa, acolhido, amparado, próximo do interlocutor (psicólogo conselheiro), podendo, assim, considerar seu momento atual e posicionar-se em relação a ele de modo mais livre. Por outro lado, o atendimento por videoconferência traz preocupações quanto à privacidade e ao sigilo, dificuldades de comunicação em razão da mediação tecnológica que pode, de repente, pausar, interromper-se, desligar-se. Para alguns entrevistados, a mediação gera impessoalidade nesse encontro que poderia ser íntimo. Inaugura, ainda, uma situação nova: a de ver-se enquanto fala sobre sua situação com o psicólogo.

As entrevistas explicitaram também o caráter de porta de entrada a serviços psicológicos dos atendimentos que ofertamos em aconselhamento psicológico online. Muitos dos entrevistados procuraram novos serviços psicológicos após o APO, sugerindo que sentiram benefícios no atendimento e o consideraram uma amostra positiva de atenção psicológica.

A proposta deste serviço de aconselhamento psicológico é oferecer atenção no momento da procura. Pode caracterizar-se por um único atendimento, como de fato aconteceu com a maioria dos atendidos no período compreendido por esta pesquisa. Haverá diferenças na apreciação de clientes em processos psicoterapêuticos? Esta pesquisa é incapaz de responder esta pergunta, pois, segundo a literatura, a psicoterapia trabalha sobre o vínculo que se estabelece entre terapeuta e cliente e que leva tempo para se dar. É mister ampliar o campo desta pesquisa para os processos psicoterapêuticos *online*. Esse tipo de intervenção tem sido estudado do ponto de vista da eficácia, mas pouco do ponto de vista qualitativo da situação relacional que se estabelece entre psicoterapeuta e cliente.

Como toda pesquisa qualitativa fenomenológico-hermenêutica, não há pretensão de generalização dos resultados. Entretanto, a experiência relatada em profundidade por sete pessoas pode informar de aspectos vivenciados por uma população muito maior. Assim, não é equivocado afirmar que a descrição feita aqui sobre ser atendido em aconselhamento psicológico *online* seja representativa dessa experiência.

Espera-se que esta descrição fenomenológica possa informar ao público que realiza e recebe atendimentos por videoconferência, sobretudo deixando claro que há diferenças entre o contato presencial e o mediado por tecnologia. Ainda que a sensação de proximidade possa ocorrer e que haja eficácia na modalidade *online*, para os usuários, há diferenças. É importante conhecê-las não para tentar tornar as duas modalidades — presencial e *online* — o mais parecidas possível e, sim, para desenvolver as peculiaridades de cada uma e poder utilizá-las de acordo com cada situação particular.

## Referências


AGAR, G. The Clinic Offers No Advantage over the Screen, for Relationship is Everything: Video Psychotherapy and its Dynamics. *In* WEINBERG, H.; ROLNICK, A. (Orgs.). *Theory and Practice of Online Therapy* – Internet-delivered Interventions for Individuals, Groups, Families, and Organizations. New York: Routledge, p. 66-78, 2020.

ALMONDES, K. M.; TEODORO, M. L. M. *Terapia on-line*. São Paulo: Hogrefe, 2021.

ALVES, V. P. *et al.* Escutando famílias à luz da abordagem centrada na pessoa: plantão psicológico on-line em tempos de pandemia. *Revista Espacio ECP*, v. 2, n. 1, p. 65-83, 2021.

AMATUZZI, M. M. Experiência: um termo chave para a psicologia. *Memorandum*, v. 13, p. 8-15, 2007.

AMATUZZI, M. M.; CARPES, M. Aspectos fenomenológicos do pensamento de Rogers. *Memorandum: Memória e História em Psicologia*, v. 19, p. 11-25, 2010.

AMORIM, F. B. T.; ANDRADE, A. B. de; BRANCO, P. C. C. Plantão psicológico como estratégia de clínica ampliada na atenção básica em saúde. *Contextos clínicos*, v. 8, n. 2, p. 141-152, 2015.

BAILENSON, J. N. Nonverbal Overload: A Theoretical Argument for the Causes of Zoom Fatigue. *Technology, Mind, and Behavior*, v. 2, 2021.

BELO, F. *Clínica psicanalítica on-line - Breves apontamentos sobre atendimento virtual.* São Paulo: Zagodoni, 2020.

BEZERRA, C.; MOURA, K. P.; DUTRA, E. Plantão psicológico on-line a estudantes universitários durante a pandemia da covid-19. *Revista do Nufen: Phenomenology and Interdisciplinarity*, v. 13, n. 2, 2021.

BIRMAN, J. *O trauma na pandemia do coronavírus - Suas dimensões políticas, sociais, econômicas, ecológicas, culturais, éticas e científicas.* 2 ed. Rio de Janeiro: Civilização Brasileira, 2021.

BROOKS, S. K. *et al.* The psychological impact of quarantine and how to reduce it: rapid review of the evidence. *The lancet*, v. 395, n. 10227, p. 912-920, 2020.

CFP - Conselho Federal de Psicologia. Resolução CFP No 012/2005. Regulamenta o atendimento psicoterapêutico e outros serviços psicológicos mediados por computador e revoga a Resolução CFP No 003/2000. Brasília. 2005.

CRITELLI, D. M. *Analítica do sentido: uma aproximação e interpretação do real de orientação fenomenológica.* 2 ed. São Paulo: EDUC / Brasiliense, 2006.

CURY, V. E.; RAMOS, M. T. Plantão Psicológico em clínica escola: Prática e pesquisa. *In* BRESCHIGLIARI; ROCHA (Orgs.). *Serviço de aconselhamento psicológico: 40 anos de história.* São Paulo: IPUSP, 2009.

ESPÍNDULA, J. A. G.; ANGULO, J. L. G. (2021). Aconselhamento psicológico online na UFRR: uma modalidade terapêutica de cuidado durante a pandemia COVID-19. *In* ESPÍDULA, J.; ANTÚEZ, A. (Orgs.). *Psicologia fenomenológica e saúde mental durante a pandemia COVID-19: experiências e pesquisas*. São Paulo, Instituto de Psicologia da Universidade de São Paulo, p. 46-72, 2021.

EVANGELISTA, P. E. R. A. Temporalidade kairológica do dasein e plantão psicológico. *In* EVANGELISTA, P.; MORATO, H.; MILANESI, P. (Orgs.). *Fenomenologia existencial e prática em psicologia: Alguns estudos*. Rio de Janeiro: Via Verita, p. 147-158, 2016.

EVANGELISTA, P. E. R. A.; CARDOSO, C. L. Aconselhamento psicológico fenomenológico-existencial online como possibilidade de atenção psicológica durante a pandemia de COVID-19. *Perspectivas em Psicologia, Uberlândia*, v. 24, n. 2, p. 159-3, 2020.

EVANGELISTA, P. E. R. A.; SANTOS, G. C. vinculo afetivo terapêutico na psicoterapia online sob uma perspectiva daseinsanalítica. *In* EVANGELISTA, P. E. R. A.; CARDOSO, C. L.; GIOVANETTI, J. P. (Orgs.) *Sofrimento existencial e clínica psicológica fenomenológica: ensaios e pesquisas sobre atendimento online*. Belo Horizonte: Ed. Artesã, p. 111-150, 2023.

FARIA, G. M. de. Constitución del lazo terapéutico en psicoterapia en línea: Perspectivas gestálticas. *Revista do NUFEN*, v. 11, n. 3, p. 66-92, 2019.

FEIJÓ, L. P. *et al*. Indícios de eficácia dos tratamentos psicoterápicos pela internet: revisão sistemática. *Gerais: Revista Interinstitucional de Psicologia*, v. 14, n. SPE, p. 1-25, 2021.

FLEMING, V.; GAIDYS, U.; ROBB, Y. Hermeneutic research in nursing: developing a Gadamerian-based research method. *Nursing inquiry*, v. 10, n. 2, p. 113-120, 2003.

HAN, B. C. *Favor fechar os olhos*. Petrópolis, RJ: Editora Vozes, 2021.

HAN, B. C. *Sociedade do cansaço*. Petrópolis, RJ: Editora Vozes, 2017.

HAN, B. C. *No Enxame – Perspectivas do digital.* Petrópolis: Vozes, 2018.

HEIDEGGER, M. *Ser e Tempo.* Petrópolis, RJ: Vozes, 1927/2012.

HOLZHEY-KUNZ, A. *Daseinsanálise: O olhar filosófico-existencial sobre o sofrimento psíquico e sua terapia.* (Trad. Casanova, M.). Rio de Janeiro: Via Verita, 2018.

IERARDI, E.; BOTTINI, M.; RIVA CRUGNOLA, C. Effectiveness of an online versus face-to-face psychodynamic counselling intervention for university students before and during the COVID-19 period. *BMC psychology*, v. 10, n. 1, p. 1-10, 2022.

ILMIATUN, N. A.; ASTRI, N. A.; SYAFITRI, M. K. Effectiveness of online psychotherapy in managing mental health problems during the COVID-19 pandemic: A systematic review. *STRADA Jurnal Ilmiah Kesehatan*, v. 10, n. 1, p. 1032-1040, 2021.

KRAUS, R. Online Counseling: Does It Work? Research Findings to Date. *In* KRAUS, R.; STRICKER, G.; SPEYER, C. (Orgs.). *Online Counseling - A Handbook for Mental Health Professionals.* 2 ed. San Diego: Elsevier, p. 55-66, 2010).

LIMA, R. C. Distanciamento e isolamento sociais pela Covid-19 no Brasil: impactos na saúde mental. *Physis: Revista de Saúde Coletiva*, v. 30, 2020.

MACHADO, D. de B. *et al.* A psychodynamic perspective on a systematic review of online psychotherapy for adults. *British Journal of Psychotherapy*, v. 32, n. 1, p. 79-108, 2016.

MAHFOUD, M. A Vivência de um Desafio: plantão psicológico. *In* ROSENBERG, R. L. (Org.). *Aconselhamento Psicológico Centrado na Pessoa.* São Paulo: EPU, p. 75-83, 1987.

MAIA, B. R.; DIAS, P. C. Ansiedade, depressão e estresse em estudantes universitários: o impacto da COVID-19. *Estudos de psicologia*, v. 37, 2020.

MAY, R. *A arte do aconselhamento psicológico.* Petrópolis: Vozes, 1989.

MEDEIROS, L. F. de *et al.* Plantão psicológico remoto: possibilidades e limitações. *Revista Extensão & Sociedade*, v. 14, n. 2, 2022.

MORATO, H. T. P. *Plantão Psicológico: inventividade e plasticidade.* (Texto apresentado no IX Simpósio Nacional de Práticas Psicológicas em Instituições: Experiência, Intervenção e Pesquisa, p. 31-45, 2009. Disponível em: https://bit.ly/3d5JWHp.

MORATO, H. T. P. Por entre plantão psicológico e ação cartográfica clínica pelos 'Caminhos de Floresta' (pp. 19-38). *In* CABRAL, B.; BARRETO, C. L.; KOVÁCS, M. J.; SCHMIDT, M. L. (Orgs.). *Prática psicológica em instituições: clínica, saúde e educação.* Curitiba: CRV, 2017.

NUNES, A. P.; MORATO, H. T. P. Entre aprendizagem significativa e metodologia interventiva: Práxis clínica de um laboratório universitário como aconselhamento psicológico. *In* MORATO, H.; BARRETO, C.; NUNES, A. (Orgs.). *Aconselhamento psicológico numa perspectiva fenomenológico existencial: Uma introdução.* Rio de Janeiro: Guanabara Koogan, 2009.

NUNES, A. P.; MORATO, H. T. P. O estágio de atendimento nos anos iniciais: Experiência com plantão psicológico. *Revista da Abordagem Gestáltica: Phenomenological Studies*, v. 26, n. 1, p. 2-12, 2020.

PANCANI, L. *et al.* Forced social isolation and mental health: a study on 1,006 Italians under COVID-19 lockdown. *Frontiers in psychology*, v. 12, p. 663799, 2021.

PAULA, C. C. de *et al.* Modos de condução da entrevista em pesquisa fenomenológica: relato de experiência. *Revista Brasileira de Enfermagem*, v. 67, p. 468-472, 2014.

PIETA, M. A. M. *Psicoterapia pela internet: a relação terapêutica.* (Tese de doutorado). Instituto de Psicologia, Universidade Federal do Rio Grande do Sul, Porto Alegre, RS,

Brasil. 2014. Disponível em: https://www.lume.ufrgs.br/handle/10183/144025. Acesso em: 08/06/2021.

PIETA, M. A. M; GOMES, W. B. Psicoterapia pela Internet: viável ou inviável? *Psicologia: Ciência e Profissão*, v. 34, p. 18-31, 2014.

PRIVACY. Online Etymology Dictionary. 2022. Disponível em: https://www.etymonline.com/search?q=privacy&ref=searchbar_searchhint

RAMOS, C. M. *et al.* Entrevista fenomenológica como ferramenta de pesquisa em enfermagem: reflexão teórica. *Revista de Enfermagem do Centro-Oeste Mineiro*, v. 12, 2022.

REHFELD, A. Considerações acerca da prática psicoterápica online. *In* CARDOSO *et al.* (Orgs.). *Cuidado em tempos de distanciamento social.* Belo Horizonte: Artesã, p. 101-114, 2021.

ROCHA, M. C. Plantão psicológico e triagem: aproximações e distanciamentos. *Revista do NUFEN*, v. 3, n. 1, p. 119-134, 2011.

ROCHA, M. C. Plantão Psicológico: desafio e potencialidades. *In* BRESCHIGLIARI; ROCHA (Orgs.). *Serviço de aconselhamento psicológico: 40 anos de história*. São Paulo: IPUSP, 2009.

RODRIGUES, C. G. *Aliança terapêutica na psicoterapia breve online.* (Dissertação de Mestrado). Instituto de Psicologia, Universidade de Brasília, Brasília, DF, Brasil. 2014 Disponível em: https://repositorio.unb.br/handle/10482/16596. Acesso em: 02/06/2021.

RUFFO, L. *Ensaio para compreensão de uma prática psicológica em construção: Atendimento Online (via e-mail).* (Dissertação de Mestrado) Universidade de São Paulo, São Paulo. 2016.

SANDELOWSKI, M. Sample size in qualitative research. *Research in nursing & health*, v. 18, n. 2, p. 179-183, 1995.

SARTRE, J-P. *O Ser e o Nada*. 13 ed. Petrópolis: Vozes, 2005.

SCHMIDT, B. *et al.* Saúde mental e intervenções psicológicas diante da pandemia do novo coronavírus (COVID-19). *Estudos de Psicologia*, v. 37, 2020.

SCHMIDT, M. L. S. Plantão psicológico, universidade pública e política de saúde mental. *Estudos de Psicologia*, v. 21, p. 173-192, 2004.

TEODORO, M. L. M. *et al.* Mental health in college students during covid-19 pandemic. *REFACS*, v. 9, n. 2, p. 372-82. 2021.

ZAINUDIN, Z. N. *et al.* The prevalence of cyber-counselling: A systematic literature review on effectiveness and preferences. *International Journal of Academic Research in Business and Social Sciences*, v. 10, n. 10, p. 731-751, 2020.

ZHANG, J. *et al.* Recommended psychological crisis intervention response to the 2019 novel coronavirus pneumonia outbreak in China: a model of West China Hospital. *Precision Clinical Medicine*, v. 3, n. 1, p. 3-8, 2020.

# Os autores

**Ana Burian Wanderley Rodrigues**

Psicóloga graduada pela Universidade Federal de Minas Gerais, com ênfase em Psicologia Clínica. Especialista em Gestalt-terapia e Análise Existencial pelo Curso de Especialização em Psicologia Clínica: Gestalt-terapia e Análise existencial da UFMG (pós graduação Lato Sensu).

E-mail: anaburian.ab@gmail.com
ORCID: https://orcid.org/0009-0008-2593-384X

**Ana Luiza Ferreira Bohrer**

Psicóloga pela Universidade Federal de Minas Gerais com ênfase em Psicologia Clínica. Foi extensionista no Plantão Psicológico do SPA-UFMG e pesquisadora voluntária no projeto de pesquisa "Aconselhamento Psicológico por ferramentas de comunicação online para a comunidade UFMG", do LAPS-UFMG.

E-mail: analubohrer@gmail.com
ORCID: https://orcid.org/0009-0005-0185-2234

**Caroline Garpelli Barbosa**

Psicóloga. Doutora e Mestre pelo Programa de Pós-Graduação em Psicologia do Desenvolvimento e Aprendizagem pela UNESP/Bauru. Atualmente é docente e supervisora clínica na abordagem Fenomenológico-Existencial

na Universidade Paulista (UNIP) de Sorocaba-SP, bem como psicoterapeuta de orientação fenomenológica em consultório particular.
E-mail: psica_ca@yahoo.com.br
ORCID: https://orcid.org/0000-0002-5399-0779

**Claudia Lins Cardoso**

Doutora em Psicologia Clínica pela Pontifícia Universidade Católica do Rio de Janeiro. Mestre em Psicologia Social pela Universidade Gama Filho. Professora Associada do Departamento de Psicologia da Faculdade de Filosofia e Ciências Humanas da Universidade Federal de Minas Gerais (UFMG). Subcoordenadora e professora do Curso de Especialização em Psicologia Clínica: Gestalt-terapia e Análise Existencial (UFMG). Psicóloga Clínica. Gestalt-terapeuta.
E-mail: clins.rj@gmail.com
ORCID: http://orcid.org/0000-0003-0533-5398

**Daiana Indianara de Oliveira**

Graduanda em Psicologia pela UFMG. Monitora da disciplina de Gestalt-terapia na UFMG. Pesquisadora do Laboratório de Análise de Processos em Subjetividade (LAPS), com atuação anterior nos laboratórios LAVIS-UFMG e GPMC-UFMG. Atualmente atuando como Analista de Pessoas e Cultura.
E-mail: daiana.india.oliveira@gmail.com
ORCID: https://orcid.org/0000-0002-3979-582X

**Daniela dos Santos Campos**

Graduada em Psicologia pela UNIP de Sorocaba-SP. Atua como psicoterapeuta em consultório particular.
E-mail: danieela.campos02@gmail.com
ORCID: https://orcid.org/0009-0000-9820-8392

**Gabriel Henrique de Souza Carvalho**

Psicólogo formado pela Universidade Federal de Minas Gerais. Membro do Grupo de Pesquisa Psicologia, Fenomenologia-Existencial e Contemporaneidade e do Laboratório de Análise de Processos em Subjetividades (LAPS-UFMG).

E-mail: gabrielcarvalhopsicologo@gmail.com

ORCID: https://orcid.org/0000-0003-3455-3263

**Gabriela Maria Leroy Viana**

Psicóloga graduada pela Universidade Federal de Minas Gerais. Membro do Grupo de Pesquisa Psicologia, Fenomenologia Existencial e Contemporaneidade, vinculado ao Laboratório de Análise de Processos de Subjetividade (LAPS-UFMG). Atua em Psicologia Clínica com ênfase em Daseinsanalyse.

E-mail: psi.gabrielaviana@gmail.com

ORCID: https://orcid.org/0000-0002-1140-6220

**Gabriela Resende Lopes**

Psicóloga formada pela UFMG, com ênfase em Psicologia Clínica. Residente Multiprofissional no Hospital das Clínicas da Universidade Federal de Minas Gerais, pelo programa de especialização em Psicologia Hospitalar: Saúde Cardiovascular. Graduada em Psicologia pela UFMG, com ênfase em Psicologia Clínica.

E-mail: gabi.lopesgn@gmail.com

ORCID: https://orcid.org/0009-0001-2578-0010

**Gisleide da Costa Santos**

Psicóloga graduada pela Universidade Federal de Minas Gerais (CRP:04/69514). Mestranda em Psicologia Social pela UFMG. Membro do grupo de pesquisa Psicologia,

Fenomenologia Existencial e Contemporaneidade no Laboratório de Análise de Processos de Subjetividade (LAPS-UFMG).

E-mail: gisleidecosta.psi@gmail.com
ORCID: https://orcid.org/0000-0001-5779-3388

**José Paulo Giovanetti**

Possui graduação em Filosofia pela Faculdade de Filosofia Nossa Senhora Medianeira (1974), graduação em Psicologia pela Universidade Federal de Minas Gerais (1981), especialização em Filosofia pela Universidade Federal do Rio de Janeiro (1975), mestrado (1983), doutorado (1986) e pós-doutorado (1991) em Psicologia pela Université Catholique de Louvain. Professor aposentado da UFMG. Professor do curso de Especialização em Psicologia Clínica da UFMG. Autor de numerosos artigos em várias revistas especializadas e dos livros *Psicoterapia fenomenológico-existencial: Fundamentos filosófico-antropológicos* e *Psicoterapia antropológica. As contribuições de Binsw*anger e Gendlin.

E-mail: jpgiovanetti@terra.com.br

**Keren Jenyfer Conti Amaral**

Graduada em Psicologia pela UNIP de Sorocaba-SP. Atualmente atuo enquanto supervisora da área de Educação Inclusiva pela Associação Beneficente Antônio José Guarda, bem como psicoterapeuta em consultório particular.

E-mail: kerenjenyfer12@gmail.com
ORCID: https://orcid.org/0009-0003-5550-0344

**Leidiane Maria da Silva Leonardo**

Graduanda em Psicologia pela Universidade Federal de Minas Gerais (UFMG). Participante do Laboratório de

Análise de Processos em Subjetividade (LAPS/UFMG) e integrante da Universidade dos Direitos Humanos, diretoria da Pró-Reitoria de Extensão (UFMG).

E-mail: leiddianne@hotmail.com

ORCID: https://orcid.org/0000-0003-2214-0146

**Lucas Dias Queiroz Batista de Prado**

Psicólogo formado pela Universidade Federal de Minas Gerais (UFMG). Cursando pós-graduação em Psicologia Clínica pelo Instituto de Psicologia Fenomenológico Existencial do Rio de Janeiro (IFEN). Psicólogo vinculado à CASM - Clínica Ampliada de Saúde Mental.

E-mail: lucasdiasprado@gmail.com

ORCID: https://orcid.org/0009-0002-3837-5396

**Margherita Spagnuolo Lobb**

Psicóloga-psicoterapeuta (PsyD), diretora do Instituto Di Gestalt HCC Italy (Siracusa, Palermo, Milão), presidente honorária da Associação Italiana de Gestalt-Terapia (SPIG, na sigla original), membro honorário da Associação Europeia da Gestalt-Terapia (EAGT, na sigla original), membro da Associação pelo Avanço da Gestalt-Terapia (AAGT, na sigla original), editora da Gestalt Therapy Book Series (Routledge) e editora do Quaderni di Gestalt (FrancoAngeli).

ORCID: https://orcid.org/0000-0003-3867-0563

**Maria Madalena Magnabosco**

Psicóloga clínica na perspectiva fenomenológica existencial pela UFMG. Mestrado e doutorado na interdisciplinaridade Psicologia- Literatura pela UFMG. PhD em Estudos Culturais pela UFRJ

E-mail: madalena.magnabosco@gmail.com

**Marina Castilho Santos Roela**

Graduada em Psicologia pela UFMG e em formação pela ABD. Atua em consultório particular, com clínica em psicoterapia individual de adultos na abordagem fenomenológica existencial. Já foi plantonista do Plantão Psicológico da UFMG e em atividades de pesquisa vinculadas ao LAPS.

E-mail: marinaroelapsi@gmail.com

ORCID: https://orcid.org/0009-0007-8685-7206

**Natália Tamaio de Almeida**

Graduada em Psicologia pela Universidade Paulista de Sorocaba-SP em 2022 e em Jornalismo pela Unesp de Bauru em 2008. Atua no universo organizacional há 13 anos e atende como psicoterapeuta em consultório particular.

E-mail: natamaio@gmail.com

ORCID: https://orcid.org/0009-0001-9358-5479

**Ornella Raymundo Villalva**

Psicóloga. Professora pesquisadora da Universidade César Vallejo de Trujillo (Peru). Especializada em Psicologia Clínica: Terapia Gestalt e Análise Existencial (UFMG). Mestre em Psicologia Clínica. Gestalt-Terapeuta e Psicodramatista.

E-mail: skirmaornella@gmail.com

ORCID: https://orcid.org/0000-0001-8000-1422

**Paula Bertú Valverde**

Graduada em Psicologia pela Universidade Federal de Minas Gerais, com experiências de estágio e pesquisa na terceira força, com foco principal na Gestalt-terapia. Atendimentos psicológicos de urgência no plantão psicológico da UFMG e acompanhamento terapêutico individual de adultos.

E-mail: paulabvalverde@gmail.com

ORCID: https://orcid.org/0009-0009-4128-7988

**Paulo Eduardo Rodrigues Alves Evangelista**

Professor Adjunto no Departamento de Psicologia da Faculdade de Filosofia e Ciências Humanas da Universidade Federal de Minas Gerais (FAFICH – UFMG). Doutor em Psicologia Escolar e do Desenvolvimento Humano pela USP, Mestre em Filosofia e graduado em Psicologia pela PUC-SP. Subcoordenador do Curso de Psicologia da UFMG. Coordenador e Professor do Curso de Especialização em Psicologia Clínica: Gestalt-Terapia e Análise Existencial - UFMG. Coordenador do Grupo de Pesquisa CNPq "Psicologia, Fenomenologia Existencial e Contemporaneidade" e do GT 96 da ANPEPP "Psicologia Fenomenológico-Hermenêutica e Questões Contemporâneas". Publicou *Psicologia Fenomenológica Existencial: A Prática psicológica à luz de Heidegger* (Ed. Juruá, 2016) e artigos sobre Fenomenologia Existencial e Daseinsanalyse.

E-mail: pauloevangelista@ufmg.br

ORCID: https://orcid.org/0000-0001-9691-6141

**Thauane Cunha Siqueira**

Graduanda em Psicologia pela Universidade Federal de Minas Gerais (UFMG). Pesquisadora do Laboratório de Análise de Processos em Subjetividade (LAPS), Diretora de Pessoas da Liga Acadêmica de Fenomenologia Existencial (LAFEN) e Plantonista no Plantão Psicológico da UFMG.

E-mail: thauane.siqueira@hotmail.com

ORCID: https://orcid.org/0009-0006-8700-8276

Construindo ideias
e conectando mentes

Este livro foi composto com tipografia Minion Pro
e impresso em papel Pólen Soft 80g.
na Gráfica Formato em outubro de 2023.